本书出版受北方民族大学重点马院建设项目和青年人才培育项目资助

中国社科

现代化进程中农村公共文化服务高质量发展研究

陈　晶◎著

光明日报出版社

图书在版编目（CIP）数据

现代化进程中农村公共文化服务高质量发展研究 /
陈晶著 . -- 北京：光明日报出版社，2025.2. -- ISBN
978 - 7 - 5194 - 8555 - 9

Ⅰ . G122

中国国家版本馆 CIP 数据核字第 20250J4H33 号

现代化进程中农村公共文化服务高质量发展研究

XIANDAIHUA JINCHENG ZHONG NONGCUN GONGGONG WENHUA FUWU
GAOZHILIANG FAZHAN YANJIU

著　者：陈　晶		
责任编辑：李　晶	责任校对：郭玫君　乔宇佳	
封面设计：中联华文	责任印制：曹　净	

出版发行：光明日报出版社

地　　址：北京市西城区永安路 106 号，100050

电　　话：010-63169890（咨询），010-63131930（邮购）

传　　真：010-63131930

网　　址：http://book.gmw.cn

E - mail：gmrbcbs@gmw.cn

法律顾问：北京市兰台律师事务所龚柳方律师

印　　刷：三河市华东印刷有限公司

装　　订：三河市华东印刷有限公司

本书如有破损、缺页、装订错误，请与本社联系调换，电话：010-63131930

开　　本：170mm×240mm

字　　数：214 千字　　　　　　　印　张：13.5

版　　次：2025 年 2 月第 1 版　　　印　次：2025 年 2 月第 1 次印刷

书　　号：ISBN 978 - 7 - 5194 - 8555 - 9

定　　价：85.00 元

书　评

　　进入社会主义现代化建设的新阶段，高质量发展成为国家发展的最新指向。当前城乡发展不平衡不充分的问题仍然突出，特别是精神文化产品和服务供给、公共文化服务体系建设，在城乡之间还存在较大差距，推动农村公共文化服务高质量发展是走中国式现代化道路的必然要求。

　　当前中国特色公共文化服务理论体系建设有待完善，以马克思主义为理论支撑的研究成果尚显不足。作者以马克思精神生产理论指导农村公共文化服务高质量发展这一重大实践，探索农村公共文化服务高质量发展的实现机制、实践路径和创新策略。为农村公共文化服务高质量发展研究提供了新视角、新理念、新思路，为从根源上解决城乡资源要素配置不均衡、农村文化建设不充分问题提出了新机制、新路径、新举措。全书有以下三个方面的鲜明特点：

　　一是选题具有重要价值。当前，农村公共文化服务体制机制改革已经进入攻坚期和深水区，农民群众对公共文化服务的需求已经由数量粗放式向质量精细式转变，但农村公共文化服务供给尚未同步跟上，使公共文化产品和服务供需之间结构性矛盾更加突出。作者抓住农村公共文化服务高质量发展这一乡村文化建设的关键问题，围绕农村公共文化服务高质量发展"是什么""为什么""如何实现"的相关问题展开研究，体现了作者对乡村文化建设的热心和关注，该书给出的对策建议对于提升农村公共文化服务效能具有重要参考和借鉴意义。

　　二是研究方法与结论科学有效。作者在对国家和宁夏地区相关政策文件、统计年鉴等资料进行系统整理的基础上，对宁夏6个县（区）26个村进行实地调研和问卷调查，全面分析农村公共文化服务供需现状和农民满意度及其主要影响因素。同时，在调查研究的基础上对非物质文化遗产保护进行实证分析，探讨非物质文化遗产保护与农村公共文化服务融合发展的实践图景，研究基础扎实，研究方法科学，研究结果可信。

三是研究视角具有创新性。作者在深入研究马克思精神生产理论创立的社会基础、思想渊源、历史脉络的基础上，阐述了精神生产的科学内涵、基本属性、基本结构，并以马克思精神生产理论为支撑，论证了马克思精神生产理论与农村公共文化服务高质量发展的内在契合性，剖析农村公共文化服务高质量发展的精神生产机理。对于深化马克思精神生产理论研究，提升马克思精神生产理论的现实解释力和实践引领力具有理论意义和实践意义，开阔了公共文化服务理论研究的新视野。

序

　　高质量发展是中国式现代化的本质要求之一。这充分证明"高质量发展"这一科学论断经过实践反复检验和淬炼，已突破经济领域延展至国家发展的各个层面。作为公共服务体系的重要组成部分，推动农村公共文化服务高质量发展是加速推进中国式现代化的必然要求，也是中国特色社会主义文化建设的基础性路径。

　　长期以来，农村公共文化服务发展滞后于城市，尽管城乡基本公共文化服务均等化战略的持续推进，在一定程度上缓解了城乡公共文化服务水平差距过大等问题，但农村依然是公共文化服务发展的薄弱范围。实现农村公共文化服务高质量发展，为农民群众提供更高质量、更有效率、更加公平、更可持续的公共文化服务，促进乡村文化振兴、满足农民群众对美好生活新期待、提高农民群众文化获得感，成为现阶段农村公共文化服务改革创新的重大议题。

　　"精神生产"是马克思用来建构未来社会和人的全面发展的基本范畴，马克思精神生产理论科学回答了精神文化领域"生产什么、为谁生产、怎样生产"等一系列重大问题，为农村公共文化服务高质量发展提供了强大的思想武器。当前我国经济社会迅猛发展，精神生产者队伍不断壮大，精神生产方式日趋多元，传播媒介逐渐大众化，为农村公共文化服务高质量发展打下了坚实的精神生产基础。准确把握马克思精神生产理论的精神实质，将其创造性地运用到农村文化建设的具体实践中，对推动乡村文化繁荣具有重大理论意义和实践意义。

　　本书基于社会主义文化强国建设和乡村振兴战略背景，以马克思精神生产理论为视角，以农村公共文化服务高质量发展为主题，审思我国精神生产供给所面临的问题和挑战，探讨解决农村场域文化需求和文化供给结构性矛盾的新思路、新路径、新举措，为满足农民群众多样化、多层次、多方面的精神文化需求，推进城乡精神生活共同富裕，实现农村公共文化服务高质量发展提供有价值的对策建议。本书的重点内容包括以下几点：

一是聚焦基础理论研究。马克思精神生产理论是本书的理论基石，在第二章集中阐述马克思精神生产理论创立的历史背景、历史过程及其科学内涵，梳理中国共产党在革命、建设和改革进程中以马克思精神生产理论为指导进行文化建设理论和实践创新的历史脉络、历史经验，论证马克思精神生产理论引领当代中国精神生产实践的重大意义。

二是聚焦研究主题。本书的研究主题是中国式现代化进程中农村公共文化服务高质量发展，第三章、第四章、第五章以马克思精神生产理论为视角，对文化、公共文化、农村公共文化服务等核心概念进行阐释，在梳理农村公共文化服务体系建设的历史进程及其阶段性特点的基础上，论证了中国式现代化背景下农村公共文化服务高质量发展的重大意义，探讨马克思精神生产理论与农村公共文化服务高质量发展的内在契合性，明确农村公共文化服务高质量发展的基本内涵和内在机理。

三是聚焦农村公共文化服务现状研究。本书第六章以宁夏县域公共文化服务为研究样本，在实地调研和问卷调查基础上，对农村公共文化服务供需现状和服务效能进行实证分析，剖析农村公共文化服务供需障碍及制度诱因。同时对宁夏县域公共文化服务机制创新的实践经验进行总结和提炼，为破解地方制度创新碎片化问题提供可参考的对策建议。

四是聚焦农村公共文化服务制度化路径研究。本书第七章、第八章抓住农村公共文化服务供需适配这个核心问题，将农村公共文化高质量发展置于"生产—分配—交换—消费"的实践过程，以农村公共文化服务标准化、均等化、社会化、数字化建设以及文旅融合发展为突破口，构建农村公共文化服务高质量发展的实现机制、实践路径。同时，以非物质文化遗产保护为视角，探索乡村特色文化赋能农村公共文化服务高质量发展的实践路径，拓宽农村公共文化服务高质量发展创新空间，并提出创新性策略。

陈　晶

2024 年 5 月 31 日

目 录
CONTENTS

第一章

导论

"高质量发展是全面建设社会主义现代化国家的首要任务"①。健全现代公共文化服务体系，推动公共文化服务高质量发展是中国式现代化的题中之义，是实现全体人民精神生活共同富裕的必然要求。党的十八大以来，我国在统筹发展、推进城乡一体化方面取得显著成绩，但城乡发展不平衡不充分的问题仍然突出，特别是精神文化产品和服务供给、公共文化服务体系建设，在城乡之间还存在较大差距。推进农村公共文化高质量发展是新征程上开辟公共文化服务新境界的必然要求。2021 年 3 月，文化和旅游部、国家发展改革委、财政部联合发布的《关于推动公共文化服务高质量发展的意见》是新形势下推动公共文化服务高质量发展的一部重要文件，将补齐农村公共文化服务短板、推动城乡公共文化服务体系一体化建设作为公共文化服务高质量发展的主要任务。本书以马克思精神生产理论为视角，运用理论与实践相结合、历史与逻辑相统一的方法，探讨农村公共文化服务高质量发展的历史演变、价值意蕴、内在机理，实证分析农村公共文化服务供需现状和服务效能，剖析农村公共文化服务高质量发展的制度困境，尝试探索农村公共文化服务高质量发展的实现机制、实践路径和创新策略。

---

① 习近平. 高举中国特色社会主义伟大旗帜 为全面建设社会主义现代化国家而团结奋斗：在中国共产党第二十次全国代表大会上的报告［M］. 北京：人民出版社，2022：28.

第一节　研究背景和意义

一、研究背景

（一）问题的提出

乡村振兴既要塑形，也要铸魂。推进农业农村现代化，不仅要物质生活富裕，也要精神生活富足；不仅要完善"硬件"设施建设，也要在"软件"上持续发力，不断推动乡村文化振兴。受城乡二元经济结构影响，城乡之间发展不平衡、农村发展不充分及发展内生动力不足是我国现阶段乡村文化振兴面临的现实问题。从主体看，"离土又离乡"的务工模式导致农民在乡村生活的"不到场"，内生于乡村社会的乡村文化逐渐丧失了自我协调的基本条件；从乡村治理看，乡村文化消散化和消极化带来的秩序失衡、乡村社会参与弱化所产生的活力不足，使乡村治理面临着巨大挑战。这些问题背后深层次原因是乡村基层组织治理能力不足、乡村共同体建设不充分、乡村自治理念缺乏。农村公共文化服务是乡村文化建设一体两翼的重要组成部分，通过主体建设、载体建设、意识培育和动力挖掘，回应新发展阶段农民群众不断增加的精神文化需求，解决乡村治理领域存在的问题，重建乡村秩序，激发社会活力。

党的十六届五中全会提出公共文化服务体系概念以来，经过近 20 年的建设，农村公共文化服务体系已基本建成，设施网络更加健全，优质产品和服务日趋丰富，服务水平和服务能力不断提高，农村精神文化生活愈加丰富多彩，农民群众基本文化权益得到有效保障，农村公共文化服务在全面建成小康社会中发挥了重要作用。新发展阶段随着经济社会发展水平的提高，农民群众对美好生活的需要更加丰富，对享有高品质文化生活的期盼更加强烈。审视农村公共文化服务发展现状，文化需求和供给之间的结构性矛盾日益突出，文化产品的适用性和品质化、体系覆盖率和均等化，仍然处于初级阶段，农村公共文化服务体系建设的中国特色还不够鲜明。深究其原因，一是中国特色公共文化服务理论体系建设有待完善。自公共文化服务体系建设开启，公共文化服务的话语形态经历了从意识形态向大众话语、从问题意识到价值追求的系统推进，相关研究围绕基本内涵、目标任务、方针原则、路径探索等方面展开，在这一过程中农村公共文化服务理论研究也取得长足进步，成果十分丰富。但从总体上讲，公共文化服务的理论研究落后于实践，尚未形成独立而健全的公共文化服务学科体系，目前研究主要集中在公共管理学、政治学、文化学、图书馆与情报学等学科，理论视角多为新公共管理理论，以马克思主义为理论支撑的研究成果尚显不足。中国特色公共文化服务理论体系构建要始终坚持马克思主义在意识形态领域的指导地位，始终沿着社会主义正确方向前行，始终围绕高质量发展主题开展理论研究和实践探索，开辟公共文化服务理论研究的新境界。二是城乡分割、部门壁垒、资源分置的体制制约。由于二元体制，公共文化资源分配存在重城市、轻农村现象，资本、技术、人才在城市聚集，农村地区相对匮乏。城乡之间资源要素流动较为缓慢，资源要素配置效率低下，"资源闲置""机构空转"与"分配不均"同时存在。党的十九届五中全会明确提出推进城乡公共文化服务一体化建设，以县域图书馆、文化馆总分馆制为抓手，推动城乡公共文化服务协同发展，目前这项工作已在实践中取得宝贵的经验。然而破除二元体制壁垒是一项系统而长期的工作，需要久久为功，微观层面"堵点"改革、"短板"创新只是局部的改良，只有建立健全城乡资源要素自由流动的体制机制，才能提高文化资源要素的利用率，促进城乡公共文化资源的均等化。为此，农村公共文化服务高质量发展要以城乡公共文化服务体系一体化建设为目标，以标准化、社会化为抓手，以数字化建设为突破口，各部门合理搭配政策组合，引导资源要素向农村聚集，从根源上理顺农村公共文化服务的体制关系。

（二）现实背景

精神生活共同富裕是中国特色社会主义的本质要求和中国式现代化的本质特征。作为政府基本公共服务职能，农村公共文化服务高质量发展是实现农民群众精神生活共同富裕的基础路径，为中国式现代化提供了有力支撑，充分体现了中国特色社会主义的本质要求。当前农村公共文化服务与新发展阶段农民群众美好生活需要还不相适应，在推动精神文明与物质文明协调发展中的重要作用尚未得到充分发挥，具体而言，一是城乡之间文化资源配置不均。城乡经济社会发展差距和"城市本位"发展模式导致农村文化发展优质资源被抽取，城乡文化基础设施建设存在差距。农村公共文化服务体系建设推动了高质量文化资源"下沉"乡村，但在实际操作中，文化资源的供给无法与乡村内生性需求有效衔接。二是农村公共文化服务效能不足。当前"下沉式"供给模式带有明显的"单向性"特征，文化产品供给与农民实际需求脱节。集中表现为文化基础设施利用率不高，公共文化产品局部过剩与优质文化产品供给不足同时存在，与农民个性化、多样性需求有一定差距，农民文化"获得感"不高。同时，由于缺乏农村公共文化服务效能评估机制，农民意见不能及时得到反馈，无法有效改进公共文化服务供需脱节问题，农村公共文化服务整体效能难以提高。三是乡村优秀传统文化有效利用不足。当前对乡村文化遗产保护传承不足、对文化资源挖掘不够、对村规民约等民俗规范缺乏认识，乡村优秀传统文化的对内支撑力和对外影响力没有得到显现。四是农村公共文化服务数字化水平滞后。农村地区信息化水平普遍较低，网络基础设施建设还不完善，数字资源的受众面和辐射面较窄，数字赋能农村公共文化服务创新发展驱动力不足。这些问题的存在，一定程度上制约了农村公共文化服务效能发挥，影响了农村公共文化服务在促进农民群众精神生活共同富裕上核心作用的发挥。《"十四五"公共文化服务体系建设规划》明确提出要"以文化繁荣助力乡村振兴"。为此，要紧紧围绕农村公共文化服务发展的重点领域和关键环节，深刻认识农村公共文化服务高质量发展的内在逻辑，充分挖掘、积极释放乡村公共文化服务的治理效能，这既是对我国乡村文化振兴现实图景做出的自觉回应，也是对城乡文化生态失衡和文化失序的理性应对，更是实现全面建设社会主义现代化国家的必要举措，对全面实施乡村振兴战略和实现农业农村现代化具有重要的现实意义。

（三）制度背景

农村公共文化服务制度是指以政府为主导、以提供基本公共文化产品为主要任务，旨在保障农民基本文化权益、提升农民文化素质和乡村社会文明程度，确保农民共享改革发展文化成果的一系列制度安排与规则体系。改革开放初期，基于"经济发展优先"的战略规划，政府以经济建设为中心，通过相应的制度安排对文化资源进行了行政性分配。在一定程度上促进了经济发展，凸显了制度建设局部带动整体的功效。然而，文化资源配置的长期失衡，使农村公共文化服务制度的非公平性凸显。进入21世纪,随着政府公共服务职能的转变,全社会公平享有政府提供的基本公共文化服务成为公共服务改革的核心议题,重视农村地区人民的精神文化生活,不断推动城乡文化、区域文化的协调发展成为政府公共服务职能的集中体现。2005年,《关于进一步加强农村文化建设的意见》中进一步要求构建农村公共文化服务体系,保障农民基本文化权益。农村公共文化服务制度理念由"发展优先,服务经济"迈向"公平优先,权利导向"。以普惠化发展逻辑推进农村公共文化服务体系建设成为这一时期农村公共文化服务的目标任务。进入新时代,党的十八大制定了统筹推进"五位一体"总体布局的战略目标,将文化建设纳入总体布局;十八届三中全会提出推进国家治理体系和治理能力现代化的重大命题;十九届五中全会更是提出推进城乡公共文化服务一体化建设。加快推进社会事业建设,提高政府治理能力,实现全民共享治理效益和改革成果成为新时代社会改革的重心,以治理逻辑推动文化民生建设、推进农村公共文化服务均等化实现"文有所惠",成为新时代农村公共文化服务体系建设的目标指向。随着农村场域民生取向不断强化,文化资源分配也逐渐向农村地区倾斜。均等化、公平性成为农村公共文化服务制度的目标,这既是现代化治理进程中政府实施有效治理的责任担当,也是农民需求的演化逻辑与历史发展实际进程相契合的应然选择。

进入社会主义现代化建设的新阶段,高质量发展成为国家发展的最新指向,旨在解决人民日益增长的美好生活需要和不平衡不充分的发展之间的矛盾。党的十九届五中全会通过的《中共中央关于制定国民经济和社会发展第十四个五年规划和二〇三五年远景目标的建议》明确了"我国已转向高质量发展阶段"的新定位。"高质量发展"成为"十四五"时期经济社会发展的核心指导思想和目标。2021年3月,文化和旅游部、国家发展改革委、财政部三部委联合印发《关于推动公共文化服务高质量发展的意见》,明确提出"推动公共文化服务高质量发展,是进一步深化文化体制改革,发展社会主义先进文化的重要任务,也是让人民享有更加充实、更为丰富、更高质量的精神文化生活,保障人民群众基本文化权益,满足对美好生活新期待的必然要求"①。2021 年 6 月文化和旅游部公布的《"十四五"公共文化服务体系建设规划》也明确要求"以推动高质量发展为主题","努力提供更高质量、更有效率、更加公平、更可持续的公共文化服务"②。这标志着我国公共文化服务体系建设从"缺不缺、够不够"向"好不好、精不精"的高质量发展阶段转变。

农村公共文化服务高质量发展是乡村振兴背景下农村治理体系和治理能力现代化的应有之义,也是服务社会主义文化强国建设的重要组成部分。如何坚持"促公平、惠民生"原则,加强农村公共文化服务体系建设的顶层设计和整体部署;如何在尊重农村地区差异性的基础上优化农村公共文化服务制度建设,提高农村公共文化服务质量,改善农村公共文化服务品质;如何坚持以农民文化需求为导向,优化农村公共文化服务体制机制等问题,成为农村公共文化服务高质量发展的现实命题。

二、研究意义

改革开放 40 多年来,中国特色社会主义文化体制改革取得巨大成就,现代公共文化服务体系已经构建完成。党的十八大以来,我国公共文化服务财政投入不断增加,农村公共文化基础设施不断完善,服务水平不断提升。当前,农村公共文化服务体制机制改革已经进入攻坚期和深水区,人们对公共文化服务的需求已经由数量粗放式向质量精细式转变,但农村公共文化服务供给尚未同步跟上,这使得现有公共文化产品和服务的供需之间结构性矛盾更加突出,低端供给和无效供给问题日益显露。农村公共文化服务高质量发展是全面推进乡村文化振兴、满足农民群众对美好生活新期待的必然之举。本书基于中国式现代化和文化强国建设背景,以马克思精神生产理论为视角,以农村公共文化服务高质量发展为主题,审思我国精神生产领域所面临的问题和挑战,探讨通过精神生产供给侧结构性改革,优化精神生产有效供给,来满足农民群众精神文化需求、丰富农民群众的精神生活,对于深化马克思精神生产理论研究、提升马克思精神生产

---

① 文化和旅游部 国家发展改革委 财政部关于推动公共文化服务高质量发展的意见[EB/OL]. 中国政府网, 2021-03-23.

② 文化和旅游部关于印发《"十四五"公共文化服务体系建设规划》的通知[EB/OL]. 中国政府网, 2021-06-23.

理论的现实解释力和实践引领力、缩小城乡文化发展差距、促进乡村特色文化振兴、推进农村精神文明建设具有理论意义和实践意义。

（一）理论意义

1. 有利于深化马克思精神生产理论研究。唯物史观认为社会生产是人类社会存在和发展的基础，包括物质生产、精神生产、人自身的生产。精神生产是思想、观念、意识的生产，是马克思用来建构未来社会和人的全面发展的基本范畴。马克思精神生产理论科学回答了精神文化领域"生产什么、为谁生产、怎样生产"等一系列重大问题。在社会主义建设初期，由于时代特点和解决国内主要矛盾的任务需要，社会建设的主要精力放在物质生产领域，精神生产理论在很长一段时间并未引起足够的重视，影响到人们对唯物史观科学性、完整性的把握。一些学者片面地把马克思物质生产理论等同于社会生产理论，忽视了其他两种生产。西方学者因此将马克思主义理论歪曲为"经济决定论"。伴随日益激烈的综合国力竞争，文化、艺术、科技等精神要素在社会发展中的重要支撑作用日益显现，西方学者又借此抛出马克思主义"过时论"，认为历史唯物主义是自由资本主义时代的产物，物质生产理论已无法解释现代社会现象。马克思主义是共产党人的世界观和方法论，在强调物质生产决定作用的同时，并不否认精神生产对物质生产的反作用，而是认为这种反作用巨大。经济决定论是西方学者对马克思主义唯物史观的误读、歪曲和肢解，它将唯物史观所强调的社会全面生产中经济因素的决定作用歪曲为唯一作用，并以此指责唯物史观是"经济唯物主义"，忽视精神生产的重要作用。深化马克思精神生产理论研究对于清算和批判"经济决定论"，捍卫和发展马克思主义唯物史观具有重要作用。本书以马克思精神生产理论为基石，阐述了马克思精神生产理论的科学内涵、基本特征、本质属性，探讨了马克思精神生产理论中国化、时代化的历史进程和当代价值，对于深化马克思精神生产理论研究提供了参考。

2. 有利于提升马克思精神生产理论的现实解释力和实践引领力。人类历史发展到今天，与马克思所处的时代相比已经发生了巨大而深刻的变化，但从人类历史发展的大视野来看，世界仍然处于马克思所指明的从资本主义走向社会主义过渡的大时代。从马克思主义的使命和作用来说，它不是书斋中的学问，不是一种纯粹解释世界的学说，而是直接服务于无产阶级认识世界和改造世界的科学理论,是回答中国之问、世界之问、人民之问、时代之问的理论基石。当前我国正处于开启全面建设社会主义现代化国家新征程的第一个五年,也是推进社会主义文化强国建设的关键时期。科学阐释马克思精神生产理论,并用于指导新时代中国特色社会主义精神生产实践是马克思主义中国化时代化的重要任务,对于实现精神生产的有效供给、满足全体社会成员的精神需求、缩小城乡精神生活差距、提升全社会精神生活质量具有重要作用。本书以马克思精神生产理论为视角,论证了马克思精神生产理论与农村公共文化服务高质量发展的内在契合性,探讨了农村公共文化服务高质量发展的精神生产机理,体现了马克思精神生产理论在中国式现代化进程中的具体运用和实践表达。

(二) 实践意义

1. 有助于缩小城乡文化发展差距。推动公共文化服务高质量发展的重要任务就是推进城乡公共文化服务体系一体建设,解决城乡之间公共文化服务不平衡、农村公共文化服务不充分的问题,并在公共文化服务协调发展中逐渐缩小城乡文化差距,最终实现城乡文化融合发展。本书以马克思精神生产理论为分析工具,在审思中国式现代化语境下农村公共文化服务高质量发展面临挑战的基础上,将农村公共文化服务高质量发展置于社会生产"生产—分配—交换—消费"的实践过程,提出农民基本文化权益保障机制、供给决策优化机制、城乡公共文化资源协调统筹机制、财力保障机制、主体协同治理机制等农村公共文化服务高质量发展的实现机制,以期从政策规划、财政投入、人才政策等多方面进行统筹布局,构建城乡文化互融共存的物质基础,从根源上解决城乡资源要素配置不均衡、农村公共文化建设不充分问题。

2. 有助于乡村特色文化振兴。乡村特色文化是社会主义文化建设本土化、民族化、中国化的重要思想资源。我国幅员辽阔,地理条件差异巨大,农业生产形式多种多样,形成了内容丰富、种类繁多的乡村特色文化,其中包含饮食文化、服饰文化、建筑文化等生活层面的特色文化,还包括在生产生活实践中形成的具有明显地域特色的地方戏剧、民间武术、民间艺术等精神层面的特色文化,乡村文化振兴不能忽视乡村地域文化差异。本书以非物质文化遗产保护利用为视角,立足于非物质文化遗产活态传承的时代性课题,在对非物质文化遗产保护进行专题调研和实证分析的基础上，探讨中国式现代化进程中非物质文化遗产保护的新思路、新路径，构建非物质文化遗产保护与公共文化服务、文化产业三者良性互动机制，以期为守住乡村文化根脉、挖掘乡村特色文化资源、推动乡村文化产业发展、实现城乡文化有效互哺提供有价值的参考。

3. 有助于推进农村精神文明建设。党的二十大报告指出，全面建设社会主义现代化国家，最艰巨最繁重的任务仍然在农村。乡村振兴关键在人，离不开农村精神文明建设的高质量推进。当前，农民群众不再满足于吃饱穿暖等物质条件，更注重追求精神文化层面的富足充实，精神文明建设能够提升农民科学文化素质和精神风貌，具有滋润人心、德化人心、凝聚人心的重要作用。公共文化服务是推进农村精神文明建设的有效载体和基础性路径。依托农家书屋、文化广场、文化礼堂等公共文化基础设施，增加具有乡村特色的文化产品供给，组织农民群众喜闻乐见的公共文化活动，以文化人、以文育人、以文铸魂，使党的创新理论"飞入寻常百姓家"，并转化为农民群众自觉的行为习惯，使农村焕发出文明新气象。本书探索构建城乡要素平等交换、双向交流的制度性通道，进一步聚焦农村公共文化服务的新情况新问题，有利于激发农村精神文明建设的内在动力和发展活力。通过夯实农村公共文化服务高质量发展的价值基础、构建多元主体参与的公共文化生产方式、推动城乡公共文化服务共建共享、促进城乡文化互融共生、实现文化服务与文化消费双轮驱动等多维路径的协同推进，为统筹城乡文明培育、文明实践、文明创建，补齐农村精神文明建设短板，打造共建共治共享的现代化生活社区，让农民就地过上现代文明生活，提供文化基础保障。

第二节　研究内容和方法

一、研究内容

（一）研究思路

本书以马克思精神生产理论为视角，围绕农村公共文化服务高质量发展主题，形成了"理论基础—理论透视—问题透视—制度化路径"的总体

研究思路, 具体如下图 1-1:

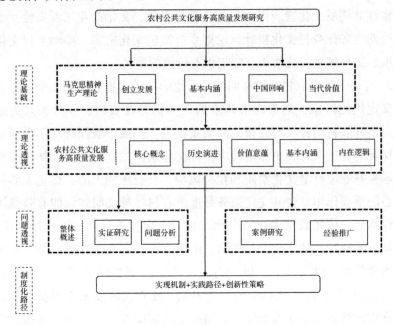

图 1-1　研究思路

1. 理论基础: 马克思精神生产理论研究

精神生产理论是马克思主义理论体系重要的组成部分, 也是本书对农村公共文化服务高质量发展研究的理论基础。在深入分析马克思精神生产理论创立的社会基础、思想渊源、历史脉络的基础上, 阐述了精神生产的科学内涵、基本属性、基本结构, 并对中国革命、建设和改革进程中, 中国共产党始终坚持以马克思精神生产理论为指导, 实现文化建设理论创新和实践创新的历史脉络、阶段性特征进行分析研究, 并以此为基础论证马克思精神生产理论的现代价值。

2. 理论透视: 农村公共文化服务高质量发展核心概念、历史演进、价值意蕴、基本内涵、内在逻辑研究

本书研究的主题是中国式现代化进程中农村公共文化服务高质量发展。首先基于农村公共文化服务高质量发展的文献研究和评析, 以马克思精神生产理论为视角对文化、公共文化、农村公共文化服务等核心概念进行阐释; 其次在梳理农村公共文化服务高质量发展历史演进和阶段性特征

的基础上，将农村公共文化高质量发展置于中国式现代化文化强国建设和乡村振兴的时代背景下，论证农村公共文化服务高质量发展的重要意义；最后在论证马克思精神生产理论与农村公共文化服务高质量发展内在契合性的基础上，阐述农村公共文化服务高质量发展基本内涵和内在机理。

3. 问题透视：农村公共文化服务供需现状和服务效能实证分析

县域是城乡文化融合的切入点，以县城为中心、乡镇为纽带、乡村为腹地，构成了行政区划内的城乡公共文化服务体系一体化建设的基本单位。为此本书选取宁夏6个县（区）26个村为研究场域，从供需状况、满意度等维度考察县域公共文化服务现状，解析农村公共文化服务高质量发展的现实困境和制度障碍。县域实践经验的总结提炼是完善制度设计和政策创新的重要参考，本书以宁夏县域农村公共文化服务机制创新的实践探索为典型案例，对县域政府通过构建多元主体共建共治共享机制推进城乡公共文化服务体系一体化建设的实践进行深入研究，分类归纳县域内城乡公共文化服务体系一体化建设的实践特征及推进策略，提炼具有示范效应和推广价值的制度经验。

4. 制度化路径：农村公共文化服务高质量发展实现机制、实践路径和创新性策略研究

在提出农民基本文化权益保障机制、供给决策优化机制、城乡公共文化资源协调统筹机制、财力保障机制、主体协同治理机制等农村公共文化服务高质量发展实现机制的基础上，基于马克思再生产理论"生产—分配—交换—消费"四环节辩证关系原理，从价值基础、生产方式、公共文化资源分配、城乡文化交往、文化消费五个维度，探索构建农村公共文化服务高质量发展的实践路径。同时以非物质文化遗产保护为视角，探讨乡村特色文化保护利用与农村公共文化服务融合发展的内在机理和路径创新，以期为农村公共文化服务高质量发展提供新思路、扩展新空间、提出新策略。

（二）研究框架

根据研究思路，本书研究框架如下：

第一部分导论。从中国式现代化进程中公共文化服务的目标任务和实践要求出发，提出农村公共文化服务高质量发展主题，描述研究背景、阐述研究的理论意义和实践意义，梳理研究思路、研究框架和研究方法。

第二部分马克思精神生产理论研究。运用理论与实践相结合、历史与逻辑相统一的方法，并结合马克思主义经典著作文本研究，分析在资本主义进入快速发展期、社会基本矛盾激化的历史条件下，马克思在吸收借鉴资产阶级古典政治经济学和德国古典哲学相关理论的基础上，创立马克思精神生产理论的历史过程，阐述精神生产的科学内涵及基本属性、基本结构，阐释在马克思精神生产理论指导下中国共产党文化建设理论创新和实践创新的历史过程、历史经验，论证马克思精神生产理论在满足人民群众对美好生活需要、坚持马克思主义在意识形态领域指导地位、培育和弘扬社会主义核心价值观、社会主义文化强国建设、世界文明交流互鉴等方面的重要价值。

第三部分文献综述和核心概念阐释。在对农村公共文化服务高质量发展研究的总体脉络、研究热点进行梳理和评析的基础上探寻本书研究空间，并对文化、公共文化、农村公共文化服务等核心概念进行阐释，进一步明确农村公共文化服务的内涵和外延。

第四部分农村公共文化服务高质量发展的历史演进和价值意蕴研究。梳理农村公共文化服务体系建设起步、转型发展、跨越式发展、高质量发展"四步走"的历史脉络，深刻认识农村公共文化服务高质量发展与中国式现代化的内在联系，论证农村公共文化服务高质量发展在推动乡村振兴、实现全体人民精神生活共同富裕、推动农村优秀传统文化传承发展、推进乡村治理体系和治理能力现代化等方面的重要作用。

第五部分农村公共文化服务高质量发展的理论透视。论证马克思主义精神生产理论与农村公共文化服务高质量发展在逻辑起点、文化立场、价值追求、文化格局方面的内在契合性，运用唯物史观社会生产"生产—分配—交换—消费"辩证关系原理，分析农村公共文化服务高质量发展的基本内涵和内在机理，准确把握农村公共文化服务高质量发展的关键环节和实践要义。

第六部分农村公共文化服务现状研究。在总结新时代宁夏农村公共文化服务体系建设所取得主要成就的基础上，采用公众评价模式，从农民主体感受出发，采取自下而上的观测视角，以农民满意度作为衡量公共文化服务效能的评价指标，以宁夏6个县（区）26个行政村的调查数据为依据，对农村公共文化服务效能进行实证分析，剖析农村公共文化服务供需障碍及制度诱因，并对宁夏县域公共文化服务机制创新的实践经验进行提炼和总结。

第七部分农村公共文化服务高质量发展的实现机制和实践路径研究。在审思中国式现代化语境下农村公共文化服务高质量发展面临的挑战和问题的基础上，构建农村公共文化服务高质量发展的实现机制；将马克思再生产理论"生产—分配—交换—消费"四环节嵌入农村公共文化服务高质量发展，提出夯实价值基础、构建多元主体参与的公共文化生产方式、推动城乡公共文化服务共建共享、促进城乡文化互融共生、实现公共文化服务与文化消费双轮驱动等农村公共文化服务高质量发展的实践路径。

第八部分非物质文化遗产保护赋能农村公共文化服务高质量发展研究。分析非物质文化遗产保护的精神生产机理，以宁夏为研究场域对非物质文化遗产保护进行专题调研和实证分析，论证非物质文化遗产保护与农村公共文化服务融合发展的内在逻辑，从机制构建、活化利用、新型公共文化空间建设、生产性保护示范基地等维度提出非物质文化遗产保护与农村公共文化服务融合发展路径，以期为农村公共文化服务高质量发展提供新思路、扩展新空间、提出新策略。

二、研究方法

(一) 文献分析法

马克思主义经典著作是经典作家亲自创作并完成的理论成果，是马克思主义基本原理的源头活水。马克思对精神生产理论的相关论述散见于马克思主义经典著作中，对马克思精神生产理论及其中国化时代化的研究要原原本本学习，阅读马克思主义经典著作，并对经典著作的文本逻辑进行仔细的梳理。本书立足于经典著作本身，借助中国共产党思想理论资源数据库、国家图书馆、中国期刊网全文数据库和报刊文章等文献数据资源，在对经典著作中使用的概念范畴进行认真辨析、梳理文本逻辑的基础上，把握经典作家对人类社会精神生产所做出的重大理论判断。

(二) 历史与逻辑相统一的方法

本书研究马克思精神生产理论以及农村公共文化服务高质量发展，注重对历史进程的考察，力求将理论逻辑的分析建立在对事物发展历史进程的全面客观考察的基础上，同时将发展历史进程的考察建立在理论分析的基础上，试图说明马克思精神生产理论的重要地位是由其时代背景、丰富内涵、重大价值、实践功能决定的，农村公共文化服务高质量发展是中国式现代化进程中建设社会主义文化强国和乡村振兴的必然要求与必然之举，并以此把握农村公共文化服务高质量发展的基本内涵和内在逻辑，探索农村公共文化服务高质量发展的实现机制和创新路径。

（三）理论与实践相结合的方法

新时代提出新课题，新课题催生新理论，新理论引领新实践。农村公共文化服务高质量发展是中国式现代化进程中文化强国建设的重大课题。本书将马克思精神生产理论同中国特色社会主义文化建设的具体实践相结合，体现了马克思主义基本原理与中国具体实际相结合，也体现了理论创新与实践创新的良性互动。

（四）实证研究的方法

本书通过实地调研、结构性访谈、问卷调查等方法，对农村公共文化服务现状进行分析。在对 6 个县（区）26 个村进行充分实地调研的基础上，设计并随机发放《农村公共文化服务效能调查》问卷，并对县文旅局主管领导、文旅局业务干部、县文化馆长、乡镇领导、乡镇主管干部、村干部、村民、非物质文化遗产传承人、农民艺术团团长、农家大院负责人、民间艺人、文化志愿者等进行深度访谈和小组专题访谈，从资金投入、政策投入、公共文化设施建设、文化人才培育、农民文艺团队建设、非物质文化遗产保护等方面把握农村地区公共文化服务建设取得的成绩和存在的制度困境，为本书的研究积累了扎实的经验材料。本书采用 SPSS20 统计软件对调查问卷数据进行统计，实证分析农村公共文化服务供需现状和农民满意度及其主要影响因素。其中实证分析分为描述性分析、相关度分析和多元回归分析，使调查结论具有较强的科学性和可信度。

（五）案例研究法

县域公共文化服务体系建设是本书的研究重点。本书基于充分的实地调研，对县域公共文化服务机制创新进行了分类梳理，分析影响农村公共文化高质量发展的制度因素，提炼出具有示范效应和推广价值的制度经验。

第二章

马克思精神生产理论

——农村公共文化服务高质量发展的理论基础

精神生产理论是马克思主义理论体系重要的组成部分。马克思把社会历史理解为现实的人的活动，在探索和揭示社会历史运动规律的过程中，将精神生产置于唯物史观视域内，阐释了精神生产的科学内涵、基本特征、本质属性等重大问题。全面建设社会主义现代化国家、全面推进中华民族伟大复兴离不开马克思主义的思想引领，我们必须深刻认识马克思精神生产理论在满足人民对美好精神生活需要、提升社会主义意识形态的凝聚力和引领力、培育和践行社会主义核心价值观、推进文化强国建设以及推动世界文明交流互鉴等方面的重要价值和现实意义。

第一节　马克思精神生产理论的创立

精神生产是指思想、观念、意识的生产。作为马克思批判资本主义生产方式的重要切入点，马克思精神生产理论是在资本主义进入快速发展期、社会基本矛盾激化的历史条件下，吸收借鉴资产阶级古典政治经济学和德国古典哲学相关理论的基础上逐渐形成的。

一、马克思精神生产理论创立的社会基础

人类社会的每一次进步、人类思想的每一次飞跃，都伴随着理论与现实的相互激荡。马克思精神生产理论的创立和发展有其深刻的社会根源。

马克思精神生产理论产生于 19 世纪 40 年代。19 世纪初，西欧资本主义进入快速发展期，发端于 18 世纪中叶的工业革命到了这一时期已经取得了决定性胜利。在生产中机器大工业取代手工工场，生产呈现出了社会

化、机械化的现代化特征，劳动生产率得到了极大的提高。资产阶级建立并巩固了资产阶级政权，资本主义生产方式的支配地位得以形成。西欧国家由封建社会进入资本主义社会，从自然因素占优势的时代进入社会因素占优势的时代。在由农业文明转向工业文明过程中，商品经济取代自然经济成为普遍的经济形式，社会发展由前资本主义时期"人的依赖"转向以商品、货币、资本为纽带的"物的依赖"。随着资本主义生产方式向世界扩张，资产阶级开辟了世界市场，打破了以往各国闭关自守、自给自足的状态，人类历史由地域性历史转向世界历史。和以往的社会发展阶段相比，社会化大生产为科学技术的发展创造了巨大的空间，使得科学技术不断应用于生产实践中，而生产实践又推动了科学技术的发展，催生出了普遍利用自然属性和人的属性的新生产模式。世界范围的工业奇迹创造出了空前强大的生产力和空前丰富的社会财富，第一次证明了人类生产活动所能取得的巨大成就。在这一时期，人类社会既出现了工业文明发展、个性自由萌发、普遍交往进步，又出现了社会冲突加深、阶级矛盾日益尖锐。一方面，社会化大生产的迅猛发展使社会财富急剧增加；另一方面，贫富分化日益严重造成了深重的社会灾难。人和人的世界都异化了，机器的大规模使用并没有减轻工人的劳动强度，反而使工人成为机器的附庸。周期性经济危机频繁爆发，1825 年英国爆发第一次资本主义经济危机，1836 年和 1847 年又相继爆发波及整个资本主义世界的经济危机，对社会生产造成了巨大破坏。资本主义就像一个怪物，一边是财富的快速积累，一边是贫困的不断蔓延；一边是社会生产的高速发展，一边是经济危机的频繁发生。资产阶级残酷剥削引发了无产阶级激烈反抗，19 世纪 30—40 年代，相继爆发了法国里昂工人起义、英国宪章运动和德国西里西亚纺织工人起义，标志着无产阶级作为一支独立的政治力量走上历史舞台，开始为自身阶级利益而进行斗争。在反抗资产阶级的剥削和压迫的过程中无产阶级逐渐走向自觉，迫切需要科学的理论作为指导。

资本主义生产方式以价值增长作为追求目标，资本生存的意义就是无止境地追求剩余价值。在资本逐利性的笼罩下，精神生产不再是自由的精神生产，而是被异化为资本家单纯追求利润的商业实践活动。精神劳动与体力劳动一样被纳入整个社会经济运行中，文化资源变成了社会资本，精神劳动变为雇佣劳动，一切职能都是为了满足资本增值需要，而不是人类非功利性的审美的需要。一方面，资本主义生产方式使文化创造变得逐利而单一。在市场经济的驱动下，资本逻辑嵌入精神生产的全过程，形成了资本与精神生产相互作用的现实机理。小说、诗歌、戏剧等精神产品被当作商品售卖，体现人的自由创造天赋和本质力量的精神劳动被还原为抽象劳动，成了精神产品市场交换的价值尺度，反过来又规定了精神生产。出于自我增值的需要，资本开发并推广了精神生产和传播的新技术新手段，从而使精神文化生产采用了工业化的生产机制，精神文化产品越来越肤浅化、同质化、符号化。另一方面，资本驱动的精神生产在制造文化虚假繁荣的同时，人们的精神创造能力却呈现出普遍萎缩，无产阶级沦为机器的附庸、资本的傀儡。日复一日高强度、重复性劳动，不仅使人们在肉体层面出现功能退化，更在精神层面套上沉重的枷锁，变得思想愚钝、观念陈旧。以圣西门、傅里叶和欧文为代表的空想社会主义者，对资本主义制度的种种罪恶进行了无情的批判，并对未来理想社会精神生产做出了一些天才的描述。但由于历史的局限性，空想社会主义者提出的"新和谐公社""世界协作"等海市蜃楼般的社会愿景无法让人们从现实生活的苦难中解脱出来，更无法找到实现人类解放的现实道路。新的时代、新的阶级状况、新的历史任务呼唤新的理论。在这样的历史条件下，马克思认识到革命实践的迫切需要，在总结革命经验和深刻剖析资本主义社会生产方式的基础上，创立了马克思精神生产理论，指明了精神生产的功能向度和实践向度，将精神生产与无产阶级解放、全人类解放有机结合。

二、马克思精神生产理论创立的思想渊源

马克思精神生产理论不是凭激情横空出世、凭天才的想象编织出来的，而是吸收了人类思想文化的一切优秀成果，根植于深厚的理论遗产。在批判性地继承近代资产阶级古典政治经济学和德国古典哲学关于精神生产合理因素的基础上，深刻洞察资本主义社会经济发展和社会生活的重大变化，马克思创立了其精神生产理论。

（一）资产阶级古典政治经济学的精神生产理论

人类社会曾长期处于传统农业社会，经济社会发展缓慢，人们的生产生活仅仅为了满足生存所需，社会生产呈现出地域性、封闭性和人身依附性的特点，并由此构建了传统社会秩序和治理模式。在西欧封建制度向资

本主义制度过渡时期，伴随着地理大发现和重商主义、民族意识、民族国家的兴起，世界市场迅速扩大，商品经济在更大规模上蓬勃兴起，打破了传统农业社会相互封闭、彼此隔离的状况。生产方式的变革特别是西欧封建社会后期商品经济的迅速发展，为资本主义工场手工业的崛起创造了条件，改变了封建社会生产力长期停滞不前和社会财富增长缓慢的状况，社会劳动所蕴含的生产力被迅速激活，为西欧社会带来了经济繁荣及社会的进步，为研究国民经济财富的来源和增长的原因提供了社会基础。围绕国民经济财富来源的讨论，资产阶级政治经济学家开始触及并探讨了精神生产问题。

作为资产阶级最初的经济学说，重商学派对资本主义生产方式进行了理论考察。由于商业对早期资本主义的发展影响巨大，商业活动在社会财富增长中的作用成为资产阶级政治经济学家研究的对象。他们把商业活动看成生产性劳动的主要形式，认为财富的主要形式是货币，把商品交换即贸易活动和货币流通看成财富的直接来源。这种观点受到了被马克思称作近代资产阶级真正经济学鼻祖的法国重农学派的批判和否定。法国重农学派创始人弗朗斯瓦·魁奈认为，不论是国内贸易还是国际贸易都无法给国家或个人带来财富的增加，货币只是商品流通的手段，货币的积累并不能成为财富的来源。他认为只有农业劳动和土地才是财富的唯一来源，提出"土地才是财富唯一源泉"的理论观点。在马克思看来，重农学派将劳动作为社会财富的主体，将资本主义生产置于资本主义制度视野之内进行分析和讨论，开启了从生产劳动领域探究社会财富来源的研究进程。然而，在批判重商学派片面性的同时，重农学派又走进了另一个极端，他们排除工业、商业的生产性，仅仅把生产劳动理解为以自然为前提的农业生产。

随着资本主义工场手工业向机器大工业过渡，英国古典政治经济学奠基者和集大成者亚当·斯密摆脱了通过商品贸易、农业劳动等具体活动来考察财富创造的局限性，提出劳动是衡量一切商品交换价值的真实尺度，包括工业、农业、商业在内的任何一个生产部门的劳动都是社会财富的源泉。马克思对此给予了高度的赞誉："亚当·斯密大大地前进了一步，他抛开了创造财富的活动的一切规定性，——干脆就是劳动，既不是工业劳动，又不是商业劳动，也不是农业劳动，而既是这种劳动，又是那种劳动。有了创造财富的活动的抽象一般性，也就有了被规定为财富的对象的一般性，这就是产品一般，或者说又是劳动一般。"① 但是亚当·斯密对国民财富的研究只限于创造物质价值的活动，科学、教育、法律、文学、艺术等精神劳动并不直接生产交换价值，在他看来精神生产仅仅是人们进行物质生产时所需要的"技能和判断"，演员、歌手、舞蹈家等精神生产是不重要的。古典政治经济学另一位代表人物，法国经济学家萨伊认为财富的创造就是价值的创造，价值的基础就是效用，创造效用就是创造价值。他批评了亚当·斯密仅仅把物质生产领域的劳动作为生产性劳动的传统观点，并运用效用价值论的分析框架阐述了精神生产的生产性，认为精神生产虽然没有直接创造物质，但是精神产品能满足人们的精神需求、创造社会效用，从而推动社会财富的增加，属于生产性劳动。

18 世纪末至 19 世纪中叶，欧洲科技领域创新取得重大突破，工业革命的发生和机械化的兴起，推动了社会生产力的大幅提高。科学技术从非生产性向直接生产力飞跃，催生了大机器工业生产体系。资产阶级政治经济学家越发重视精神生产的社会作用和理论研究。德国经济学家弗里德里希·李斯特在《政治经济学的国民体系》中第一次明确提出精神生产概念，并对其内涵和范畴进行了较为清晰的界定。他认为"精神生产者的任务在于促进道德、宗教、文化和知识。在于扩大自由权，提高政治制度的完善程度，在于对内巩固人身和财产安全，对外巩固国家的独立主权；他们在这方面的成就越大，物质财富的产量越大。反过来也是一样，物质生产者生产的物质越多，精神生产就愈加能够获得推进"②。他强烈批判了亚当·斯密仅仅把体力劳动当作财富增长的源泉，否定精神生产对财富增长没有作用的错误观点，认为创造财富的生产力比财富本身更重要。在李斯特的生产力体系中精神生产力是重要的组成部分，他认为物质生产是生产"财富本身"，精神生产是"财富的原因或财富的生产力"，并将人类所创造的思想、观念、意识等精神产品称为"精神力量""精神资本"。通过分析传统农业社会生产力发展缓慢的内在原因，李斯特认为精神生产力的快速发展是工业革命后人类社会取得巨大进步的重要因素，精神生产力在国

---

① 马克思，恩格斯. 马克思恩格斯选集：第 2 卷 [M]. 中共中央马克思恩格斯列宁斯大林著作编译局，译. 北京：人民出版社，2012：704.

② 弗里德里希·李斯特. 政治经济学的国民体系 [M]. 陈万煦，译. 北京：商务印书馆，1961：140.

家发展中具有物质生产力不能取代的作用。

资产阶级古典政治经济学对精神生产的相关论述为马克思精神生产理论的创立提供了思想源泉。19 世纪 40 年代，随着资本主义经济发展和无产阶级反对资产阶级的斗争日益激烈，资产阶级古典政治经济学的阶级本质和历史局限性日益显现。由于没有建立在对资本主义生产资料私有制的分析和批判的基础之上，资产阶级古典政治经济学精神生产理论只是利用精神生产的生产性论断为资本家发财致富提供理论指导，这一理论既是资产阶级社会革命的产物，也是社会经济发展和资产阶级利益相结合的产物。马克思对资产阶级古典政治经济学精神生产理论的批判和继承，为马克思精神生产理论的创立奠定了思想基础。

（二）德国古典哲学的精神生产理论

资产阶级古典政治经济学关注社会物质财富增长的来源，对精神生产的研究局限于"物"的层面，只把精神生产作为创造财富的工具和手段，忽视了精神生产实践中"人"的因素。德国古典哲学则从"人"的角度考察精神生产，把精神生产理解为张扬人性和主体性生成的基础。

18 世纪末到 19 世纪初，德国资本主义开始有了缓慢的发展。相较于欧洲大陆其他先进资本主义国家，德国在政治上、经济上相对落后。在政治上，政权还掌握在封建贵族手中，整个国家被分成几十个封建王国，各自为政；在经济上，封建生产关系占统治地位，封建地主所有制和农奴制的残余大量存在，大工业体系还处于萌芽时期，资本主义生产关系还没有得到充分发展。在英国工业革命和法国资产阶级大革命的影响下，德国新兴资产阶级既憎恶封建专制，又惧怕社会革命带来的生活动荡，内心与现实的矛盾迫使他们回到精神世界对人性和社会做出更深刻的思考。基于对人性的追问，德国古典哲学高举理性主义大旗展开了对精神生产的考察，把人当作精神性的实体，把精神生产理解为人的生命活动的基本形式，把对真善美的追求当作人生的最高境界，对精神生产进行了较为系统的研究。

伊曼努尔·康德在人类思想史上第一次比较系统地论述了人的精神生活。他推崇主体的能动性，把能动的自我意识看作人的根本，提出"人是目的，而非工具"，人的主体能动性是人类知识的构成要素，人的认识不是被动接受的过程，而是主动创造的建构过程。康德以自我意识的觉醒作为基点，以"哥白尼式的革命"改变了人的精神世界，他提出外部世界不是给定的世界，而是人的自我意识主动构造的世界，人们在不懈追求"真、善、美"的活动中，摆脱自然束缚按照理性原则改变世界，从而确立了人的主体性地位。虽然康德从人的理性出发考察人类的精神生产活动，但由于与现实生产实践和社会关系的脱离，他没有意识到人类内在精神世界与外在精神生产活动之间的差异，从而使精神生产主体的灵与肉分离。

格奥尔格·威廉·弗里德里希·黑格尔是德国古典哲学的集大成者。他把思维和存在的统一理解为绝对精神，并对精神生产及其产品做出了系统论述。黑格尔在《美学》中系统阐述了艺术、美和精神生产的关系。他认为艺术不仅仅是一种形式或形象，也是人类的精神性的实践活动。通过艺术人类能够将现实世界转化为精神形象，因而，精神生产不仅是人类对现实世界的反映，更是人类对内心世界的深层表达。艺术作品的价值不仅在于作品本身，更在于它体现了人的精神创造。黑格尔从客观唯心主义立场阐释精神生产，认为绝对精神是世界的本源，自然、社会和人的精神现象都是绝对精神在不同发展阶段的具体体现。在黑格尔看来，精神生产无非是绝对精神的外化或对象化，因此精神生产的主体不是现实的人，而是思维或绝对精神，精神生产的实质不过是绝对精神的自我运动。他把整个世界的历史看成由低级向高级发展的过程，精神生产作为社会实践的一种形式，也是一个历史发展的过程。黑格尔对精神生产本质的认识无疑是深刻的，但是在他的唯心主义世界观和方法论体系中，一切劳动被归结为抽象的精神劳动，精神生产被看作绝对精神的外化或对象化。马克思精神生产理论批判了黑格尔唯心主义观点，吸收了黑格尔精神生产思想的合理内核，肯定了精神生产在社会生产中的重要地位。

路德维希·安德列斯·费尔巴哈继承了以往唯物主义传统，把精神、思想和观念归结到感性的人和感性的自然界。他站在唯物主义立场上批判了黑格尔把科学、艺术、宗教等精神生产活动作为绝对精神外化的错误观点，指出了精神生产的主体不是绝对精神，而是现实的、肉体的人。但是费尔巴哈虽然把黑格尔关于精神生产的概念从天国拉回人间，但他以抽象的人为基础，对作为精神生产主体的人做了抽象化的理解，他所说的作为精神生产主体的人是脱离了现实社会关系的生物学上的类，是"单个人所固有的抽象物",致使精神生产失去了改变世界的革命性,在费尔巴哈看来,精神生产只是人类反思自身本质的"理论直观"。马克思在清算费尔巴哈过程中,借鉴吸收了费尔巴哈关于精神生产唯物主义以及人本主义的合理内核。总之,马克思精神生产理论是在对德国古典哲学精神生产理论批判继承的基础上产生和发展起来的,黑格尔和费尔巴哈的精神生产理论构成了马克思精神生产理论直接的思想源泉。

概言之,资产阶级古典政治经济学从"物"的角度考察精神生产对于社会财富增长的作用,德国古典哲学从抽象的"人"的角度考察了精神生产对于人的主体性生成的作用。由于阶级和历史的局限性,资产阶级古典政治经济学和德国古典哲学对精神生产的研究是片面的。马克思始终坚持历史唯物主义的世界观和方法论,将精神生产纳入社会全面生产体系中来考察,认为精神生产是社会全面生产的重要组成部分,与物质生产、人自身生产共同构成了社会全面发展的动力。

三、马克思精神生产理论创立的历史过程

马克思主义精神生产理论是时代的产物,回答了时代提出的问题。它的创立和发展经历了一个创造性的探索过程,发展脉络依次经历了以下几个时期。

(一) 马克思精神生产理论萌芽时期 (1843—1844)

1842 年以前,在大学读书和在《莱茵报》工作期间,马克思从事理论活动和社会活动,属于"青年黑格尔派",在世界观上是自我意识立场的唯心主义者,在政治上是激进的革命民主主义者。在《莱茵报》担任主编期间,通过对社会现实状况的研究以及对社会问题的深入分析,马克思逐渐觉察到物质利益在社会生活中的重要作用,开始了世界观转变的艰难探索,摒弃了"青年黑格尔派"脱离现实的主观主义倾向,转向密切关注社会生活的现实立场。1843 年起马克思受到费尔巴哈唯物主义哲学的影响,并以此作为思想武器展开了对黑格尔唯心主义哲学的批判。随着《黑格尔法哲学批判》《1844 年经济学哲学手稿》和《神圣家族》等著作的完成,马克思由革命民主主义转向共产主义,由唯心主义转向唯物主义,精神生产理论作为新唯物主义哲学的重要组成部分开始萌芽。《黑格尔法哲学批判》是马克思为解决"苦恼的疑问"所撰写的第一部哲学手稿,孕育了历

史唯物主义思想的萌芽。马克思认为市民社会是政治国家和法的基础，要把对宗教的批判提升到对现存制度的批判，黑格尔法哲学是资产阶级国家的理论代表，为德国现存制度辩护，必须把对德国现存制度的批判上升到对黑格尔法哲学的批判。在进一步拓展黑格尔法哲学研究结论的基础上，马克思揭示了资产阶级"政治解放"的局限性，提出了"人的解放"的社会目标，阐明了无产阶级在实现全人类解放伟大事业中的重要作用。同时，马克思并没有受到费尔巴哈哲学的禁锢，而是通过继续展开政治经济学的研究来揭示人类社会发展的本质，并最终超越费尔巴哈走向历史唯物主义。《1844 年经济学哲学手稿》，马克思以对市民社会的政治经济学批判为手段，首次关注了资本主义社会的构成要素。同时，以人的类本质的对象化与异化的扬弃为理论框架，考察了在资本主义异化劳动和私有财产关系基础之上的精神生产问题。诚然，马克思在《1844 年经济学哲学手稿》中虽然仍使用了费尔巴哈的"类"的概念来说明人的本质，但已经赋予其新的内容。他认为正是因为人是类的存在物，人才是有意识的存在物，因而精神生产是人"自由的有意识的"生命活动，是人的类本质的表现。宗教、家庭、国家、法、道德、科学、艺术等精神生产是人类社会生产的一种特殊形式，都要受生产的普遍规律的支配。马克思把人的生活划分为"肉体生活"和"精神生活"，满足"肉体生活"需要的是物质生产，满足"精神生活"需要的是精神生产，精神生产是社会生产不可或缺的一部分，是"真正的生产"。同时马克思对精神生产的主体客体做了明确的规定，认为精神生产的主体不是黑格尔的"绝对精神"，而是作为"能动的自然存在物""类的存在物""对象性的存在物""社会的存在物"的现实的人。精神生产的客体则是客观的外部世界，"从理论领域来说，植物、动物、石头、空气、光等，一方面作为自然科学的对象，一方面作为艺术的对象，都是人的意识的一部分，是人的精神的无机界，是人必须事先进行加工以便享用和消化的精神食粮；同样，从实践领域来说，这些东西也是人的生活和人的活动的一部分"①。人的精神生产能力决定了精神客体能否进入精神生产活动，受制于社会提供的现实的物质基础和技术条件以及

---

① 马克思, 恩格斯. 马克思恩格斯文集: 第 1 卷［M］. 中共中央马克思恩格斯列宁斯大林著作编译局, 译. 北京: 人民出版社, 2009: 161.

人类历史积累的知识水平和认识能力，从这个意义上说，精神生产客体是进入主体实践活动领域并与主体相互作用的客观存在。

《神圣家族》是马克思和恩格斯第一次合作批判黑格尔哲学及其主观主义变种，并对社会生产、历史发源地和历史的本质进行了唯物主义探索。在这本书中，马克思第一次明确提出"精神生产"的概念，"物品的价值问题的解决，本质上取决于生产该物品所需要的劳动时间，甚至精神生产领域也是如此"①。针对青年黑格尔派鼓吹以自我意识为基础，将自己的理论活动作为世界历史进程唯一的积极因素，认为思想是社会进步根本动力的主观唯心主义错误思想，马克思和恩格斯对人的思想与物质生产做了唯物主义阐述，论证了物质生产在社会发展中的决定作用，人的思想受到物质利益、社会关系和人的需要的制约，决定历史发展的不是自我意识，而是物质生产。马克思和恩格斯也认识到了精神对于改造物质世界的能动作用，能动作用的发挥是通过现实的人的实践活动实现的。

这一时期是马克思构建自己新的世界观的准备阶段，他已经认识到精神生产对社会发展的重要作用。此间的理论成果既蕴含了精神生产理论的萌芽，又不可避免地带有费尔巴哈哲学的痕迹，没有将精神生产置于生产关系中进行考察，对精神生产的研究仍停留在抽象的理论描述上。

（二）马克思精神生产理论全面阐述时期（1845—1848）

这一时期马克思写下了《关于费尔巴哈的提纲》《德意志意识形态》《哲学的贫困》和《共产党宣言》等经典著作。马克思在实践唯物主义的基础上，不仅对全部唯心主义进行了彻底清算，而且对包括费尔巴哈在内的全部旧唯物主义做了根本性的批判。在双重批判中，马克思明确指出，感性的人的活动即实践是理解感性世界的出发点，哲学必须面向现实生活、面对现实世界，从而实现了哲学史上一次彻底的革命。在此基础上，马克思对精神生产做了系统全面的诠释，初步建构了马克思精神生产理论框架，彻底摈弃了费尔巴哈精神生产理论的人本主义色彩，走出了纯粹思辨的思想迷雾，从而使精神生产进入现实的人的感性活动和社会生产关系中。在科学实践观的基础上，马克思第一次完整表述了精神生产的科学内

---

① 马克思，恩格斯. 马克思恩格斯全集：第 2 卷 [M]. 中共中央马克思恩格斯列宁斯大林著作编译局，译. 北京：人民出版社，1957：62.

涵，即"思想、观念、意识的生产"。精神生产的主体是从事物质生产的现实的人，是在既定的历史条件下能动地表现自己的人，而不是他们自己或别人想象中的"抽象的人"。

马克思从物质资料生产出发进一步揭示了精神生产和物质生产的本质联系。他认为物质资料生产是满足人基本需要的生产，是现实的人生存和从事其他一切活动的前提。精神生产是物质生产的产物，意识的产生与人的物质生产、交往、语言交织在一起，起初，思想、观念、意识还是人们物质交往的直接产物，随着物质劳动与精神劳动的分工，社会上出现了专门进行精神劳动的人，意识得到了独立的外观。因为一定的思想观念总是与一定的物质生活条件相联系，所以精神生产随着物质生产的变化而变化。马克思把精神生产放到阶级社会中去考察，揭示了精神生产的阶级性，认为意识形态实质上是统治阶级的思想体系，是以思想的形式表现出来的占统治地位的物质关系。统治阶级维持思想统治需要职业思想家，他们的职责就是为统治思想穿上虚假而神秘的外衣。

马克思超越了类本质的视域，站在社会分工的角度阐明了精神生产的历史发展趋势。他认为分工是阶级的产生和人的实践活动异化的根源，理解精神生产的本质必须了解分工的历史起源及其后果。在马克思看来，分工是从精神生产与物质生产分离开始的，是生产力发展的表现，同时又是生产力发展的结果。一定社会生产力发展水平可以通过分工表现出来，新的生产力又会带来新的分工，分工也带来了个人、集体和社会的矛盾，在私有制条件下社会分工造成了生产活动的异化。为此，只有消灭物质生产和精神生产的传统分工，精神生产才能成为人类的自由创造，到那时统治阶级将精神生产作为思想统治的特权也将消失。

（三）马克思精神生产理论深化发展时期（1849—1875）

1848 年欧洲革命爆发，马克思领导共产主义者同盟投身于这场规模巨大的资产阶级革命。革命失败后，马克思将工作重心逐渐转向政治经济学的理论研究，并将精神生产置于政治经济学的研究框架中。通过《政治经济学批判（1857—1858 年手稿）》《政治经济学批判（1861—1863 年手稿）》《资本论》等著作，马克思揭示了资本主义社会发展的特殊规律和资本主义生产方式的本质，在对资本主义生产方式的各个环节进行深刻分析的基础上，系统构建了精神生产理论体系。

18世纪起，资产阶级古典政治经济学开始聚焦人类精神生产领域，马克思深受古典政治经济学的影响，并将精神生产引入自己的政治经济学研究。通过对资产阶级古典政治经济学的批判，马克思深刻剖析了资本主义精神生产的本质。他以生产过程是否能为资本家带来剩余价值为依据，将劳动划分为生产性劳动和非生产性劳动。所谓生产性劳动就是生产剩余价值的劳动；非生产性劳动是不创造剩余价值的劳动。通过对生产性的讨论，马克思找到了物质生产和精神生产的共性，资本主义生产方式下无论是物质生产还是精神生产，只要被纳入资本循环和周转的链条，所有的劳动都是为了生产剩余价值。随着资本大规模介入精神生产领域，精神劳动也就成了为资本增值服务的活动。马克思对精神生产形态做了专门的区分，一种是能够在市场中获得剩余价值的商业化的精神生产，另一种是不受市场影响的"自由的精神生产"。在马克思看来，生产劳动是在具体的历史的社会形态中进行的，商业化的精神生产只有在资本主义生产方式中才可以实现，离开了资本主义雇佣劳动，精神生产者就能遵从自己的本心进行"自由的精神生产"，因此，资本主义生产方式是精神生产异化的根本原因。在资本逐利性的推动下，资本家疯狂榨取精神生产者的剩余价值，精神产品的艺术性让位于商业性，人的精神劳动被纳入生产的链条中，最终"消失在产品之中"。

马克思也讨论了精神生产与物质生产发展的不平衡性及精神生产的相对独立性。他始终认为物质生活资料的生产是其他社会历史活动的基础，并强调人类的社交、政治、科学、艺术、宗教等活动，最终必须以物质生产活动所能提供的物质生产资料为基础。精神生产在根本上受到物质生产决定的同时，还有自身特殊的发展形式和发展规律，导致精神生产并非总是与物质生产的发展保持同步，而是存在发展的不平衡性。

"物质生产的发展例如同艺术发展的不平衡关系……关于艺术，大家知道，它的一定的繁盛时期决不是同社会的一般发展成比例的，因而也决不是同仿佛是社会组织的骨骼的物质基础的一般发展成比例的。"[1] 马克思依据资本主义社会生产发展的状况，强调了精神生产尤其是科学技术在社

---

① 马克思，恩格斯. 马克思恩格斯文集：第8卷［M］. 中共中央马克思恩格斯列宁斯大林著作编译局，译. 北京：人民出版社，2009：34-35.

会发展中的重要作用。"随着财富的发展，因而也就是随着新的力量和不断扩大的个人交往的发展，那些成为共同体的基础的经济条件，那些与共同体相适应的共同体各不同组成部分的政治关系，以理想的方式来对共同体进行直观的宗教（这二者又都是建立在对自然界的一定关系上的，而一切生产力都归结为自然界），个人的性格、观点等，也都解体了。单是科学——财富的最可靠的形式，既是财富的产物，又是财富的生产者——的发展，就足以使这些共同体解体。但是，科学这种既是观念的财富同时又是实际的财富的发展，只不过是人的生产力的发展即财富的发展所表现的一个方面，一种形式。"①

第二节　马克思精神生产理论的基本内涵

精神生产是人类特有的生命活动，也是人类通过脑力劳动创造精神价值的活动。在马克思主义产生之前，资产阶级古典政治经济学和德国古典哲学对精神生产进行了较为系统的研究。资产阶级古典政治经济学从物的角度出发，将精神生产作为创造物质财富的劳动形式；德国古典哲学从人的角度出发，将精神生产看成人的能动性的创造活动。两者共同构成了马克思精神生产理论的重要思想基础。马克思从哲学和政治经济学两个维度对精神生产的基本内涵进行了系统论述。从《1844 年经济学哲学手稿》首次论及，到《神圣家族》第一次明确提出，再到《德意志意识形态》马克思把精神生产研究置于唯物史观视域内，以实践为前提，完成了对精神生产的哲学界定。随后马克思逐渐转向政治经济学研究，将精神生产置于政治经济学的分析框架中，在对资本主义生产方式的文化批判中进一步阐释了精神生产的科学内涵。

---

① 马克思，恩格斯．马克思恩格斯文集：第 8 卷［M］．中共中央马克思恩格斯列宁斯大林著作编译局，译．北京：人民出版社，2009：170.

一、精神生产的内涵

（一）精神生产的概念

精神生产在一般意义上是指"思想、观念、意识的生产"①，它是人类创造观念形态产品的活动与过程，又称意识生产。马克思把社会生产作为理解社会存在和发展的基础，并把它作为建构唯物史观的理论基础，对精神生产的定义也是在此基础上展开的。所谓社会生产是标志着人类活动的整体性范畴，包括物质生产、精神生产、人自身的生产。"全部人类历史的第一个前提无疑是有生命的个人的存在"②，"有生命的个人的存在"首先要进行人类自身的生产，而人类自身的生产又是以物质资料的生产为前提的。物质生产最初表现为人类本能的求生活动，然而即使在人类为了生存而进行生产劳动的过程中也注入了精神性因素。人们在生产劳动中逐渐积累着思想、情感和审美能力，开始了最初的精神活动。所以精神活动与物质生产同时发生，人们的求知活动、宗教活动、艺术活动与生产活动交织在一起，如在生产活动结束后人们通过舞蹈、绘画、宗教仪式等精神活动沟通情感或表达对世界的认知，引发情感共鸣，从而使人们建立紧密的情感联结，以便相互合作，促进生产。这些精神性因素是人类精神生产的前提，就其本身而言，仍然属于劳动意识的范畴。因此，马克思说"思想、观念、意识的生产最初是直接与人们的物质活动，与人们的物质交往，与现实生活的语言交织在一起的。人们的想象、思维、精神交往在这里还是人们物质行动的直接产物。表现在某一民族的政治、法律、道德、宗教、形而上学等的语言中的精神生产也是这样"③。随着生产力水平的提高，社会分工和剩余产品在原始社会末期出现，社会内部逐渐出现了一些专门从事精神文化活动的脑力劳动者。起初，从事这种活动的人还只是统治集团的成员，随着社会财富的持续增长，宗教、艺术、哲学、科学等精

---

① 马克思，恩格斯. 马克思恩格斯选集：第 1 卷 [M]. 中共中央马克思恩格斯列宁斯大林著作编译局，译. 北京：人民出版社，1972：170.

② 马克思，恩格斯. 马克思恩格斯选集：第 1 卷 [M]. 中共中央马克思恩格斯列宁斯大林著作编译局，译. 北京：人民出版社，2012：146.

③ 马克思，恩格斯. 马克思恩格斯选集：第 1 卷 [M]. 中共中央马克思恩格斯列宁斯大林著作编译局，译. 北京：人民出版社，2012：151-152.

神文化生活逐渐成为社会生活重要内容，脑力劳动者的队伍不断扩大，从事精神生产成为一种职业或社会角色，精神生产也就成为社会生产领域一个相对独立的部门。社会意识分化为日常的低层次的社会意识和系统化、理论化的高级的社会意识，前者与人们的生活交织在一起，后者是由专门的精神生产者创造出来的关于道德、艺术、宗教、科学等精神文化方面的理性认识。所以，"意识一开始就是社会的产物，而且只要人们存在着，它就仍然是这种产物"①。精神生产是建立在物质生产基础上的特殊的生产，"宗教、家庭、国家、法、道德、科学、艺术等，都不过是生产的一些特殊的方式，并且受生产的普遍规律的支配"②，所以精神生产是人的生命活动特有的方式和人的"真正的生产"③。

（二）精神生产的基本形式

人类精神生产是通过精神劳动创造精神产品的过程。精神产品与物质产品的本质区别在于精神产品以观念形态存在，依赖语言、符号、行为、行为方式等载体才能得以呈现。根据精神生产的不同内容，可以把精神产品划分为自然科学、社会科学等知识形态体系，文学、音乐、绘画等文化艺术体系，教育体系和宗教体系。根据社会意识形式的结构，精神产品又可划分为哲学、艺术、宗教、道德、政治、法律思想等社会意识形态，语言文字、形式逻辑、自然科学等非社会意识形态。就精神生产形态的不同，精神生产可以划分为物质性和非物质性生产。"希腊艺术的前提是希腊神话，也就是已经通过人民的幻想用一种不自觉的艺术方式加工过的自然和社会形式本身。这是希腊艺术的素材。不是随便一种神话，就是说，不是对自然（这里指一切对象的东西，包括社会在内）的随便一种不自觉的艺术加工。"④ 马克思以荷马史诗、希腊神话等艺术作品为例，阐述了物质性精神产品表现形式的有形性和物质性特征；思想、意识、观念、政

① 马克思，恩格斯．马克思恩格斯选集：第1卷［M］．中共中央马克思恩格斯列宁斯大林著作编译局，译．北京：人民出版社，2012：161.
② 马克思，恩格斯．马克思恩格斯文集：第1卷［M］．中共中央马克思恩格斯列宁斯大林著作编译局，译．北京：人民出版社，2009：186.
③ 马克思，恩格斯．马克思恩格斯全集：第42卷［M］．中共中央马克思恩格斯列宁斯大林著作编译局，译．北京：人民出版社，1979：121.
④ 马克思，恩格斯．马克思恩格斯文集：第8卷［M］．中共中央马克思恩格斯列宁斯大林著作编译局，译．北京：人民出版社，2009：35.

治、道德、宗教等是非物质性精神生产，是无形的非物质形式的社会意识形态。根据精神产品载体形式的不同，精神产品又可以分为两类。一类具有独立于人的物质载体，比如纸张、艺术材料等，物质载体的感性形式便于主体间的交流；另一类精神产品不能与人的生产行为相分离，它的物质载体是生产者自身，如表演艺术家、演说家、演员、教员、医生、牧师等，一旦离开精神生产者，精神产品就不能独立存在。

二、精神生产是人类生产实践的基本形式

包含着新世界观天才萌芽的第一个文件《关于费尔巴哈的提纲》中，马克思系统阐述了科学的实践观。他认为"从前的一切唯物主义（包括费尔巴哈的唯物主义）的主要缺点是对对象、现实、感性，只是从客体的或者直观的形式去理解，而不是把它们当作感性的人的活动，当作实践去理解，不是从主体方面去理解。因此，和唯物主义相反，唯心主义却把能动的方面抽象地发展了，当然，唯心主义是不知道现实的、感性的活动本身的"[①]。感性的人的活动即实践是理解感性世界的出发点，既要看到感性世界的客观物质性，又要看到感性世界是人类实践活动的产物。马克思将人的实践活动规定为人的类本质，从人的实践活动去理解感性世界。感性的人具有自主性、自由性、社会性、现实性，是有意识的生命体，而不是抽象的类，人的实践活动是自主的、有意识的、社会性的、历史性的现实的活动。马克思认为生产实践是人类最基本的实践形式，对人类社会发展起决定作用，其中精神生产是人类对象性地创造精神食粮的客观活动。

（一）精神生产具有直接的现实性

精神生产是感性的现实的活动。马克思在《1844 年经济学哲学手稿》中提出生产实践是人的能动的类本质，人对自己的确证不是依靠单纯的意识活动，而是依靠生产劳动。"创造对象世界，改造无机界，人证明自己是有意识的类存在物，就是说是这样一种存在物，它把类看作自己的本质，或者说把自身看作类存在物。"[②] 精神生产是人类特有的生命活动，是

[①] 马克思，恩格斯. 马克思恩格斯文集：第 1 卷 [M]. 中共中央马克思恩格斯列宁斯大林著作编译局，译. 北京：人民出版社，2009：499.

[②] 马克思，恩格斯. 马克思恩格斯文集：第 1 卷 [M]. 中共中央马克思恩格斯列宁斯大林著作编译局，译. 北京：人民出版社，2009：162.

人类精神生活的重要组成部分。它为人们提供精神成果，丰富了人们的精神生活，改变了人们的精神状态。"有意识的生命活动把人同动物的生命活动直接区别开来。正是由于这一点，人才是类存在物。或者说，正因为人是类存在物，他才是有意识的存在物。"① 精神生产不是一种纯粹的意识活动，而是创造精神产品的过程。精神生产和意识活动最大的区别：意识活动是反映世界的思维活动，以认识世界为目的；精神生产超出了纯粹的意识活动的范围，它能够改变除实践主体的意识状态之外的其他存在物的状态，因而具有解释世界和改造世界的双重作用。"宗教、家庭、国家、法、道德、科学、艺术等，都不过是生产的一些特殊的方式，并且受生产的普遍规律的支配。"② 高质量的精神产品，一方面，丰盈了人们的精神生活，满足了人们对美好生活的新期待；另一方面，可以转化为人们改造世界的现实力量。

马克思说："自然界没有制造出任何的机器，没有制造出机车、铁路、电报、走锭精纺机等。它们是人类劳动的产物，是变成了人类意识驾驭自然的器官或人类在自然界活动的器官的自然物质。它们是人类的手创造出来的人类头脑的器官，是物化的知识力量。固定资本表明，一般社会知识，已经在多么大的程度上变成了直接的生产力，从而社会生活过程的条件本身在多么大的程度上受到一般智力的控制并按照这种智力得到改造。它表明，社会生产力已经在多么大的程度上，不仅以知识的形式，而且作为社会实践的直接器官，作为实际生活过程的直接器官被生产出来。"③

古往今来，任何一个国家的发展，既要经济总量、军事力量等硬实力的提高，也要价值理念、思想文化等软实力的增强。在信息时代，高科技产品的经济价值不仅取决于物质构成，更取决于它的知识含量和精神价值。没有精神生产的充分发展，就没有物质生产的现代化。

（二）精神生产具有创造性

精神生产是超越性的创造性的实践活动。马克思在《资本论》第一卷

---

① 马克思，恩格斯．马克思恩格斯文集：第1卷［M］．中共中央马克思恩格斯列宁斯大林著作编译局，译．北京：人民出版社，2009：126.
② 马克思，恩格斯．马克思恩格斯文集：第1卷［M］．中共中央马克思恩格斯列宁斯大林著作编译局，译．北京：人民出版社，2009：186.
③ 马克思，恩格斯．马克思恩格斯全集：第46卷［M］．中共中央马克思恩格斯列宁斯大林著作编译局，译．北京：人民出版社，1980：219-220.

中曾说:"最蹩脚的建筑师从一开始就比最灵巧的蜜蜂高明的地方是他在用蜂蜡建筑蜂房之前已经在自己的头脑中把它建成了。"① 与动物本能的、被动的适应性活动不同,精神生产是有目的有意识的活动。目的性是能动性的集中体现。在人的精神生产结束时得到的结果,在精神劳动开始时就作为目的在精神生产者头脑中以观念的形式存在着,并决定着精神生产的所有环节。超越现实、实现自我、创造美好未来的动力来源于人的需要与现实之间的矛盾,所有的精神生产都是围绕解决这一矛盾而展开,其中满足人们的精神需要是精神生产最直接的目的。

"动物的生产是片面的,而人的生产是全面的,动物只是在直接的肉体需要的支配下生产,而人甚至不受肉体需要的影响也进行生产,并且只有不受这种需要的影响才进行真正的生产;动物只生产自身,而人再生产整个自然界;动物的产品直接属于它的肉体,而人则自由地面对自己的产品。动物只是按照它所属的那个种的尺度和需要来构造,而人却懂得按照任何一个种的尺度来进行生产,并且懂得处处都把固有的尺度运用于对象,因此,人也按照美的规律来构造。"②

因此,人类有意识有目的地进行"真正的生产",即精神生产,能够按照美的规律建造一个属于人的世界,使这个世界不仅能满足人的物质需要,而且让人在发挥自己的自由天性中观照人的本质力量,超越性地把握现实世界,在对"真、善、美"的终极追求中体验创造活动给人类带来的享受和快乐,从而为人提供自由发展的广阔空间。在传统农业社会,知识生产和创新能力低下,决定了人们物质生产和交往水平不高。到了近代,人类精神生产的自觉性、创造性被唤醒,对自然界的认识有了重大突破,随着近代自然科学的诞生,人类主动认识世界和改造世界的能力大大提升。21世纪,人类社会进入信息化、数字化、智能化时代,精神生产已经占据了社会发展的支配地位,知识创新、制度创新、文化创新成为新时代精神生产的重要任务。

---

① 马克思,恩格斯. 马克思恩格斯全集:第2卷 [M]. 中共中央马克思恩格斯列宁斯大林著作编译局,译. 北京:人民出版社,2012:169-170.
② 马克思,恩格斯. 马克思恩格斯文集:第1卷 [M]. 中共中央马克思恩格斯列宁斯大林著作编译局,译. 北京:人民出版社,2009:162-163.

（三）精神生产具有社会历史性

精神生产有着自身的特殊规律，这种特殊规律体现在精神生产是社会性的历史性的活动。精神生产是对人们社会生活的反映，社会的物质生产方式决定了精神生产方式和精神生产的性质。"从直接生活的物质生产出发阐述现实的生产过程，把同这种生产方式相联系的、它所产生的交往形式即各个不同阶段上的市民社会理解为整个历史的基础，从市民社会作为国家的活动描述市民社会，同时从市民社会出发阐明意识的所有各种不同的理论产物和形式，如宗教、哲学、道德等，而且追溯它们产生的过程。"① 马克思强调精神生产是社会生产的一部分，是人类社会生产实践的基本形式之一，满足人们精神生活的需要、凝聚社会共识、维持社会精神秩序是精神生产社会性的集中体现。同时，精神生产的社会性决定了它的历史性，精神生产的内容、性质、范围、水平及方式都要受到社会历史条件的制约。"历史不外是各个世代的依次交替。每一代都利用以前各代遗留下来的材料、资金和生产力"，因此，"每一代一方面在完全改变了的环境下继续从事所继承的活动，另一方面又通过完全改变了的活动来变更旧的环境"②。在人类社会发展的历史进程中，原始社会、奴隶社会、封建社会的基本经济形态是自然经济，生产力水平低下，社会分工很不发达，大多数人从事物质资料的生产，少数统治阶级垄断了精神文化生产，这些人不可避免地把意识与当时的社会现实割裂开来。在这种漫长的"人的依赖"的社会形态中，受生产力水平的制约，知识生产和文化创造都很缓慢，精神生产处于欠发达状态。工业社会是以"物的依赖"为基础的高度发达的商品经济，大机器工业瓦解了自然经济。资产阶级革命胜利后，废除了等级制，规定了公民在政治和法律上的平等。生产力的发展和市场的繁荣不断向科学提出新的问题，在探索自然规律的过程中，自然科学纷纷从哲学中分离出来，形成了系统化、理论化的知识体系。科学研究的重大发现迅速转变为技术并应用于生产，极大地提高了劳动生产率，人类社会告别了物资匮乏，科学已成为社会发展的先导性因素。到了"数字经济"

① 马克思，恩格斯．马克思恩格斯文集：第 1 卷［M］．中共中央马克思恩格斯列宁斯大林著作编译局，译．北京：人民出版社，2009：544.
② 马克思，恩格斯．马克思恩格斯文集：第 1 卷［M］．中共中央马克思恩格斯列宁斯大林著作编译局，译．北京：人民出版社，2009：540.

"知识经济"时代，精神生产依赖的物质手段、物质载体有了质的跃升，精神生产、精神生产主体、精神产品在人类社会发展中的作用越来越大。

三、精神生产的基本结构

精神生产作为社会生产的重要组成部分，具有社会生产的一般性特征，精神生产主体、客体、中介是精神生产活动的基本要素，三者的有机统一构成了精神生产的基本结构。

（一）精神生产的主体是"现实的人"

在精神生产活动中，精神生产主体是指具有一定主体能力、从事科学研究、理论创造、艺术创作、教育活动、文化生产和服务等活动的脑力劳动者。马克思在《德意志意识形态》中强调："人们是自己的观念、思想等的生产者。"[①] 马克思精神生产的主体规定性批判了黑格尔"无主体"的"绝对精神"，同时也抛弃了费尔巴哈"处于某种离群索居和固定不变状态的人"的观点。精神生产的主体是现实的人，而非抽象的绝对观念的自我演化。

首先，现实的人是自然的存在物。"人靠自然界生活。这就是说，自然界是人为了不致死亡而必须与之处于持续不断的交互作用过程的、人的身体。所谓人的肉体生活和精神生活同自然界相联系，不外是说自然界同自身相联系，因为人是自然界的一部分。"[②] 可见，人是依赖于自然并受制于自然的存在物。与动物本能地适应自然的存在方式不同，人又是能动性的存在物。人通过发挥自己的能动性，参与自然界的生活。其次，现实的人是类的存在物。"动物和自己的生命活动是直接同一的。动物不把自己同自己的生命活动区别开来。它就是自己的生命活动。人则使自己的生命活动本身变成自己意志的和自己意识的对象。这不是人与之直接融为一体的那种规定性。有意识的生命活动把人同动物的生命活动直接区别开来。

---

① 马克思，恩格斯．马克思恩格斯文集：第1卷［M］．中共中央马克思恩格斯列宁斯大林著作编译局，译．北京：人民出版社，2009：524.

② 马克思，恩格斯．马克思恩格斯文集：第1卷［M］．中共中央马克思恩格斯列宁斯大林著作编译局，译．北京：人民出版社，2009：161.

正是由于这一点，人才是类存在物。"① 有意识的生命活动确证了人是类存在物，有意识的生命活动又是在劳动中生成并实现的。精神生产就是有意识的生命活动，精神生产确证了人是类存在物。最后，从事精神生产的人是具体的、历史的人。精神生产既不是某种纯粹的自然物的活动，也不是由"神意"或抽象精神支配的活动，是现实的人追求自己目的的活动。现实人是社会的存在物，是具体的历史条件下进行精神生产的人。"但这里所说的人们是现实的、从事活动的人们，他们受自己的生产力和与之相适应的交往的一定发展——直到交往的最遥远的形态——所制约。"② 同时，现实的人是从事具体精神生产活动的人。"我们的出发点是从事实际活动的人，而且从他们的现实生活过程中还可以描绘出这一生活过程在意识形态上的反射和反响的发展。"③ 与物质生产相比，精神生产具有鲜明的个性化特点，精神生产主体的能动性最强，对精神生产的影响最大。任何精神文化产品的创造都要依赖于精神生产主体的个人才智，与主体的生活经历、受教育程度、知识结构、性格特点等多种因素密切相关。精神生产者是一个国家从事脑力劳动的主体，新一轮信息技术革命到来，脑力劳动者的数量和质量是衡量一个国家精神生产水平的重要标志。

（二）精神生产客体

精神生产客体是指精神生产活动所指向的对象。精神生产的客体与现存客观事物不能等同，客观事物只有纳入精神生产主体活动范围之内，为主体活动所指向并与主体相互作用才能成为现实的精神生产客体。精神生产客体大致分为两类，分别是来自自然领域和社会领域的各种素材和经验材料。自然界是精神生产活动指向重要的对象。

"从理论领域来说，植物、动物、石头、空气、光等，一方面作为自然科学的对象，一方面作为艺术的对象，都是人的意识的一部分，是人的精神的无机界，是人必须事先进行加工以便享用和消化的精神食粮。同

---

① 马克思，恩格斯.马克思恩格斯文集：第 1 卷［M］.中共中央马克思恩格斯列宁斯大林著作编译局，译.北京：人民出版社，2009：162.
② 马克思，恩格斯.马克思恩格斯文集：第 1 卷［M］.中共中央马克思恩格斯列宁斯大林著作编译局，译.北京：人民出版社，2009：524-525.
③ 马克思，恩格斯.马克思恩格斯文集：第 1 卷［M］.中共中央马克思恩格斯列宁斯大林著作编译局，译.北京：人民出版社，2009：525.

样，从实践领域来说，这些东西也是人的生活和人的活动的一部分。人在肉体上只有靠这些自然产品才能生活，不管这些产品是以食物、燃料、衣着的形式还是以住房等的形式表现出来。"①

自然环境是人类社会生存和发展永恒的必要条件，是人们从事物质生产、精神生产和人自身的生产的基础。自然界存在着精神生产客体要素，为人类的精神劳动提供了大量的天然素材。社会领域的客体素材则表现为历史传承下来的精神成果，如各种理论、艺术作品、价值观念、文化传统等。

"资产阶级，由于开拓了世界市场，使一切国家的生产和消费都成为世界性的了……过去那种地方的和民族的自给自足和闭关自守状态，被各民族的各方面的互相往来和各方面的互相依赖所代替了。物质的生产是如此，精神的生产也是如此。各民族的精神产品成了公共的财产。民族的片面性和局限性日益成为不可能，于是由许多种民族的和地方的文学形成了一种世界的文学。"②

不忘历史才能开辟未来，善于继承才能善于创新。人类精神文化成果为新时代文化繁荣、建设人类现代文明新形态提供了不竭动力。在精神生产过程中，两类精神生产客体彼此交融，既体现了精神生产的时代性、创造性，又体现了精神生产的历史继承性。

(三)精神生产资料

精神生产资料是指在精神生产过程中所使用的工具、方法与条件，是反映精神生产水平的重要标志。精神产品是观念的创造物，主体在创造精神产品的过程中使用的精神生产资料可分为物质工具和语言符号。物质工具是精神生产的主客体相互作用的中介。在人类最初从动物进化而来的劳动过程中，人类的天然器官是唯一的劳动资料。

"劳动资料是劳动者置于自己和劳动对象之间、用来把自己的活动传导到劳动对象上去的物或物的综合体。劳动者利用物的机械的、物理的和化学的属性，以便把这些物当作发挥力量的手段，依照自己的目的作用于

① 马克思，恩格斯. 马克思恩格斯文集：第1卷 [M]. 中共中央马克思恩格斯列宁斯大林著作编译局，译. 北京：人民出版社，2009：161.
② 马克思，恩格斯. 马克思恩格斯文集：第1卷 [M]. 中共中央马克思恩格斯列宁斯大林著作编译局，译. 北京：人民出版社，2009：35.

其他的物。劳动者直接掌握的东西，不是劳动对象，而是劳动资料（这里不谈采集果实之类的现成的生活资料，在这种场合，劳动者身体的器官是唯一的劳动资料）。这样，自然物本身就成为他的活动的器官，他把这种器官加到他身体的器官上，不顾圣经的训诫，延长了他的自然的肢体。"①

随着生产力水平的提高，精神生产资料能够借助的手段和工具越来越多。在现代社会，计算机、实验设备、望远镜等人体机能延长的物质性工具以及图书馆、文化馆、电影院等场所得到了广泛的使用。语言符号工具是主体思维得以进行的现实形式，也是人们精神文化交往的中介。文字的发明、印刷术的发明使人类的精神产品能在广阔的空间内传播和交流。随着信息技术进入精神生产领域，开辟了精神生产的新途径，精神产品的生产和传播不再受到时空的限制，从而实现了精神生产方式的革命性的变革。

四、物质生产与精神生产

"物质生活的生产方式制约着整个社会生活、政治生活和精神生活的过程。不是人们的意识决定人们的存在，相反，是人们的社会存在决定人们的意识。"② 马克思不是从纯粹的思维领域探寻精神生产的根源，他认为精神生产的性质是由物质生产的一定形式决定的，具体来说是由物质生产规定着的人与自然的关系以及社会结构决定的。精神生产与物质生产之间是辩证统一的关系，物质生产是精神生产的基础，精神生产对物质生产具有能动的反作用。

（一）物质生产是精神生产的基础

1. 从起源来看，精神生产是物质生产的产物。"从直接生活的物质生产出发阐述现实的生产过程，把同这种生产方式相联系的、它所产生的交往形式即各个不同阶段上的市民社会理解为整个历史的基础，从市民社会作为国家的活动描述市民社会，同时从市民社会出发阐明意识的所有各种

① 马克思，恩格斯．马克思恩格斯选集：第44卷［M］．中共中央马克思恩格斯列宁斯大林著作编译局，译．北京：人民出版社，2001：209.
② 马克思，恩格斯．马克思恩格斯选集：第2卷［M］．中共中央马克思恩格斯列宁斯大林著作编译局，译．北京：人民出版社，1995：32.

不同的理论产物和形式，如宗教、哲学、道德等，而且追溯它们产生的过程。"① 经过漫长的生产和交往，伴随着脑力劳动和体力劳动的分工，在人类社会产生了思想家专门从事精神生产，这时精神的生产才能摆脱物质生产去构造"纯粹的"理论、神学、哲学、道德等。"而发展着自己的物质生产和物质交往的人们，在改变自己的这个现实的同时也改变着自己的思维和思维的产物。不是意识决定生活，而是生活决定意识。"②

2. 从内容来看，物质生产是精神产品的客观来源。"并不像人们有时不加思考地想象的那样是经济状况自动发生作用，而是人们自己创造自己的历史，但他们是在既定的、制约着他们的环境中，是在现有的现实关系的基础上进行创造的，在这些现实关系中，经济关系不管受到其他关系——政治的和意识形态的——多大影响，归结到根本上还是具有决定意义的，它构成一条贯穿始终的、唯一有助于理解的红线。"③ 物质生产是人的本质力量对象化的过程，精神生产是以对象化的形式为社会创造精神产品的过程。精神产品作为思想、观念、意识对象化的产物，是对社会物质生活过程及其条件的反映。从根本上说，精神生产根源于物质生产，精神产品是对不断变化的现实世界的反映。

（二）精神生产的相对独立性

正如社会意识对于社会存在具有相对的独立性一样，精神生产对于物质生产也具有相对的独立性。

一是物质生产与精神生产具有不平衡性。马克思认为，物质生产和精神生产相互影响，统一于人的具体实践活动。人类社会发展从一开始就是物质生产和精神生产相互交织、互为影响的历史过程。从社会历史进程来看：社会经济发展水平高的国家，其精神生产水平未必高；一些社会经济发展水平不高的国家，其精神生产水平却高于经济发达国家。如何处理物质生产和精神生产的关系决定了一个国家精神生产的水平。如果不能将物

---

① 马克思，恩格斯. 马克思恩格斯文集：第1卷［M］. 中共中央马克思恩格斯列宁斯大林著作编译局，译. 北京：人民出版社，2009：544.
② 马克思，恩格斯. 马克思恩格斯选集：第44卷［M］. 中共中央马克思恩格斯列宁斯大林著作编译局，译. 北京：人民出版社，2012：152.
③ 马克思，恩格斯. 马克思恩格斯文集：第10卷［M］. 中共中央马克思恩格斯列宁斯大林著作编译局，译. 北京：人民出版社，2009：668.

质生产能力转化为精神生产的条件,那么,精神生产就会落后于物质生产;相反,如果物质生产与精神生产形成良性互动,各种精神生产资源就会得到充分利用,那么,在物质生产水平相对落后的情况下,也能创造出高品质的精神产品。

二是精神生产的历史继承性和内在规律。社会生产的内在联系及其同一性,决定了精神生产内部要素之间也必然相互影响、相互作用,如精神生产的主体性和多样性、继承性和创新性、阶级性和自由性之间的辩证关系。同时,精神生产内部要素都有着自成系统、前后相继的历史链条,因而具有历史继承性和自身的特殊规律。

三是精神生产对物质生产具有能动的反作用。精神文化是社会发展的重要动力,精神生产的有效供给对物质生产极为重要。"政治、法、哲学、宗教、文化、艺术等的发展是以经济发展为基础的。但是,它们又都互相作用并对经济基础发生作用。"① 具体而言,这种影响和作用在其性质上表现为促进或阻碍社会的物质生产;在其程度上表现为加速或延缓社会的物质生产。随着科学技术的加速发展和人类文明水平的提高,精神生产对社会物质生产的作用凸显。充分发挥精神生产的积极作用,对于社会物质生产具有重要作用。社会精神生产是一个复杂的体系,因而社会精神生产和文化发展具有层次性。精神生产的基本形态可分为自然科学和技术领域的精神生产、哲学社会科学领域的精神生产、文化艺术领域的精神生产、教育领域的精神生产。其中:自然科学和技术领域的精神生产,对物质生产的作用最为直接也最为明显,科学技术理论上的重大突破,往往能够极大地推动现有物质生产的发展,或者催生一个新的经济增长点;哲学社会科学领域的精神生产,是推动历史发展和社会进步的重要力量,对于提升一个民族思维能力、精神品格、文明素质具有重要作用;文化艺术领域的精神生产,可以满足人们多样化、多层次、多方面的精神需求,丰富人们的精神世界;教育领域的精神生产主要是向劳动者传授科学知识和技能,向全社会传播科学技术成果和精神文化成果,良好的教育是实现物质生产现代化的前提。精神生产体系中诸多形态之间存在相互作用、相互吸收、互

---

① 马克思,恩格斯.马克思恩格斯选集:第 4 卷 [M].中共中央马克思恩格斯列宁斯大林著作编译局,译.北京:人民出版社,2012:649.

为资源的结构性关系，因此，精神生产的各个层次都是不可或缺的，共同为社会发展提供思想指引、精神动力和智力支持。

第三节 马克思精神生产理论的中国回响与当代价值

伟大的思想具有引领人类社会进步的强大力量。马克思精神生产理论的诞生照亮了人类探索社会历史规律和寻求自身解放的道路。一百多年以来，中国共产党在推动中华民族伟大复兴的光辉历程中高举马克思主义伟大旗帜，始终坚持用马克思主义指引文化建设和社会发展，锲而不舍地推进马克思主义中国化时代化，形成了一脉相承又与时俱进的文化建设理论，为中国革命、建设、改革精神生产实践提供了正确思想指引，使马克思精神生产理论在 21 世纪中国日益焕发出旺盛的生命力，高度体现了马克思精神生产理论的现实解释力和实践引领力。

一、马克思精神生产理论的中国回响

建党一百年来，从新民主主义文化建设的探索到新时代中国特色社会主义文化建设，中国共产党始终坚持以马克思精神生产理论为指导，根植于中华优秀传统文化，将马克思主义基本原理与中华优秀传统文化有机结合，实现了中国共产党文化建设的理论创新和实践创新。

（一）中国共产党精神生产的理论创新

近代以来，面对国家蒙难、人民蒙难、文明蒙尘的民族劫难，中国人民苦苦探寻民族独立、国家富强的道路。以毛泽东为主要代表的中国共产党人选择了马克思主义作为中国革命的指导思想，开启了中国共产党文化建设的探索之路。面对推翻"三座大山"、争取民族独立和人民解放的革命任务，以及国内思想文化界出现的文化保守主义、文化激进主义和马克思主义分流抗衡的局面，毛泽东在《新民主主义论》中明确了新民主主义文化建设的目标，阐明了政治、经济、文化建设的辩证关系，制定了反帝反封建的新民主主义文化纲领，形成了党在新民主主义时期的文化建设理论，为新民主主义革命的胜利提供了思想武器和理论成果，也为社会主义精神生产的繁荣和发展奠定了理论基石。

社会主义革命和建设时期，随着经济建设的高潮到来，文化建设的高潮也不可避免地到来了。中国共产党人在继承和发扬新民主主义文化建设理论的基础上，实现了新民主主义文化向社会主义文化的转变，确立了中国共产党在社会主义文化建设中的领导地位和马克思主义的指导地位，提出了"百花齐放、百家争鸣"文化建设方针，明确了"取其精华、去其糟粕""古为今用、洋为中用"的文化态度和文化主张，从而在理论和实践两个层面开辟了社会主义文化建设道路，推动马克思精神生产理论的创新发展。

改革开放和社会主义现代化建设新时期，以邓小平为主要代表的中国共产党人成功开辟了中国特色社会主义文化建设道路，提出了"中国特色社会主义文化"概念。面对"什么是中国特色社会主义文化""怎样建设中国特色社会主义文化"的时代课题，党对文化的本质、地位、功能进行了再认识、再定位，突出了文化的先进性、开放性、独立性，强调了社会主义精神文明建设的重要性，提出了文化建设"两手抓、两手都要硬"的根本方针和"为人民服务、为社会主义服务"的主要任务。在对中国特色社会主义文化内涵进行科学界定的基础上，强调了党要始终代表先进文化的前进方向，把文化的先进性提到了党的先进性的高度来认识。从中国特色社会主义总体布局出发，以科学发展观引领中国特色社会主义文化建设。创造性地提出了"和谐文化""文化生产力""文化强国"等概念，坚持推进社会主义核心价值观体系建设，用社会主义核心价值观巩固全国各族人民的思想基础，从而丰富和发展了马克思精神生产理论。

进入新时代，国内外形势变化对我国各项事业都提出了重大时代课题，以习近平同志为核心的党中央，统筹两个大局，站在强起来的历史起点上，从理论层面和实践层面系统回答了新时代中国特色社会主义文化"是什么""为什么""如何建设"的时代之问，深刻阐述了我国文化建设的战略地位、重点任务和基本原则，为新时代中国特色社会主义文化建设提供了路线图和方法论，提出了坚持马克思主义在意识形态领域的指导地位，培育和弘扬社会主义核心价值观，建设社会主义文化强国，推动中华优秀传统文化创造性转化和创新性发展，促进世界文明互鉴等一系列新思想新观点新论断，形成了新时代中国特色社会主义文化建设理论体系，进一步深化了党对新时代中国特色社会主义精神生产科学内涵和发展规律的认识，集中反映了党对人类社会精神生产最新的理论思考和理论贡献。

（二）中国共产党精神生产的实践创新

中国共产党团结带领人民进行精神生产实践，体现了马克思精神生产理论的强大生命力和实践引领力。建党一百年来，精神生产始终是中国共产党领导革命、建设、改革的重要抓手，积累了丰富的经验。在新民主主义时期，围绕"文化救国"的主题，中国共产党担负起扫除半殖民地半封建性质的旧思想、旧文化，建立由无产阶级领导的新文化的历史任务，开展民族的、科学的、大众的文化建设。社会主义革命和建设时期，精神生产的主题由"文化救国"转向"文化立国"，为了提高人民文化水平、培养国家建设人才，围绕"改造旧文化、建设新文化"的历史任务，中国共产党确立了文化领导权，全面部署改造旧教育、建设新教育工作，推进各类学校教育教学改革，开展文化扫盲运动和思想改造运动。各级政府进行了大规模文化基础设施建设，不断繁荣文艺创作，涌现出了一大批经典作品。改革开放和社会主义现代化建设新时期，精神生产的主题转向"文化富国"，党和国家连续出台一系列文化建设的方针政策，开展精神文明建设，深化文化体制改革，推动文化事业和文化产业不断发展，掀起了文化建设的新高潮，激发了全民族文化创造力，提高了国家文化软实力。党的十八大以来，以习近平同志为核心的党中央开启了文化强国建设的新征程，不断繁荣社会主义文艺，加快构建现代公共文化服务体系，着力建设中国特色哲学社会科学体系，加强党在意识形态领域的领导权，培育和践行社会主义核心价值观，在文化建设发展道路上迈出了坚实的步伐，推动了文化事业和文化产业的大发展大繁荣。

二、马克思精神生产理论的当代价值

（一）有利于满足人民群众对美好生活需要

人民对美好生活的向往就是中国共产党的奋斗目标。中国特色社会主义新时代是全国各族人民团结奋斗、不断创造美好生活、逐步实现共同富裕的时代。党的十九大报告指出，我国社会主要矛盾已经转化为人民日益增长的美好生活需要和不平衡不充分的发展之间的矛盾。进入新时代，我国综合国力显著提升，全面建成小康社会的目标已经实现，人们对美好生活的向往集中反映了人们生活需要向多层次多样化的方向发展。马克思在

《共产党宣言》中指出："人们的观念、观点和概念，一句话，人们的意识，随着人们的生活条件、人们的社会关系、人们的社会存在的改变而改变，这难道需要经过深思才能了解吗？"① 新时代人民美好生活需要还体现在对精神生产的需求逐渐提升上。"思想的历史除了证明精神生产随着物质生产的改造而改造，还证明了什么呢？"② 新的精神需求催生新的精神生产供给，正如马克思所指出的："一定的生产决定一定的消费、分配、交换和这些不同要素相互间的一定关系。当然，生产就其单方面形式来说也决定于其他要素。"③ 没有精神生产供给，也就无法满足精神需求，因此，要提升精神文化产品的生产能力，不断扩大优质精神文化产品供给，形成政府主导、市场配置、全社会参与的多元协作的供给模式，构建城乡一体化、多元化精神文化供给体系；同时还要提高精神文化产品供给质量，丰富和创新精神文化产品的种类和形式，满足不同群体的文化需求。

（二）有利于坚持马克思主义在意识形态领域的指导地位

意识形态的生产是马克思精神生产理论的核心内容。马克思指出"统治阶级的思想在每一时代都是占统治地位的思想。这就是说，一个阶级是社会上占统治地位的物质力量，同时也是社会上占统治地位的精神力量。支配着物质生产资料的阶级，同时也支配着精神生产资料，因此，那些没有精神生产资料的人的思想，一般地是隶属于这个阶级的"④。他认为阶级统治不仅表现在物质生产领域，也必然表现在精神生产领域，统治阶级不仅需要支配物质生产资料，还需要支配精神生产资料。意识形态是特殊的精神产品，决定着文化前进的方向和发展道路。党的十八大以来，以习近平同志为核心的党中央高度重视意识形态工作，党的二十大报告明确指出："意识形态工作是为国家立心、为民族立魂的工作。牢牢掌握党对意识形态工作领导权，全面落实意识形态工作责任制，巩固壮大奋进新时代

① 马克思，恩格斯 . 马克思恩格斯文集：第 2 卷［M］. 中共中央马克思恩格斯列宁斯大林著作编译局，译 . 北京：人民出版社，2009：50-51.

② 马克思，恩格斯 . 马克思恩格斯文集：第 2 卷［M］. 中共中央马克思恩格斯列宁斯大林著作编译局，译 . 北京：人民出版社，2009：51.

③ 马克思，恩格斯 . 马克思恩格斯文集：第 8 卷［M］. 中共中央马克思恩格斯列宁斯大林著作编译局，译 . 北京：人民出版社，2009：23.

④ 马克思，恩格斯 . 马克思格斯文集：第 1 卷［M］. 中共中央马克思恩格斯列宁斯大林著作编译局，译 . 北京：人民出版社，2009：266.

的主流思想舆论。"① 当今时代，社会思想观念和价值取向日益活跃，主流和非主流思想观念同时并存，各种社会思潮相互激荡。能否做好意识形态工作，事关党的前途命运，事关国家是否长治久安，事关民族凝聚力。社会主义意识形态作为主流意识形态，必须在世界范围的文化思想交流交锋中占据主导地位、发挥引领作用。马克思主义深刻揭示了自然界、人类社会、人类思维发展的普遍规律，为人类社会发展进步指明了方向，它具有鲜明的实践品格，为改变国家和人民的命运提供了强大思想武器。为此，必须坚持马克思主义在意识形态领域的指导地位，坚定不移地将马克思主义作为立党立国的根本思想。实践告诉我们，中国共产党为什么能，中国特色社会主义为什么好，归根到底是马克思主义行，是中国化时代化的马克思主义行。必须牢牢掌握党对意识形态工作的领导权。尽管当前我国意识形态领域形势发生全局性、根本性转变，但意识形态斗争依然严峻复杂。要充分认识到意识形态斗争的复杂性、长期性，增强阵地意识，加强阵地建设，牢牢掌握意识形态工作的领导权、管理权和话语权。全面落实意识形态工作责任制，强化各级党委对意识形态工作的主体责任，真正做到守土有责、守土负责、守土尽责。

（三）有利于培育和弘扬社会主义核心价值观

社会主义核心价值观是马克思精神生产理论中国化时代化的最新成果，是当代中国精神生产的核心内容。党的十九大报告明确提出："社会主义核心价值观是当代中国精神的集中体现，凝结着全体人民共同的价值追求。要以培养担当民族复兴大任的时代新人为着眼点，强化教育引导、实践养成、制度保障，发挥社会主义核心价值观对国民教育、精神文明创建、精神文化产品创作生产传播的引领作用，把社会主义核心价值观融入社会发展各方面，转化为人们的情感认同和行为习惯。"② 从时代发展的角度来看，社会主义核心价值观是我们党团结带领人民在开创中国特色社会主义的伟大实践中形成的，是中国特色社会主义精神生产的重要成果。从

---

① 习近平. 高举中国特色社会主义伟大旗帜 为全面建设社会主义现代化国家而团结奋斗：在中国共产党第二十次全国代表大会上的报告［M］. 北京：人民出版社，2022：43.

② 习近平. 决胜全面建成小康社会 夺取新时代中国特色社会主义伟大胜利：在中国共产党第十九次全国代表大会上的报告［M］. 北京：人民出版社，2017：42.

历史角度来看，社会主义核心价值观包含着中华民族最根本的精神基因。培育和践行社会主义核心价值观是凝魂聚气、强基固本的基础工程。当前人类社会正处在大发展大变革大调整时期，世界范围内各种思想文化相互激荡，中国社会正面临思想观念的深刻变化。只有培育和践行社会主义核心价值观，才能提高人民群众思想境界，增强人民精神力量；面对各种错误思潮始终保持清醒头脑，敢于斗争、敢于亮剑，从而使中华民族以更加昂扬的姿态屹立于世界民族之林。当前我国正处在实现中华民族伟大复兴的关键时期，不仅需要物质生产做支撑，而且需要强大的精神生产做后盾，只有培育和践行社会主义核心价值观，才能凝聚社会共识，最大限度调动一切积极因素，鉴定"四个自信"，确保中国特色社会主义沿着正确方向前进。

（四）有利于社会主义文化强国建设

党的十七届六中全会明确提出了"建设社会主义文化强国"的目标。党的十八大以来，在以习近平同志为核心的党中央坚强领导下，文化建设被提升到了新的高度。党的十八届三中全会就提高文化开放水平、建立健全现代文化市场体系、深化文化体制改革、完善文化管理体制、构建公共文化服务体系等方面做了具体要求。党的十九大再次强调了文化强国的极端重要性，提出"文化兴国运兴，文化强民族强。没有高度的文化自信，没有文化的繁荣兴盛，就没有中华民族伟大复兴"①。并将中国特色社会主义文化作为"五位一体"总体布局的重要组成部分。党的十九届五中全会通过的《中共中央关于制定国民经济和社会发展第十四个五年规划和二〇三五年远景目标的建议》明确了到2035年建成文化强国的目标任务，并提出了"十四五"期间推进文化强国建设的主要任务。党的二十大提出"全面建设社会主义现代化国家，必须坚持中国特色社会主义文化发展道路，增强文化自信，围绕举旗帜、聚民心、育新人、兴文化、展形象建设社会主义文化强国，发展面向现代化、面向世界、面向未来的，民族的科学的大众的社会主义文化，激发全民族文化创新创造活力，增强实现中华

① 习近平.决胜全面建成小康社会 夺取新时代中国特色社会主义伟大胜利：在中国共产党第十九次全国代表大会上的报告 [M].北京：人民出版社，2017：40-41.

民族伟大复兴的精神力量"①。一个国家、一个民族、一个社会的强盛，不仅需要高度发展的物质文明，还需要繁荣兴盛的精神文化做支撑。建设社会主义文化强国是全面建设社会主义现代化国家的重要战略任务，是实现中华民族伟大复兴的基础支撑，也是社会主义精神生产的必然要求。

（五）有利于世界文明交流互鉴

唯物史观认为，人类具有"自由自觉活动"的类本质。精神生产的历史继承性，使人们能够从历史遗存和文化传统中汲取智慧和力量来指导生活实践。"人们自己创造自己的历史，但是他们并不是随心所欲地创造，并不是在他们自己选定的条件下创造，而是在直接碰到的、既定的、从过去承继下来的条件下创造。"② 在人类历史的演进中，文明是历史的重要组成部分，历史与文明的关系构成了考察人类社会发展进程的一条主线。"人们自己创造自己的历史，但是到现在为止，他们并不是按照共同的意志，根据一个共同的计划，甚至不是在一个有明确界限的既定社会内来创造自己的历史。"③ 由于各个国家的文化传统、地理环境等不同，文明呈现出不同的样态，在文明的交往中不可避免地出现差异甚至矛盾。世界是多样的，文明是多彩的，文明没有高低优劣之分。文明因多样而交流，因交流而互鉴，因互鉴而发展。2014 年，习近平总书记在联合国教科文组织总部做了题为《文明交流互鉴是推动人类文明进步和世界和平发展的重要动力》的重要讲话，深刻阐明了文明交流互鉴理念，为增进全人类共同利益提供了中国智慧、中国方案。文明交流互鉴理念是中国共产党为世界提供的重要精神产品，是马克思精神生产理论的最新成果。不流通的河流只能是一潭死水，不交流的文明只会故步自封。当今世界正在经历新一轮大发展大变革大调整，保护主义、单边主义抬头，多边主义和自由贸易受到冲击。"单个人随着自己的活动扩大为世界历史性的活动，越来越受到对他

---

① 习近平.高举中国特色社会主义伟大旗帜 为全面建设社会主义现代化国家而团结奋斗：在中国共产党第二十次全国代表大会上的报告［M］.北京：人民出版社，2022：42-43.

② 马克思，恩格斯.马克思恩格斯选集：第 1 卷［M］.中共中央马克思恩格斯列宁斯大林著作编译局，译.北京：人民出版社，2012：669.

③ 马克思，恩格斯.马克思恩格斯文集：第 10 卷［M］.中共中央马克思恩格斯列宁斯大林著作编译局，译.北京：人民出版社，2009：669.

们来说是异己的力量的支配（他们把这种压迫想象为所谓世界精神等的圈套），受到日益扩大的、归根结底表现为世界市场的力量的支配。"① 历史告诉我们，如果各国回到故步自封的孤岛状态，人类文明就会因为彼此隔离而丧失生机活力。要抵制"文明冲突论""文明优越论"的错误观念，以宽阔的胸怀和平等、包容、尊重的心态从不同文明中汲取智慧，在人类现代化进程中，使世界文明薪火相传、代代守护、推陈出新。

新课题催生新理论，新理论引领新实践。当前城乡公共文化服务发展不平衡、农村公共文化服务发展不充分是新时代精神生产领域的主要矛盾，要系统研究马克思精神生产理论的内在理路，深入揭示社会主义精神生产的内在规律，为破解城乡公共文化服务发展失衡、推进农村公共文化高质量发展提供根本遵循和行动指南。

---

① 马克思，恩格斯. 马克思恩格斯文集：第 1 卷［M］. 中共中央马克思恩格斯列宁斯大林著作编译局，译. 北京：人民出版社，2009：541.

第三章

文献综述和核心概念阐释

本章对农村公共文化服务高质量发展相关文献进行梳理和分析,目的在于在借鉴前人研究成果的基础上寻求本书的研究空间,为后续理论研究与实证分析提供参考。同时,对文化、农村文化、农村公共文化服务等核心概念进行界定,进一步明确农村公共文化服务的内涵和外延,为后续研究奠定理论基础。

第一节 文献综述

进入 21 世纪,在全面推动文化体制改革的背景下,2005 年《中共中央关于制定国民经济和社会发展第十一个五年规划的建议》首次提出建设公共文化服务体系的重大命题,公共文化服务开始以显性概念进入政策文本中。为解决公共文化服务城乡发展失衡的问题,2005 年,中共中央办公厅、国务院办公厅颁布《关于进一步加强农村文化建设的意见》提出了构建农村公共文化服务体系、保障农民基本文化权益的要求,推进农村公共文化服务体系建设成为中国特色社会主义文化建设的核心议题,相关研究开始受到关注。进入新时代,构建现代公共文化服务体系作为全面深化文化体制改革、促进文化事业繁荣发展的必然要求,被纳入全面深化改革全局,成为社会各界的普遍共识。受到政策导向和实践推动的影响,农村公共文化服务的相关研究不断深化。进入新发展阶段,推动农村公共文化服务高质量发展成为我国公共文化服务领域的重要任务,对农村公共文化服务的研究随之进入新阶段。我国文化体制改革由点到面逐步推开,农村公共文化服务经历了由"农村文化事业"到"农村公共文化服务"再到

"高质量发展"的重大转型，受到农村公共文化服务话语转换的影响，学术界的研究视角和研究主题不断拓展，研究成果大量涌现，研究内容日趋多元，体现了理论创新和实践创新的良性互动。回顾农村公共文化服务的研究历程，分析不同阶段农村公共文化服务研究热点，对于洞察当前研究特点和未来研究趋势，把握农村公共文化服务高质量发展的核心要义具有重要作用。

基于此，本书以中国期刊网全文数据库（CNKI）为文献来源，以"主题＝农村 and 全文＝公共文化服务 and 高质量发展"为检索式进行精确检索，共检索出相关文献 4773 篇，并运用 CNKI 数据库文献计量可视化工具对文献进行分析，揭示农村公共文化服务的阶段性特点，并在此基础上探讨农村公共文化服务高质量发展研究的演进路径和热点主题，以期为本书后期研究提供有价值的参考。

一、农村公共文化服务高质量发展研究的总体脉络

农村公共文化服务研究源于持续发展的公共文化服务实践。农村公共文化服务论文发表时间分布和数量变化客观反映了学界对农村公共文化服务关注度的变化以及该领域的研究趋势。中国期刊网文献检索结果显示，2005 年到 2023 年农村公共文化服务高质量发展研究成果总体呈现增长态势，根据文献的时间分布和研究主题变化趋势，结合国家政策演化，本书将农村公共文化服务高质量发展的研究分为三个阶段：起步阶段、发展阶段和繁荣阶段。虽然三个阶段特征各异，但研究主题一脉相承、研究内容紧密相连。具体如下图 3-1：

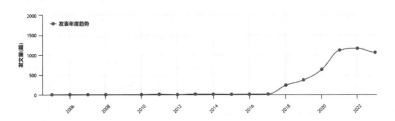

图 3-1 发文总体趋势

（一）起步阶段（2005—2010）

21世纪初，我国开启了文化事业与文化产业分类发展改革。2005年，党的十六届五中全会通过的《中共中央关于制定国民经济和社会发展第十一个五年规划的建议》首次提出要建立覆盖全社会的比较完备的公共文化服务体系，同年国务院颁布《关于进一步加强农村文化建设的意见》提出构建农村公共文化服务体系，标志着农村公共文化服务进入政策体系，并作为一项独立的研究议题引起了学术界的关注。2006年，《国家"十一五"时期文化发展规划纲要》第一次将公共文化服务网络建设确定为"十一五"公共文化服务体系建设的目标。在新农村建设背景下，学界开始关注农村公共文化服务体系构建问题，相关研究成果逐渐增加。针对农村基层文化建设体制存在的突出问题，学者提出准确把握政府公共文化职能，构建与和谐社会相适应的农村公共文化服务体系①，并将构建县、乡镇、村、户四级公共文化服务网络作为新农村文化建设的重要内容②。这一时期农村公共文化服务的相关研究尚处于初始阶段，研究内容相对宏观，理论研究相对薄弱，文献数量增长缓慢，相关文献仅有14篇。

（二）发展阶段（2011—2020）

此阶段农村公共文化服务高质量发展研究进入跨越式增长期，共检索出相关文献1304篇。伴随公共文化服务体系建设的日趋完善，公共文化服务体系的均衡化、现代化要求凸显。从《国民经济和社会发展第十二个五年规划纲要》提出建设覆盖全社会的公共文化服务体系，到党的十七届六中全会从文化强国战略高度明确了公共文化服务体系建设目标，再到党的十八届三中全会提出国家治理体系和治理能力现代化的重大命题，构建与现代市场经济和社会发展水平相适应的现代公共文化服务体系成为国家治理体系和治理能力现代化的重要议题。2015年《关于加快构建现代公共文化服务体系的意见》更是对现代公共文化服务体系建设做出全面部署。受到政策和实践的双重驱动，学界在对农村公共文化服务相关概念、建设主体、财政投入、管理体系等进行了深入讨论的基础上，研究主题得到进一步拓展，围绕"推进农村公共文化服务体系现代化转型""农村公共文化

① 窦维平. 努力建设农村文化服务体系 [J]. 中国合作经济，2005（11）：59-60.
② 李燕. 构建农村公共文化服务体系 [J]. 科学社会主义，2006（6）：84-86.

服务均等化""以文化治理推进乡村治理现代化"等重大实践问题展开研究，发文数量快速增加，研究成果逐渐充实。随着《中华人民共和国公共文化服务保障法》的正式实施，农村公共文化服务法治化建设研究迅速升温，相关研究成果不断涌现。2017 年，党的十九大首次提出了高质量发展的新表述，"高质量发展"迅速成为各个领域共同关注的时代话题，也引发了学界对农村公共文化服务高质量发展的极大关注，2018 年有学者以"农村公共文化服务高质量"为题发表学术论文①，学者聚焦现代公共文化服务体系建设背景下的农村公共文化服务效能提升、基层公共文化资源整合、公共文化多元主体共建共享模式及农村公共文化服务与科技融合发展等相关主题，并加大了对数字经济、精准扶贫、乡村振兴、黄河流域生态保护等国家重大战略部署中农村公共文化服务的研究力度，拓展了农村公共文化服务的研究视角和创新空间，基本形成农村公共文化服务高质量发展的话语体系和理论框架，为后续研究奠定了理论基础。随着研究日益深入，研究成果快速增加，特别是 2018 年至 2020 年，发文数量达 1240 篇。

（三）繁荣阶段（2021 至今）

"十四五"时期开启了全面建设社会主义现代化国家的新征程，农村公共文化服务体系建设的重心从"有没有"转向"好不好"，推进城乡公共文化服务高质量均等化、促进全体人民精神生活共同富裕成为现代公共文化服务体系建设高质量发展的核心议题。2021 年开始，《关于推动公共文化服务高质量发展的意见》《"十四五"公共文化服务体系建设规划》《"十四五"文化发展规划》相继出台，从推进社会主义文化强国、推动文化繁荣兴盛的战略高度，进一步明确了农村公共文化服务高质量发展的方向。党和政府对农村公共文化服务高质量发展的高度重视，推动了学界对这一领域的关注，如何将农村公共文化服务高质量发展融入"高质量发展"的国家战略，适应国家治理体系和治理能力现代化的新要求成为当前农村公共文化服务研究的核心议题。农村公共文化服务体系现代化、推进城乡公共文化服务一体化建设、推动农村公共文化服务社会化发展、加快农村公共文化服务数字化转型，以及文旅融合背景下农村公共文化服务功

---

① 李金龙，刘巧兰. 话语赋权：农村公共文化服务高质量供给的基本保障［J］. 图书馆建设，2018（10）：23-31.

能发挥等主题构成了农村公共文化服务高质量发展研究的前沿领域，多学科交叉、系统化、纵深化的研究趋势更加明显。2021年、2022年、2023年发表的文献数量分别为1113篇、1161篇和1066篇，呈现高速增长态势。

二、农村公共文化服务高质量发展研究的热点问题

农村公共文化服务高质量发展研究的热点是一段时间内学界对该领域集中关注和探讨的问题，热点的变化反映了农村公共文化服务高质量发展研究重心的位移。从农村公共文化服务体系建设提出到高质量发展阶段，农村公共文化服务的研究热点在很大程度上取决于公共文化服务体系建设和国家治理体系建设的进程和实践，既具有连续性又具有阶段性。在社会主义新农村建设推动下，农村公共文化服务研究迅速兴起，农村公共文化服务体系建设成为学界研究的重要课题。随着文化体制改革的推进和文化产业的快速发展，农村公共文化服务研究重心逐渐从对公共文化服务体系建设的宏观讨论向农家书屋建设、公共文化服务均等化等具体领域拓展。进入新时代，构建现代公共文化服务体系成为健全公共文化服务体系的方向。围绕农村公共文化服务体系现代化，文化治理、政府购买、供给侧改革、社会力量参与、服务效能提升等成为农村公共文化服务体系现代化的研究热点。进入高质量发展的新阶段，文旅融合、共同富裕、城乡融合、数字化建设、文化消费、乡村振兴引发学界高度关注，相关研究迅速增加（见图3-2）。

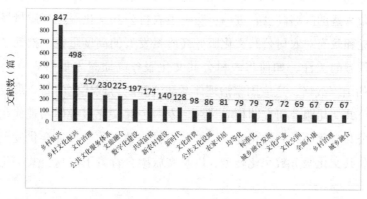

图3-2　文献研究热点

乡村振兴，文化是灵魂。农村公共文化服务高质量发展直接关系着广大农民群众的福祉和利益，关系着农业农村的现代化，关系着新时期共同富裕目标的实现。当前农村公共文化服务高质量发展的内涵、意义、路径研究成为学界持续关注的新热点。同时，学界立足于中国式现代化进程中社会发展实践，紧扣时代主题，对农村公共文化服务数字化转型、文旅融合背景下农村公共文化服务的创新发展等前沿问题进行了深入的讨论。

（一）关于农村公共文化服务高质量发展内涵的研究

目前学界对于公共文化服务高质量发展的研究还处于起步阶段。杨晓泉认为公共文化服务高质量发展的内涵包括品质化发展、高效能发展、智能化发展、精准化供给，实现共建共治共享、可持续发展的统一。① 范周等提出公共文化服务高质量发展具有均衡化、社会化、高效能、促进文化消费、提高精神文化生活品质的显著特征。② 杨乘虎等提出公共文化服务高质量发展蕴含着公共文化治理体系和治理能力现代化、公共文化服务高质量均等化、城乡公共文化服务体系一体建设、公共文化数字化建设，以及传承和弘扬中华优秀传统文化等重大问题。③ 随着学界对公共文化服务高质量发展内涵讨论的深入，农村公共文化服务高质量发展的问题也引起学界的广泛讨论。许丹认为中国农村公共文化服务高质量发展要求以"民生引领、品质共享"为价值导向，构建"多主体合作、动态化调适"的主体结构，发挥"精准供给、供需耦合"的功能效果，以"技术引领、规则协同"为驱动过程，实现"服务高品质、治理高效能"的目标结果。④ 目前我国学界对于公共文化服务高质量发展的内涵仍未达成完全一致的认识，对农村公共文化服务高质量发展内涵的研究有待深入，但是学者们形成的共识是农村公共文化服务高质量发展就是要回应农民群众更高的文化需求，改进和提升公共文化服务效能。

---

① 杨晓泉.“十四五”时期公共文化服务高质量发展思考：破解老问题，应对新挑战[J]. 图书馆论坛，2021，41（2）：10-18.
② 范周，侯雪彤.“十四五”时期公共文化服务高质量发展的内涵与路径 [J]. 图书馆论坛，2021，41（10）：14-19.
③ 杨乘虎，李强.“十四五”时期公共文化服务高质量发展的新观念与新路径 [J]. 图书馆论坛，2021，41（2）：1-9.
④ 许丹. 中国农村公共文化服务高质量发展：基本内涵、问题清单与行动框架 [J]. 社会科学研究，2021（5）：115-123.

（二）关于农村公共文化服务高质量发展重大意义的研究

一是从乡村振兴视角出发。刘红认为农村公共文化服务体系建设作为乡村振兴的重要组成部分，在繁荣农村文化、兴旺农村产业、保障社会稳定、增强文化自信、提高政府服务水平等方面发挥着重要作用。[①] 尚子娟等从农村公共文化高质量发展与乡村振兴的内在逻辑出发，提出农村公共文化服务高质量发展为乡村振兴提供基础保障和精神动力，要推动农村公共文化服务的高质量发展与乡村振兴的深度融合。[②]

二是从中国式现代化的视角出发。金栋昌等认为推动公共文化服务高质量发展是中国式现代化进程中建设社会主义文化强国的内在要求，有助于满足人民群众对美好文化生活的向往，有助于推动实现全体人民精神生活共同富裕。[③] 陈建提出公共文化服务高质量发展是文化领域践行中国式现代化道路的重要内容，公共文化服务治理现代化是对中国式现代化的积极响应。[④] 尚靖凯等基于中国式现代化的基本特征，提出以公共文化服务均等化丰富人民精神世界是中国式现代化建设的内在要求，基本公共文化服务均等化建设对于塑造全面发展的人、厚植文化民生根基、凝聚持久精神动能具有重要作用。[⑤]

三是从精神生活共同富裕的视角出发。陈劲竹等认为当前推进精神生活共同富裕的重点工作，是推进全社会公共文化服务建设全面化、均等化、公平化发展，以此达到国民心理深层次富足，从而推进精神生活的共同富裕。[⑥] 张桂敏指出公共文化服务是文化领域推进共同富裕的重要内容，改善农村公共文化服务供给现状，是跨越城乡之间的文化藩篱、实现城乡

---

① 刘红. 乡村振兴背景下农村公共文化服务体系建设研究 [J]. 社会科学战线, 2022 (3)：255-259.

② 尚子娟, 陈怀平. 农村公共文化服务与乡村振兴双向赋能的价值逻辑和推进路径 [J]. 中州学刊, 2022 (11)：81-89.

③ 金栋昌, 王宇富, 徐梦真. 中国式现代化进程中推动公共文化服务高质量发展的理论逻辑与实践进路 [J]. 图书馆论坛, 2023, 43 (5)：10-22.

④ 陈建. 以中国式现代化推进公共文化服务治理的基础与路径 [J]. 图书馆论坛, 2023, 43 (1)：30-39.

⑤ 尚靖凯, 赵玲. 中国式现代化新征程中基本公共文化服务均等化建设探赜 [J]. 图书馆, 2024 (2)：71-77.

⑥ 陈劲竹, 吴理财. 精神生活共同富裕进程中的农村公共文化服务研究 [J]. 长春师范大学学报, 2023, 42 (11)：27-31.

精神生活共同富裕的必由之路。① 郭广等认为推进基本公共文化服务均等化是全体人民能够均享精神文化成果，实现精神生活共同富裕的制度保障。② 樊慧慧认为乡村振兴必然以"乡村精神富有"为基础，"乡村精神富有"是农业农村现代化的精神要件，更是社会主义现代化的内在要求，应加大对乡村文化基础设施的投入，开展积极向上的文化活动、挖掘民间文化资源丰富乡村精神生活，增强农民群众文化获得感。③

四是从城乡融合视角出发。张学昌认为农村公共文化服务高质量发展从根本上实现公共文化服务资源要素的城乡双向流动，破除城乡公共文化服务二元体制，促进城乡文化深度融合和人的流动。④ 陈波等基于乡村公共文化空间建设视角，认为当前公共文化服务财政投入差异导致城乡公共文化资源配置存在鸿沟，城乡之间公共文化服务出现结构性失调，农村文化高质量发展要求政府加大对农村文化基础设施的投入，发展乡村文化事业，打造新型乡村文化空间。⑤ 耿达等基于县域对推动城乡融合发展的重要作用，提出城乡公共文化空间建设对于促进城乡融合发展与形成新型城乡关系具有重要意义。⑥

（三）关于农村公共文化服务高质量发展路径的研究

李桂霞等提出以文化自信为引领，以标准化、均等化为基础，以数字化为手段，以社会化为途径，以法治化为保障的公共文化服务高质量发展路径。⑦ 潘颖等基于政策文本分析视角，认为要实现城乡公共文化服务高

① 张桂敏. 共同富裕视域下农村公共文化服务的供给逻辑和优化路径：以 H 省 Y 村的实践为例 [J]. 北方工业大学学报，2023，35（4）：10-17，25.
② 郭广，李佃来. 精神生活共同富裕的核心要义、价值意蕴和实践路径 [J]. 学习与实践，2023（11）：13-22.
③ 樊慧慧. 塑形与铸魂：中国式现代化视野下乡村精神审视 [J]. 毛泽东邓小平理论研究，2023（4）：27-33，108.
④ 张学昌. 城乡融合视域下的乡村文化振兴 [J]. 西北农林科技大学学报（社会科学版），2020，20（4）：56-64.
⑤ 陈波，李晶晶. 文化高质量发展视域下乡村公共文化空间指标体系研究 [J]. 湖北社会科学，2021（8）：34-40.
⑥ 耿达，王跃贤，赵瑞芳. 县域视角下城乡公共文化空间建设的机制与路径研究：以鹤庆县为例 [J]. 图书馆，2023（8）：1-9.
⑦ 李桂霞，解海，祁爱武. 新时代公共文化服务高质量发展的路径 [J]. 图书馆建设，2019（S1）：187-194.

质量发展，必须以城乡公共文化服务标准化、可操作化为基础，不断拓展总分馆制建设、提升社会力量专业化水平、实现公共文化服务与旅游融合发展。① 李国新指出构建县域图书馆文化馆总分馆制是完善农村公共文化服务体系的突破口，推动公共文化服务社会化发展是农村公共文化服务高质量发展的必然要求。② 耿达基于对公共文化服务历史演进趋势的分析，提出了推动公共文化服务高质量发展需要处理好文化与政治、文化与经济以及效率与公平的关系，通过党建引领重塑公共价值，融合发展增强文化赋能，改革创新提升服务效能。③ 王雄青分析了农家书屋高质量发展的内涵，提出数字化、移动化、智能化是推动农家书屋高质量发展路径创新。④ 许丹基于对当前中国农村公共文化服务高质量发展的掣肘因素分析，提出了建立全过程质量治理理念、全主体高效能联动融通、高品质服务的全流程追踪，以及网链性制度结构的全周期改进的农村公共文化服务高质量发展实现路径。⑤

（四）关于农村公共文化服务高质量发展研究的新面向

1. 以数字化建设引领农村公共文化服务高质量发展。《中共中央关于制定国民经济和社会发展第十四个五年规划和二〇三五年远景目标的建议》提出推动公共文化数字化建设，明确了"十四五"时期公共文化服务高质量发展的新路径。《关于推动公共文化服务高质量发展的意见》更是将加快推进公共文化服务数字化建设作为公共文化服务高质量发展的重要任务。在推动农村公共文化服务体系现代化转型的目标指向下，农村公共文化服务数字化、网络化、智能化建设成为农村公共文化服务研究的前沿，农村公共文化服务数字资源建设、网络平台建设、智慧应用场景拓展

---

① 潘颖，郑建明，孙红蕾. "十四五"时期公共文化发展沿革与融合创新：基于省级政策文本内容分析视角 [J]. 图书馆建设，2022（2）：150-158.

② 李国新. 关于加强农村公共文化服务建设的思考 [J]. 中国图书馆学报，2019，45（4）：4-11.

③ 耿达. 公共文化服务高质量发展的历史演进与逻辑理路 [J]. 图书馆，2022（11）：1-7，15.

④ 王雄青. 新发展理念视域下农家书屋高质量发展策略探究 [J]. 图书馆建设，2020（S1）：16-19.

⑤ 许丹. 中国农村公共文化服务高质量发展：基本内涵、问题清单与行动框架 [J]. 社会科学研究，2021（5）：115-123.

等主题引起了学界极大的关注，并以此构成了农村公共文化服务数字化研究的热点论题。学界围绕数字技术赋能农村公共文化服务高质量发展的价值意蕴、路径选择等问题展开讨论，相关研究成果稳步增多。亓程认为农村公共文化服务的数字化发展能够有效缓解文化服务需求与供给之间的矛盾，在数字化技术支撑下，农村公共文化服务在全新的文化空间与资源支持下实现新的发展。① 邵明华等认为数字技术赋能农村公共文化服务高质量文化供给，能有效缓解农村公共文化服务供需结构性失衡困境，是满足农民分众化、个性化、多层次文化需求的重要举措，并提出以数据要素资源建设、网络平台建设、丰富智慧应用场景为路径实现农村公共文化服务高质量供给。②

2. 文旅融合背景下农村公共文化服务的创新发展。2021 年 4 月，文化和旅游部发布的《"十四五"文化和旅游发展规划》提出文化和旅游深度融合，并将"推动博物馆、美术馆、图书馆、剧院、非物质文化遗产展示场所等成为旅游目的地"作为文旅融合的目标任务，体现文化产业与文化事业融合发展的新趋势。2022 年 1 月，国务院颁布的《"十四五"旅游业发展规划》再次提及"文化和旅游深度融合"。文旅融合背景下农村公共文化服务的创新发展成为当前学界关注的新方向。如何发挥公共图书馆、博物馆、乡镇文化站、村综合文化服务中心等公共文化机构在乡村文化旅游中的作用成为学界研究热点，相关研究主题既包括文旅融合背景下农村公共文化服务内涵模式、发展路径、体系创新的宏观层面探讨，又包括微观层面上文化礼堂、村史馆、非物质文化遗产传习基地的创新发展。卢云峰等基于对浙江省诸暨市案例研究，对县文化馆、图书馆、乡镇文化站以及公共文化惠民活动促进乡村文化旅游的内在机理进行了实证分析，论证了农村公共文化服务推动乡村共同体重建的内在机理。③ 文旅融合本质上是公共文化服务与文化产业、旅游产业的融合发展，学界关于图书馆等公

① 亓程. 农村公共文化服务的数字化转型思考 [J]. 文化创新比较研究，2023，7（23）：108-112.

② 邵明华，刘鹏. 数字赋能农村公共文化服务高质量供给：价值意蕴、动力机制与路径创新 [J]. 图书馆论坛，2023，43（1）：40-48.

③ 卢云峰，陈红宇. 乡村文化振兴与共同体重建：基于浙江省诸暨市的案例分析 [J]. 清华大学学报（哲学社会科学版），2022，37（3）：205-214，220.

共文化机构融入乡村旅游的模式、路径、策略的讨论，深化了人们对公共文化机构与乡村旅游价值共创关系的认识，有利于加深人们对以文塑旅、以旅彰文内在规律的理解，为巩固公共文化服务与乡村旅游双生共赢的良好局面奠定理论基石。

概言之，农村公共文化服务高质量发展是一个系统性工程，需要持续推进、久久为功，相关研究需要立足于农村公共文化服务高质量发展的实践，在解决现实问题中不断深化对中国式现代化进程中农村公共文化服务发展规律的认识，推动研究走向深入。

三、研究述评

哲学社会科学是人们认识世界、改造世界的重要工具，要坚持以马克思主义为指导，立足世情国情党情的变化，在学术研究中充分体现中国特色、中国风格、中国气派，不断吸收世界哲学社会科学的积极成果。当前我国正处于建设社会主义文化强国的关键时期，构建中国特色公共文化服务理论体系、开展多学科交叉研究、融入中国重大战略已经成为农村公共文化服务高质量发展研究的重要趋势。

（一）构建中国特色公共文化服务理论体系

我国自 2005 年提出"公共文化服务"概念，在实践方面取得重大成就。但理论研究落后于实践，目前尚未形成相对独立的公共文化服务理论体系。当前对农村公共文化高质量发展研究呈现多学科联合的特点，相关文献来源主要集中在管理学、政治学、文化学、图书馆与情报学等学科。近年来以马克思主义理论为支撑研究农村公共文化高质量发展有所增加，但总体占比不高。马克思主义基本原理、马克思主义中国化时代化的理论成果为推进中国特色公共文化服务的理论创新和实践创新提供了强大思想武器，构建中国特色公共文化服务理论体系必须坚持马克思主义的指导地位，必须坚持社会主义发展方向和以人民为中心的发展理念，并以此不断结合发展实际扩展公共文化服务理论研究的学科版图。

（二）研究视角的多学科性拓展

一是历史学视角。农村公共文化服务高质量发展作为国家治理体系和治理能力现代化的重要内容，对其生成逻辑及其发展演变历史轨迹的研究相对比较缺乏，特别是新民主主义革命时期、社会主义革命时期、改革开放以来中国共产党领导农村公共文化建设的历史经验及其内在逻辑的研究有待进一步深化。二是法学视角。农村公共文化服务高质量发展需要制度保障，运用法律手段和法规制度来保障农村公共文化服务高质量发展是新时代国家治理体系现代化的必然要求，因而，农村公共文化服务高质量发展法治化研究是未来有待深化拓展的重要内容。三是要拓展多学科交叉研究。当前大数据、人工智能、移动互联网等信息技术在农村公共文化服务领域的应用程度进一步加深，要加大数字技术、人工智能、大数据等信息技术与农村公共文化服务高质量发展的多学科交叉研究。

（三）融入国家重大战略和衔接经济社会发展的研究有待加强

农村公共文化服务作为公共文化服务体系建设和社会主义文化建设的一部分，应更好地服务于国家重大发展战略，并在国家重大发展战略中推动公共文化服务高质量发展。因此，应加强对中国式现代化、文化强国、乡村振兴等国家重大战略中农村公共文化服务的研究力度。国家社科基金项目、国家自然科学基金项目、教育部人文社会科学研究项目以及省部级基金项目的选题，以我国改革开放和社会主义现代化建设中的重大理论和实践问题作为主攻方向，相关基金论文是国家各级政府部门对科学研究进行经费资助而产生的研究成果，在一定程度上反映了农村公共文化服务高质量发展研究与国家重大战略的有效衔接。从相关论文获得基金资助的增长趋势来看，近年来在文化强国、乡村振兴、中国式现代化建设背景下，国家社科基金项目、国家自然科学基金项目、教育部人文社会科学研究项目以及各省哲学社会科学规划项目加大了对农村公共文化服务高质量发展研究的资助力度，带动了高校及科研部门的学者对该领域的研究，为聚焦高水平研究群体提供了稳定的支持，也为农村公共文化服务研究的多学科融合奠定了坚实的基础。

概言之，农村公共文化服务高质量发展的研究呈现明显上升的趋势，形成了大量优秀研究成果，为深入研究农村公共文化服务高质量发展提供了重要参考与借鉴。本书认为，对农村公共文化服务高质量发展研究要立足于中国实际，关注农村公共文化服务的微观主体，反映农村公共文化服务发展的真问题、真经验，并在此基础上提出农村公共文化服务高质量发展的新思路、新路径，以期为国家制定农村公共文化服务高质量发展相关政策提供科学依据和实践经验。

第二节 核心概念阐释

农村公共文化服务相关概念的界定关系到研究范围的限定，本书尝试从农村公共文化服务"是什么、怎么样"的逻辑进路出发，明确"文化""公共文化""农村公共文化服务"等核心概念的内涵及属性，并以此界定本书的研究范围。

一、文化

（一）文化内涵的演进

"文化"（culture）源于拉丁语，原意为"土地农作物的耕作和培育"。作为人类社会的特有现象，文化的出现与人类历史的发源一样久远。在我国，"文化"一词出现很早。《易经》中说："文明以止，人文也。观乎天文，以察时变；观乎人文，以化成天下。"汉代许慎的《说文解字》道："文，错画也，修饰也；化，教行也，变也。"汉代刘向的《说苑》第一次把"文化"连用："凡武之兴，为不服也；文化不改，然后加诛。"晋代束皙《补亡》一诗中写道："文化内辑，武功外悠。"这些都指的是"文治和教化"。

19 世纪以前，文化的观念就已经在历史学和哲学中普遍存在，但人们对文化概念的理解并不一致，甚至存在很大差异，习惯、习俗、价值观、观念、民族性格等与文化相关的观念被用以建构文化概念，使得文化的概念并不严谨。到 19 世纪，哲学家们将知识、信仰、艺术、道德、法律等划入精神领域，把文化看成人类精神现象，狭义的文化概念逐步形成，其内涵指向一种"思想的形式"，文化一词所具有的精神性特质已逐步从其物质外表渗出。随着人类认识世界、改造世界的能力不断增强，人们对文化概念理解的边界扩大，对文化内涵的理解和把握趋于系统化。19 世纪晚期，文化概念的现代建构进入一个重要阶段。1871 年人类学家爱德华·泰勒在考察人类文明进化史后，第一次提出"文化"的现代定义："所谓文化或文明，乃是包括知识、信仰、艺术、道德、法律、习俗以及包括作为社会成员的个人而获得的其他任何能力、习惯在内的一种综合体。"① 马林诺夫斯基从文化功能回溯文化结构，给出了文化的定义："文化显然是一个有机整体，包括工具和消费品，各种社会群体的制度宪纲、人们的观念和记忆、信仰和习俗。"② 他还将文化结构划分为器物、制度和观念三个层次。

我国的学者一般从广义和狭义上界定文化的内涵，广义的文化是指人们在社会实践过程中所创造的物质财富和精神财富的总和。狭义的文化是指人们在社会实践过程中所创造的精神财富的总和。金元浦对此进行了总结，他将人们对文化的理解概括为三个层次：第一个层次是主张文化是涵盖人类所有文明成果的大众文化观；第二个层次是主张文化主要指人类精神文化方面的创造性成果的观点；第三个层次是将文化理解为以文学、艺术、音乐、戏剧等为主的艺术文化的观点。③

（二）文化的本质

马克思主义经典作家较少使用"文化"这一术语，也没有给出"文化"明确定义，他们和同时代的哲学家一样，用"精神""意识形态"等术语对文化一词进行概念上的指称，并用"精神生产"的概念描述人类创造观念产品的活动与过程。尽管马克思主义经典作家没有专门的文化概念，但是他们创立的唯物史观为研究文化提供了原则、立场和方法论基础。在《关于费尔巴哈的提纲》一文中，马克思指出："全部社会生活在本质上是实践的。凡是把理论引向神秘主义的神秘东西，都能在人的实践中以及对这种实践的理解中得到合理的解决。"④ 这就为人们走出莫衷一是的文化概念的迷雾给予了强大的思想武器。文化是社会实践的产物，不是一个僵化的存在，它的生命力与社会发展紧密相关，文化的本质应从动态发展的社会生产生活实践中进行归纳。人既是物质生产主体，又是精神生

① 爱德华·泰勒.原始文化：神话、哲学、宗教、语言、艺术和习俗发展之研究[M].连树声，译.桂林：广西师范大学出版社，2005：1.

② 马林诺夫斯基.科学的文化理论[M].黄建波，等译.北京：中央民族大学出版社，1999：52.

③ 金元浦，薛永武，李有光，等.中国文化概论[M].北京：首都师范大学出版社，2008：3-5.

④ 马克思，恩格斯.马克思恩格斯文集：第1卷[M].中共中央马克思恩格斯列宁斯大林著作编译局，译.北京：人民出版社，2009：501.

产主体,物质实践活动是文化存在所必需的客观条件,为文化产生和发展提供必要的物质基础,也为文化生产提供经验资源。精神实践活动即精神生产,是文化存在所必需的主体条件,是文化产生的源泉,是人类确证自身从自然生物到文明主体的根本途径。精神生产的产物即文化,对人类精神的再生产是世界文明得以存在并加速发展的动力根源,这也就决定了文化内在本质的精神属性。文化一经产生,对个体精神和社会公共精神就具有培育和塑造功能,成为构建社会共同体、凝聚社会力量、促进社会永续发展的不竭动力。我们看到,唯物史观从社会全面生产的角度来认识人类文化,在强调文化的精神属性的同时,并不否定其物质性前提,由此本书将文化理解为,在精神实践活动中创造的用来满足人类精神进步和社会发展需要的精神财富。

二、公共文化

公共文化是区别于经营性文化的特殊的文化形态,以满足社会精神文化需要为目标,以社会全体公民为服务对象。在现代语境中,公共文化一词与公共领域的联系最为密切。所谓公共领域,是指人人享有的公共空间,即在城市或社区供公众集会、交流、参与和体验社会活动的开放空间。汉娜·阿伦特在1958年出版的《人的条件》一书中认为,区别于私人领域,公共领域具有广泛的公开性,人们能够超越阶级、性别、种族或民族所带来的社会差异进行平等对话,这种公共生活是值得人们去追求的积极的生活。哈贝马斯在其书《公共领域的结构转型》中认为,公共领域是一个介于国家和社会之间的公共空间,它和"私人领域是相对立的","首先可以理解为一个由私人集合而成的公众的领域"。① 阿伦特和哈贝马斯并没有直接提及"公共文化",但在论述文学公共领域或公共生活时已经隐含提到了公共文化的基本属性。20世纪80年代末随着经济全球化的发展,文化在社会发展中的作用日益受到学者的重视,多元文化在全球经济一体化的大潮中相互激荡、不断发展,基于这样的背景,英国人类学与文化学术研究杂志《公共文化》最早提出"公共文化"概念,旨在表达超

---

① 哈贝马斯. 公共领域的结构转型 [M]. 曹卫东,等译. 上海:学林出版社,1999:
　　1-11.

越文化差异，实现文化共享。

公共文化也称公益性文化，从内涵上具有公益性、公开性特征，其核心在于培养公共精神和公共意识，形成社会共识；从外延上具有群体性和共享性特征。不同于经营性文化，公共文化是为满足社会共同需要而形成的文化样态，强调以社会全体成员为服务对象，目标是人人参与、人人享有、人人创造。其社会功能表现为传播先进文化、满足人民精神文化需求、提升人民精神生活品质、为社会发展凝聚力量。政府在公共文化建设中发挥着主导作用。一是对公共文化的管理，政府通过制定法律法规确定公共空间的边界、准入、运作等规则，通过筛选机制对进入公共空间的文化形态进行评议、核准；二是对公共文化的服务，即为公共空间的运行提供资金、人才、技术支持和制度保障。

中国特色社会主义建设实践催生了中国特色"公共文化"的概念，并在中国语境下赋予了公共文化内涵和外延以新的内容。改革开放之初，计划经济时代建立起来的文化事业已经不能满足广大人民群众日益增长的精神文化需求，在文化领域体制机制改革中，公益性文化事业和经营性文化产业被厘清，2005年公共文化服务体系概念被提出，公共文化成为文化建设和文化研究领域的新概念。有学者将公共文化定义为受公共财政支持的提供公益性文化服务的文化事业①；有学者认为，公共文化指政府创办的、非营利的、以保障公众基本权利为前提的、满足公共文化需求的、传播人类文明成果和社会先进文化的文化机构和产品的总和②。也有学者认为"是一种保障社会个体获取文化资源的公共服务，是广泛存在于各种公共空间中的文化产品、服务等文化资源"③。本书基于对文化的理解，将公共文化定义为在政府主导、社会参与的精神实践活动中创造的满足人民基本文化需求、保障人民基本文化权益的公益性文化产品和服务的总和。

---

① 高丙中.公共文化的概念及服务体系建设的双元主体问题［J］.广西民族大学学报（哲学社会科学版），2016，38（6）：74-80.
② 陈信，邹金汇，柯岚馨.我国基本公共文化服务的理论根源和现实依据［J］.国家图书馆学刊，2015，24（2）：18-23.
③ 王平，李舒杨.公共文化研究：从概念出发［J］.图书馆论坛，2022，42（5）：79-85.

三、公共服务

近代财政学的创立者、德国财政学家阿道夫·瓦格纳最先提到了公共服务这一概念，他认为国家应该有发展文化教育和增进社会福利的职能，即承担公共服务的职能。公共服务理论首次被提出是在法国学者莱昂·狄骥《公法的变迁》一书中，他认为提供公共服务是政府的责任和义务，政府拥有的公权力应当用于为社会提供更好的公共服务。我国学者也从不同视角对公共服务进行了阐释。李延钧认为，公共服务是以公共权力保障全体社会成员各项法定人权事务为基本内容，以实现社会基本公平为目标，以税收为基本来源，以均等化为标准，以政府设立的公共事业机构为主要提供主体，向全民免费或低收费提供的具有法定性质的服务。[①] 陈信等认为，公共服务是以政府为代表的公共部门运用公共权力，调动公共资源，满足公众特定需求而提供的服务。[②] 也有学者认为公共服务是政府基于公共利益的需要，在个人无法自力获得的情况下，通过直接或间接的方式满足社会公众基本生存和发展需要的职责和功能。[③] 本书将公共服务定义为政府主导、社会参与以满足社会公共利益为主要目标的非营利性产品和服务的总称。提供公共服务是现代政府的主要职能，公共服务具有普惠性、公平性、公益性的特征，其内涵包括以下三点：第一，公共服务满足全体社会成员基本公共需要，而非个性化或私人需要，不以营利为目的；第二，公共服务过程要使用公共资源和公共权力；第三，公共服务为社会成员平等享用。

我国于 2021 年首次出台国家基本公共服务标准，明确了幼有所育、学有所教、劳有所得、病有所医、老有所养、住有所居、弱有所扶、优军服务保障、文体服务保障等 9 个领域 80 个基本公共服务项目的对象、内容、标准、支出责任和牵头负责单位。2023 年在保持总体结构与 2021 年版国

---

① 李延均. 公共服务及其相近概念辨析：基于公共事务体系的视角［J］. 复旦学报（社会科学版），2016，58（4）：166-172.

② 陈信，邹金汇，柯岚馨. 我国基本公共文化服务的理论根源和现实依据［J］. 国家图书馆学刊，2015，24（2）：18-23.

③ 马英娟. 公共服务：概念溯源与标准厘定［J］. 河北大学学报（哲学社会科学版），2012，37（2）：75-80.

家标准一致的基础上，对部分服务项目进行了"增""提""调"。

四、公共文化服务

公共文化服务是公共服务的重要组成部分，与公共文化有着不可分割的关系。公共文化的基本属性决定了公共文化服务的内涵和目标定位。公共文化服务从本质上说是政府推动公共文化建设的制度性精神生产实践，是服务于人民群众公共文化生活的社会性行动。改革开放以来，公共文化服务的概念经历了提出、扬弃发展和深化完善三个阶段。2016 年颁布的《中华人民共和国公共文化服务保障法》第一章第二条将公共文化服务定义为"由政府主导、社会力量参与，以满足公民基本文化需求为主要目的而提供的公共文化设施、文化产品、文化活动以及其他相关服务"。公共文化服务是文化领域的公共服务，文化的特殊性决定了公共文化服务的特殊性，其内涵应该从以下几个方面来把握：

一是公共性。公共文化服务是实践的共同体文化，以追求社会效益最大化为目标，具有非营业性、非排他性和较强正外部性。均等性是公共文化服务的核心要求，要求地区之间、城乡之间公共文化服务协调发展，实现文化由全体人民共同创造，文化成果由人民共享。公共文化产品可分为纯公共文化产品、准公共文化产品。纯公共文化产品是政府部门提供的以保障全体公民基本文化权益、满足基本文化需求为目标的公益性的公共文化产品和服务，如公共广播电视网络、"三馆一站"免费开放、送戏下乡等；准公共文化产品具有非排他性和非竞争性，政府作为主要责任主体以补贴、资助或购买等形式，鼓励社会力量以免费或公益性收费的形式提供公共文化产品或服务，如民办博物馆、文化艺术培训等。公共文化服务高质量发展就是要实现公共文化服务全覆盖，满足全体社会成员的文化需求，促进人民精神生活共同富裕。

二是正当性。文化权利与人身权利、政治权利、经济权利是公民的基本权利。我国现行宪法第四十七条规定"中华人民共和国公民有进行科学研究、文学艺术创作和其他文化活动的自由。国家对于从事教育、科学、技术、文学、艺术和其他文化事业的公民的有益于人民的创造性工作，给以鼓励和帮助"。宪法赋予我国公民文化权利具体体现在以下几个方面：参与文化生活的权利、享受文化成果的权利、进行文化生产的权利、文化成果受到法律保护的权利。这就从根源上强调了公民享受公共文化服务的合法性、正当性和必要性。尊重和保障公民的基本文化权利、满足公民基本文化需要作为现代社会文明的重要标志，是政府构建公共文化服务体系的逻辑起点，也是公共文化服务的尺度和范围。

三是文化性。公共文化服务是对社会生活进行建构的重要力量。作为由政府推动的服务于群众公共文化生活的制度实践，公共文化服务也是国家治理体系和治理能力现代化的重要组成部分和基本路径。"举旗帜、聚民心、育新人、兴文化、展形象"是公共文化服务文化性的集中体现，也是公共文化服务的时代之责。一方面，公共文化服务要始终坚持中国共产党对公共文化建设的绝对领导，坚持马克思主义在意识形态领域的指导地位，牢牢把握社会主义先进文化前进方向，通过提供高品质公共文化产品和服务将国家意志大众化、生活化，增强意识形态凝聚力和引领力，引导和规范广大人民群众思想和行为；另一方面，公共文化服务具有熏陶、传承、弘扬的重要功能，承担着培育社会共同体成员国家主流价值观和传承中华优秀传统文化的双重任务。依托博物馆、图书馆、文化馆等文化设施和群众性文化活动，使广大群众在文化熏陶、文化传承中把马克思主义基本原理同中华优秀传统文化相结合，使社会主义核心价值观在各种文化活动中得到传播。

四是服务性。公共文化服务是公共服务的重要组成部分，是与人民群众联系紧密的文化民生工程，是服务型政府的基本职能之一。我国现代公共文化服务体系建设始终坚持以人民为中心的工作导向，充分保障人民群众基本文化权益，以高水平标准化、均等化、便利化不断满足人民群众多样化、多层次、多方面的精神文化需求，提升人民群众文化获得感、幸福感。同时，坚持人民群众在文化建设中的主体地位，使广大人民成为公共文化建设的参与者、创造者、受益者。《中华人民共和国公共文化服务保障法》明确规定了各级政府在政策规划、公共文化基础设施建设、公共文化服务提供、相关保障措施等方面的主体责任。

五、农村公共文化服务

基于公共文化服务概念，本书将农村公共文化服务定义为由政府主导、社会力量参与，以满足农村居民基本文化需求为主要目的而提供的公共文化设施、文化产品、文化活动以及其他相关服务的总称。农村公共文化服务具有公共文化服务的一般性特征，由于面向广大乡村、服务于基层农民，农村公共文化服务又具有特殊性。

一是乡土性。农村公共文化服务是国家意志和国家治理在乡村场域的具体体现，具有很强的乡土特征。第一，乡村社会是农村公共文化服务的接受方。传统乡村共同体是以农业生产方式为基础的地域共同体，又是守望相助的经济共同体，也是农民群众充满历史记忆的精神家园，具有稳定性、封闭性、地域性特征。第二，农民是农村公共文化服务的对象。作为从事农业生产的主力军，农民也是乡村文化建设主体力量，满足农民群众日益增长的精神文化需求、提升乡村社会文明程度是农村公共文化服务的首要任务，农民文化获得感和满意度是衡量农村公共文化服务效能的金标准。第三，基层组织载体是农村公共文化服务执行者。在我国的行政组织框架中，县级政府具有完整的行政管理和财政能力，承担着农村公共文化服务组织规划、标准制定、资金保障等主体责任，负责将公共文化资源向农村基层延伸。乡（镇）、村两级组织是乡村文化建设的最佳"接点"，也是农村公共文化服务的"最后一公里"，负责对农民进行宣传教育、组织开展各类文化活动与文化艺术培训、培养文艺骨干、整理民间文化遗产等。加强乡（镇）、村两级组织在乡村文化建设中的主动权，构建乡（镇）、村两级组织的良性治理关系是破解"最后一公里"难题的重要保障。

二是内容多样性。优先补齐农村公共文化服务短板，促进文化资源向基层延伸、向农村覆盖，推动城乡公共文化服务一体化建设成为公共文化服务高质量发展的主要任务。长期以来，城乡经济发展水平的差异，导致城乡公共文化资源分配失衡，乡村公共文化基础设施仍存在较大短板，基层公共文化服务队伍专业素养、服务能力有待提升，再加上农村点多面广、居住分散，具有"百里不同风、千里不同俗"的特点，决定了农村公共文化服务内容的多样性（见表3-1）。

表 3-1   农村公共文化服务的主要内容

农村公共文化活动	电影放映、广场文艺、外出就业指导、农技知识培训、群众歌舞活动、培训文化骨干、文艺演出、地方戏曲演出、灯会、庙会、非遗巡展、民俗文化、传统节庆活动、体育健身
农村公共文化设施	图书馆、博物馆、文化馆（站）、妇女儿童活动中心、老年人活动中心、乡镇（街道）和村（社区）基层综合性文化服务中心、文化礼堂、文化广场、非遗传习所、新时代文明实践中心、农家（职工）书屋、公共阅报栏（屏）、广播电视播出传输覆盖设施、公共数字文化服务点等
农村公共文化政策	农村公共文化服务财政政策、人事政策、市场准入政策、知识产权政策
农村公共文化治理	农村公共文化建设和管理的相关法律、法规、规范性文件

资料来源：作者整理

　　三是外部渗透性。农村公共文化服务作为国家文化治理体系和治理能力的重要内容，以政府财政直接供给或以购买文化服务的形式满足农民的文化需求。通过向乡村输入文化基础设施、文化活动载体、文化资源，回应农民群众的文化诉求，其服务供给必然体现着国家意志和治理意图。通过各类公共文化服务"下乡"，形成了公益性的"自上而下"的帮扶式建设模式，打破了根植于小农经济形态之上的内生性乡土文化单一治理模式，形成了农村公共文化服务与乡土文化良性互动，一方面使农村公共文化服务更加本土化，另一方面乡土文化也得到传承与发展，两者相互融合最终实现协同发展。

第四章

农村公共文化服务高质量发展的历史演进和价值意蕴

农村公共文化服务高质量发展是中国式现代化的必然要求。从农村公共文化服务体系建设起步、转型发展、跨越式发展、高质量发展"四步走"的历史脉络中，深刻认识农村公共文化服务高质量发展与中国式现代化的内在联系，正确理解农村公共文化服务高质量发展的重大意义，对于准确把握农村公共文化服务高质量发展的内在理路和实践要义具有重要价值。

第一节　农村公共文化服务发展的历史演进

我国农村公共文化服务体系建设是一场发展与改革交织的深刻实践，深深嵌入社会主义现代化国家建设的历史进程中，既反映了市场经济条件下公共文化领域的一般规律，又表现出现代化进程中国家治理转型的特殊规律。中国式现代化建设经历了计划经济和市场经济改革两个时期，农村公共文化服务也经历了从"农村文化事业"到"农村公共文化服务"再到"高质量发展"的重大转型。

一、起步阶段（1978—2004）

这一阶段逐渐从"农村文化事业"发展模式向文化事业和文化产业双轨制运行转变。公共文化服务的概念是在 2005 年党的十六届五中全会上被提出的，但是公共文化机构及其基本职能早已存在，并在农村建设中发挥着重要作用。新中国成立以来，中国共产党高度重视农村公共文化建设，大力推进文化馆、图书馆等公共文化基础设施建设，初步建立了文化事业管理体系，使农村文化事业经历了从无到有的历史跨越。截至 1978 年，全国共有图书馆 1218 个，博物馆 349 个，群众文化服务机构 6893 个，艺术表演团体机构 3150 个。①

十一届三中全会是新中国成立以来党的历史上具有深远意义的伟大转折，全会做出了把全党的工作重心转移到经济建设上来的战略决策。在深刻总结社会主义文化建设经验教训的基础上，创造性地提出了社会主义精神文明建设。20 世纪 90 年代初，面对世界社会主义运动遭遇严重挫折，党的十五大提出建设有中国特色社会主义文化的新任务。进入 21 世纪，党的十六大深刻分析国内外形势的变化和特点，突出强调了文化建设的重要地位，提出深化文化体制改革，解放和发展文化生产力，文化体制改革取得重大突破，打破了单一文化事业体制。这一时期文化事业和文化产业双轨制运行，文化建设格局发生结构性变革。农村文化事业建设迎来了新契机，文化基础设施网络进一步完善，在"发展优先、服务经济"的理念指导下，农村公共文化服务经济属性被开发，随着文化体制改革不断推进，农村文化产业方兴未艾。截至 2004 年，全国共有图书馆 2720 个，博物馆 1548 个，群众文化服务机构 41402 个，艺术表演团体机构 2580 个，农村广播人口覆盖率为 94.1%，农村电视人口覆盖率为 95.3%。②

二、转型发展阶段（2005—2011）

这一阶段"农村文化事业"逐渐向"农村公共文化服务体系"现代化转型，实现了农村公共文化服务网络的初步体系化。随着社会主义市场经济进一步完善，中国融入世界经济体系，社会生产力得到进一步发展，经济进入快速发展阶段。随着文化事业与文化产业分类改革，以及公益性文化事业与经营性文化事业的分类发展，公共文化服务在原文化事业体制框架下转型发展。2005 年党的十六届五中全会通过的《中共中央关于制定国民经济和社会发展第十一个五年规划的建议》首次在国家规划层面提出公共文化服务体系概念，推动了文化建设向公共文化服务、文化产业、文化

---

① 数据来自国家统计局网站中国统计年鉴。
② 数据来自国家统计局网站中国统计年鉴。

事业多元化结构转变。随着政府职能转变，全社会公平享有政府提供的基本公共文化服务成为公共服务的核心议题。为保障农民基本文化权益，让农民平等享受文化发展成果，2005年国务院颁布《关于进一步加强农村文化建设的意见》，提出加快农村文化基础设施建设，加大文化资源向农村倾斜，解决农村看书难、看戏难、看电影难、收听收看广播电视难问题。2006年颁布的《国家"十一五"时期文化发展规划纲要》是我国第一个部署文化建设的中长期规划，列出了"公共文化服务"专章，此后公共文化服务建设成为国家文化发展规划的重要内容。党的十七大报告更是将覆盖全社会的公共文化服务体系建设纳入全面建设小康社会全局中。随后《"十一五"全国乡镇综合文化站建设规划》《乡镇综合文化站管理办法》等文件出台，标志着以普惠化发展逻辑推进的农村公共文化服务体系已初步构建完成。截至2011年，全国共有图书馆2952个，博物馆2650个，群众文化服务机构43675个，艺术表演团体机构7055个，农村广播人口覆盖率为96.1%，农村电视人口覆盖率为97.1%。①

三、跨越式发展阶段（2012—2020）

这一阶段农村公共文化服务进入现代化、体系化、制度化的跨越式发展时期。党的十八大以来，中国社会改革走向纵深，随着国家治理体系和治理能力现代化的推进，覆盖更加均衡的农村公共文化服务体系总体建成。2012年，为推动公共文化服务体系建设，文化部（2018年与国家旅游局整合组建为文化和旅游部）根据《国民经济和社会发展第十二个五年规划纲要》《中共中央关于深化文化体制改革、推动社会主义文化大发展大繁荣若干重大问题的决定》《国家基本公共服务体系"十二五"规划》，制定《国家"十二五"时期文化改革发展规划纲要》，提出按照"公益性、基本性、均等性、便利性"的要求，以公共财政为支撑，完善覆盖城乡的公共文化服务体系。解决城乡公共文化服务不平衡问题，加快城乡文化一体化建设，鼓励城市对农村进行文化帮扶，增加农村公共文化产品的供给。2013年《文化部"十二五"时期公共文化服务体系建设实施纲要》是针对公共文化服务所做出的专门规划，国家公共文化服务制度设计日趋

---

①　数据来自国家统计局网站中国统计年鉴。

完善。2015 年《关于加快构建现代公共文化服务体系的意见》提出构建具有中国特色的现代公共文化服务体系。《国家基本公共文化服务指导标准（2015—2020 年）》开启了以标准化推进城乡公共文化服务均等化的实践路径。2016 年颁布的《中华人民共和国公共文化服务保障法》，从立法的层面规定了各级政府在公共文化服务体系建设中的主体责任，确定了公共文化服务政府主导下多元主体的供给模式。同时，随着现代公共文化服务体系配套制度进一步完善并实施，以公共博物馆、文化馆、图书馆免费向社会开放为标志，各级各类公共文化基础设施相继免费开放服务。2017 年《国家"十三五"时期文化发展改革规划纲要》提出"坚持政府主导、社会参与、重心下移、共建共享，坚持缺什么补什么，注重有用、适用、综合、配套，统筹建设、使用与管理，加快构建普惠性、保基本、均等化、可持续的现代公共文化服务体系"①。

实现公共文化服务的普遍均等重点在农村。党的十八大以来，基本公共文化服务作为农村民生改善工程实现了由健全基本体系到推进均等化、标准化的跨越。为推动贫困地区公共文化建设跨越式发展，促进贫困地区整体脱贫致富，2015 年出台《"十三五"时期贫困地区公共文化服务体系建设规划纲要》，提出到 2020 年贫困地区的基本公共文化服务指标接近全国平均水平，明显改善贫困地区的公共文化服务能力。"到'十三五'末期，我国农村公共文化服务体系建设、农村公共图书馆服务有了新的进展。乡镇一级的基层综合性文化中心实现全覆盖，村一级基层综合性文化中心覆盖率达到 99.19%，从中央到省、市、县、乡、村 6 级公共文化设施体系基本建立起来。"② 随着现代公共文化服务体系"四梁八柱"的制度框架基本建立，我国基本公共文化服务实现了从"普惠化""均等化"到"优质化"的跨越式发展。截至 2020 年全国共有图书馆 3212 个，博物馆 5452 个，群众文化服务机构 43687 个，艺术表演团体机构 17581 个，农村广播人口覆盖率为 99.2%，农村电视人口覆盖率为 99.5%。③

① 中共中央办公厅 国务院办公厅印发《国家"十三五"时期文化发展改革规划纲要》[EB/OL]. 中国政府网，2021-05-07.
② 李国新."十四五"时期公共图书馆高质量发展思考［J］.图书馆论坛，2021，41（1）：12-17.
③ 数据来自国家统计局网站中国统计年鉴。

四、高质量发展阶段（2021至今）

随着我国进入全面建设社会主义现代化国家、实现第二个百年奋斗目标的新阶段，农村公共文化服务进入高质量发展阶段。以《中华人民共和国国民经济和社会发展第十四个五年规划和2035年远景目标纲要》为统领，2021年文化和旅游部、国家发展改革委和财政部联合发布《关于推动公共文化服务高质量发展的意见》，提出"以人民为中心，以社会主义核心价值观为引领，以高质量发展为主题，以深化公共文化服务供给侧结构性改革为主线，完善制度建设，强化创新驱动，努力推动文化治理体系和治理能力现代化，为人民群众提供更高质量、更有效率、更加公平、更可持续的公共文化服务"的总体要求，擘画了"十四五"期间农村公共文化服务体系建设的总体蓝图。随后出台的《"十四五"公共文化服务体系建设规划》《"十四五"文化发展规划》与《关于推动公共文化服务高质量发展的意见》前后相继、互为支撑，绘出了公共文化服务高质量发展的路线图，指明了公共文化服务体系建设的大方向、总目标。其中，高质量建设公共文化服务体系的四大目标是布局更加均衡、水平显著提升、供给方式更加多元、数字化水平发展取得新进展；公共文化服务高质量发展的主要任务是推进城乡公共文化服务一体化建设，增强实效性是公共文化服务高质量发展的必然要求，加快公共文化服务标准化、数字化、社会化发展是公共文化服务高质量发展的突破口。

经过公共文化服务体系建设"四步走"，目前，我国已经总体建成了结构合理、治理有序、效能充分的公共文化服务体系。截至2022年，全国共有图书馆3303个，博物馆6091个，群众文化服务机构45623个，艺术表演团体机构19739个，农村广播人口覆盖率为99.5%，农村电视人口覆盖率为99.7%。[①] 农村公共文化服务体系建设是公共文化服务高质量发展的重要内容，"中国这十年"主题发布会上介绍了农村公共文化服务体系建设所取得的重大成就，"截至2021年年底，我国乡镇（街道）文化站4万多个，村级综合性文化服务中心57万个，农家书屋58万家。全国公共图书馆实际持证的读者达到了1.03亿人，群众文化机构服务人次8亿多，

---

① 数据来自国家统计局网站中国统计年鉴。

全国博物馆举办展览 36000 场，教育活动 32 万场，接待观众近 8 亿人次，相关网站网络的浏览量 41 亿人次"①。

第二节　农村公共文化服务高质量发展的价值意蕴

推动农村公共文化服务高质量发展是走中国式现代化道路的时代命题和必然要求。农村公共文化服务领域的高质量发展对于赋能乡村振兴、促进全体人民精神生活共同富裕、推动农村优秀传统文化传承保护、推进乡村治理体系和治理能力现代化具有重要意义。

一、农村公共文化服务高质量发展赋能乡村振兴

乡村振兴是解决"三农"问题的总抓手，乡村文化振兴是全面推进乡村振兴的重要保障。当前，我国农村文化建设整体水平与农民群众对美好生活的向往还有差距，城乡之间还存在文化鸿沟。高质量推进农村公共文化服务是新发展阶段农村文化建设"一体两翼"的重要内容，以公共文化服务为抓手，推动乡村文化振兴，促进乡村文化事业与文化产业深度融合，充分发挥文化"软治理"功能，为乡村振兴打下了坚实的文化基础，凝聚了强大的精神力量。

（一）为乡村振兴构筑坚实的文化基础

高质量的农村公共文化服务体系建设是乡村振兴的保障，在培育乡风文明，提高乡村社会文明程度，挖掘乡村文化资源，培育乡村文化人才，发展乡村文化产业，推动农村经济社会健康发展等方面发挥着重要作用，不仅构成了乡村振兴的重要面向，也是助推乡村全面振兴的重要动力。通过标准化建设推动城乡公共文化服务一体化发展，在县级图书馆文化馆、乡镇文化站、村级文化室等公共文化基础设施基本全覆盖的基础上，统筹城乡公共文化基础设施布局，压实支出责任、做好财政保障和相关政策支持，继续扩大农村基层公共文化资源总量，进一步提升县图书馆文化馆、

---

① 中国新闻社. 宣传部：目前已实现所有公共图书馆、文化馆和大部分博物馆免费开放 [EB/OL]. 中国新闻网，2022-08-18.

基层综合文化服务中心等公共文化机构的建设标准，推动县图书馆文化馆总分馆制，增强农村基层公共文化服务实效。不断创新文化惠民工程，更新产品内容和活动形式，增加农村基层公共文化产品供给。高质量的农村公共文化服务体系建设不仅为乡村文化建设提供了政策支持，也为乡村振兴带来了政策红利，加大了乡村振兴基础保障。

（二）为乡村振兴提供精神动力

乡村文化振兴关键在党的领导。要紧紧扣住党建引领这个根本，充分发挥农村基层党组织战斗堡垒作用，切实推动党建引领乡村文化振兴在基层落地。为此，充分发挥农村基层思想文化阵地的重要作用，将乡（镇）文化站、村综合文化服务中心、农家书屋、文化大院等公共文化基础设施作为宣传习近平新时代中国特色社会主义思想、培育和践行社会主义核心价值观的重要基地，以及弘扬中华优秀传统文化、传承农耕文明、倡导文明乡风、提升农民文明素养的"大学校"，从而为乡村振兴凝聚人心、提振精神、汇聚力量。农村公共文化活动是丰富农民群众文化生活的重要载体，也是推进乡村文化治理的重要路径。举办广场舞大赛、百姓大舞台、农民丰收节、"村晚"等群众喜闻乐见的文化活动，不仅能增强农民群众文化获得感、幸福感和满意度，而且能引导群众崇尚科学、反对迷信、移风易俗，培养农民积极乐观、开放进取的健康心态，激发农民参与乡村治理的主动性，从而以主体自觉为乡村振兴提供内生动力。

二、农村公共文化服务高质量发展促进全体人民精神生活共同富裕

中国式现代化是全体人民共同富裕的现代化。精神生活共同富裕作为共同富裕的重要内容，是社会主义现代化强国建设的应有之义。长期以来，城乡经济社会发展不平衡，在一些经济落后、交通不便的农村地区，部分群众还存在思想保守、观念陈旧、消极被动的不健康心态；城市化进程中边缘人群受文化水平较低、收入不稳定等因素影响，面临心理压力大和社会融入难的困境；农村留守群体因为长期情感缺失，在精神和心理方面也存在问题。精神生活共同富裕的本质就是通过高质量精神生活消除人民群众精神困惑、丰富人民群众精神世界、提高人民群众精神境界。文化生产的高品质、文化资源分配的公正性、文化交往的深刻性、文化消费的丰富性构成了高质量精神生活的基本面向。农村公共文化服务高质量发展

是重构文化生产、分配、交往、消费的基本路径，也是扎实推进精神生活共同富裕的重要举措。

（一）推进高品质文化生产和供给

随着我国社会主要矛盾的转化，人民对美好生活的向往更加强烈、更加广泛。满足人民对美好生活的新期待，既要物质财富极大丰富，也要精神食粮极大丰富。精神需求满足离不开高品质文化产品的生产和供给。从量上来看，首先要解决文化产品缺乏的问题，进一步提高文化产品覆盖率；从质上看，要着力解决品质不优的问题。这就要求文化产品和服务不但要数量充足，还要品质优良。农村公共文化高质量发展是兜底线和提品质的有机统一。一方面，要坚守文化生产的文化属性，坚持马克思主义在意识形态领域的指导地位，坚持以社会主义核心价值观为引领；另一方面，坚持社会效益和经济效益的统一，把社会效益放在首位。通过引进市场机制，激活全社会文化生产力，在保证公益性的前提下，讲品质、讲品位、讲格调、讲风格，以高品质文化产品供给不断提升农民群众的科学文化素养和思想道德水平。

（二）实现公共文化资源城乡共享

人民是精神成果的创造者，精神成果由人民共享。共享精神文化成果要关注农村地区，推动文化资源均衡布局，让农民群众在文化普惠中共享文化发展成果，保障农民群众基本文化权益。当前城乡人民精神文化生活的水平和质量不均衡，大城市文化资源较为集中，农村地区相对不足；城乡个体也因收入水平、受教育程度等因素的影响，在理想信念、精神境界、文化素养等方面存在不平衡。农村公共文化服务高质量发展坚持以人民为中心的发展理念，以人人共有、人人享有为价值追求，以标准化为突破口，以均等化和便利化为着眼点，优先补齐公共文化服务短板，推进公共文化资源向农村倾斜。通过不断完善总分馆体系、建设新型公共文化空间、公共文化服务便民圈，将有颜值、有标准、有内涵的公共文化服务空间转化为公共文化服务场景，将公共文化服务融入农民群众生产生活，切实推动公共文化服务重心从数量型发展转向质量型发展。

（三）促进城乡文化融合发展

文化交往是实现精神生活共同富裕的重要环节。城乡文化的深度交流为农民群众追求丰富的精神文化生活提供了条件和保障。城市文化和乡村文化同根同源，共同构成了中国特色社会主义文化建设的基本面向。在新发展阶段，乡村振兴要牢牢把握文化发展的政治方向，坚持系统观念整体布局，以城乡公共文化服务均衡发展作为撬动城乡文化融合的新杠杆，构建城乡文化共建共享机制，完善城乡多主体合作与文化资源流动，促进城乡文化深度交往并产生化学反应。要加快建设以保障基本文化权益为核心的城乡一体公共文化服务体系，有序推进农村公共文化服务数字化建设，搭建城乡文化数字交往平台。规划图书馆、文化馆、博物馆数字化服务载体布局，利用网络信息技术建设公共文化服务新阵地、新空间，搭建文化创作与艺术加工新平台，促进乡村优秀传统文化、传统工艺的网络传播，引导城乡居民共同参与乡村艺术实践和艺术表达，增强文化认同、凝聚思想合力。通过培训乡村文艺骨干、农民文艺团队，构建广泛参与的文化志愿服务体系，开展群众文艺创作展示活动，让乡村文化骨干进城，让城市文化人才下乡，构建城乡人才共育共享机制，畅通城乡人才流动通道。通过构建政府与市场主体的良性互动关系，引入市场机制和民间力量，丰富文化产品供给，从而形成以市场为中介的城乡文化交往的深层互动，使城乡人民在文化深度交融中实现精神生活同步富裕。

（四）促进文化消费

在市场经济条件下，文化消费是满足人民多层次、差异化、特色化精神文化需求的主要方式。文化产品消费的丰富程度直接影响着社会大众的精神生活水平，高品质的文化消费能够提升人们的审美格调和文化品位，引导人们在情感升华和精神交流中实现精神富足。农村公共文化高质量发展就是要在把握各自特点和规律的基础上，促进公共文化服务与科技、旅游融合，建立协同并进的文化发展格局，营建要素互补、深度融合的乡村文化产业体系。利用城市产业优势充分挖掘乡村自然景观、民风民俗等特色景观，共创乡村特色文化品牌，为农民群众提供多元化、个性化文化产品，共享高质量精神文化产品和服务，让农民群众在文化消费中获得追求高品质文化生活的精神动力与实践动能。

三、农村公共文化服务高质量发展推进农村优秀传统文化传承发展

中华优秀传统文化积淀着中华民族最深沉的精神追求，是中华民族宝贵的精神财富。乡村振兴既要塑形也要铸魂。传承保护中华优秀传统文化

是农村公共文化服务高质量发展的重要任务，推动农村公共文化服务与中华优秀传统文化传承发展工程的有机融合，对保护传承乡村文化遗产、实现农村优秀传统文化积极转化和创新具有重要意义。

（一）推进农村优秀传统文化的传承与发展

我国是农业大国，在长期的农业发展中孕育的博大精深、源远流长的农耕文明，留下了极其丰富的精神财富。深度挖掘传统农耕文化所蕴含的思想观念、人文精神、道德规范，对培育和践行社会主义核心价值观，改善农民精神风貌，提升乡村社会文明程度具有重要意义。农村公共文化服务高质量发展为传承保护农村优秀传统文化提供了制度保障和物质基础，从文物资源的现代化展陈与活化利用，到非物质文化遗产保护传承，再到优秀传统文化的数字化转化和传播，都离不开公共文化服务体系的支撑作用。高质量发展的公共文化服务也有助于调动公共文化服务资源，形成保护、传承、利用中华优秀传统文化的社会合力。

（二）培育乡村特色文化产业

用好农业文化资源，推动乡村文化产业繁荣发展是农村公共文化高质量发展的重要内容。乡村是文化的宝库，蕴含着丰富的文化资源。流传千年的耕作制度、先进的栽培技术，凝结着先人智慧的手工技艺以及丰富多彩的民间文化，都是发展乡村文化产业的要素基础。文化事业哺育文化产业、文化产业助推文化事业是中国特色社会主义文化建设的内在要求。农村公共文化服务体系高质量发展，为充分挖掘乡土文化资源、实现乡土文化价值转化提供了基础保障。通过新型文化空间建设、公共文化服务数字化建设与社会化发展，丰富农村公共文化服务供给，推动农村公共文化服务与旅游公共服务机构功能融合，对构建融乡村旅游、生态农业、艺术品开发、生态康养于一体的乡村文化产业体系，引导社会组织和文化企业深入乡村对口帮扶和投资兴业，探索文化赋能乡村振兴的新路径具有重要作用。

（三）赋能乡村文旅融合

充分开发乡村文化空间价值，大力发展文化旅游是当前巩固拓展脱贫攻坚成果、实现农业农村现代化的重要路径。我国广大农村地区，有得天独厚的历史文化资源、丰富的生态资源，将乡村旅游和当地特色文化资源结合起来，发展现代旅游业，同步带动数字农业、休闲农业、农村电商等新业态发展，是乡村产业振兴的重要面向。农村文化和旅游融合本质上是公共文化服务、文化产业、旅游产业的融合。公共文化服务与乡村文化旅游是和谐共生关系，将公共文化服务场馆设施、群众文化活动、志愿服务、公共文化资源融入旅游景区、度假区，既能提升农村现代旅游业的"颜值"与文化内涵，又能扩展公共文化服务体系的覆盖面，提升效能。通过"戏曲进乡村"、农村电影放映工程促进文旅消费；通过政府购买公共文化产品、委托运营等方式为文化市场主体提供发展空间；通过文化艺术人才培训、群众艺术素养培训为乡村培养一批扎根基层的农民文艺团队和文化骨干，从而为繁荣文化和旅游市场提供要素支撑。

四、农村公共文化服务高质量发展促进乡村治理体系和治理能力现代化

农村公共文化服务是公共文化治理的实现形式，通过各种嵌入了价值符号的公共文化活动重塑农村公共生活，培育社会主义核心价值观，释放公共文化服务的软治理效能是乡村治理现代化的必然选择。为此，在文化治理的语境下推动农村公共文化服务高质量发展本质上是重塑乡村文化生态、构筑健康文明的乡村公共生活、培育社会主义公共精神的制度实践。

（一）夯实乡村文化治理的社会基础

公共精神是社会成员以社会公共利益为价值取向，主动遵循公共生活准则、参与公共事务、自觉承担公共责任的价值观念和行为取向的总和。社会主义核心价值观是当代中国精神的集中体现，凝结了全体中国人的价值追求，是当代中国公共精神的本质内涵。作为一种政治信仰与道德信仰，当代中国公共精神培育是全面建成社会主义现代化强国题中应有之义。

改革开放 40 多年，我国乡村社会发生了沧桑巨变。生产方式的去组织化和社会结构的深刻转型使农村社会不可避免地进入个体化时代。市场逻辑背景下工具主义和功利主义文化大行其道，以维护社会公共利益为核心的公共价值观受到冲击，乡村社会不同程度存在着公共精神缺失问题。一是乡村公共理性缺乏。个体化的自主经营和分散的小农经济在强化农民的自主意识和个体意识的同时，使经济理性超越了公共理性。一些村民奉行个人至上，只注重眼前利益、直接利益、个人利益，集体主义观念淡薄，

对村庄公益事业缺乏热情，认为"法是国家的、理是村里的、责任是干部的、利是自己的"，缺乏对社会责任和集体责任的担当。二是乡村公共事务参与不足。一些农民遇事精于算计，只考虑个人利益，认为乡村建设和公益事业是国家、社会和集体的事情，对乡村选举、道路修建、农业基础设施维护、环境整治等公共事务漠不关心，甚至抱有"不想种树，只想摘桃"的搭便车心理。三是乡村文明风范不足。转型期的乡村社会"空心化"现象日益严重，传统社会关系网络逐渐瓦解，公共空间萎缩，公共活动日益减少。客观条件的限制使农村思想道德教育不到位，主流价值观对农民思想意识的引领和支撑不足，农村道德观念出现"真空"，封建迷信死灰复燃，消费竞争、攀比之风盛行，干扰了农村政治秩序和农民日常生活，弱化了党和政府的权威。

农村公共文化服务是乡村治理现代化转型过程中提升主体公共精神的柔性力量，是连接国家、社会、个人之间的桥梁，肩负着乡村意识形态构建和体制认同的政治任务。其一，弘扬社会主义先进文化，培育社会主义核心价值观。社会主义先进文化的实质是社会主义核心价值观，农村公共文化服务就是要让社会主义核心价值观占领农村思想文化阵地，融入农民群众的日常生活中，以社会主义核心价值观引领农民价值观念的更新、精神面貌的改善和道德境界的提升，以民族精神和时代精神滋养农民的精神世界和个人品格。其二，增强农民的政治认同感与政治责任感。农村公共文化服务是以广大农民群众为主体的公共文化制度性实践，公共文化的意识形态前置决定了农村公共文化服务以实现农民群众对社会主义制度的高度认同作为政治目标。通过各类文化活动和精神文化产品重塑公共文化生活和公共文化空间，让农民群众共享公共文化建设成果，进一步激发农民群众的主人翁精神与责任意识，积极参与乡村公共事务管理，强化其对自身主体地位的心理认同、对社会主义政治制度的认同，从而巩固社会主义国家的执政根基。其三，培育农民的公民意识和公共意识。农村公共文化服务既包括文化基础设施等物质层面的内容，也包括思想道德、价值认同等精神层面的内容。农村公共文化服务体现了国家和社会的公共利益，有利于推动农村由传统熟人社会向现代契约社会的转型。建设覆盖全社会的公共文化服务体系就是让城乡人民均等享有公共文化服务，打破了传统的等级观念，有利于增进农民的平等精神；农村基本公共文化服务高度公益性打破了私利至上的狭隘观念，有利于增进农民的利他精神；农村公共文化活动传播公共责任、公共规则、公共道德、公共信念，有利于增进农民的诚信意识。

（二）构筑乡村高品质公共生活

马克思认为人是社会的存在物，"我们越往前追溯历史，个人，从而也是进行生产的个人，就越表现为不独立，从属于一个较大的整体"①，"人对自身的关系只有通过他对他人的关系，才成为对他来说是对象性的、现实的关系"②。个体化的私人生活无法满足人们的精神需求，走出私人生活空间走向公共空间的公共生活才是人类"类生活"的本质特征。公共生活是人们在公共空间内展开社会交往的总称，现代社会公共生活是个体参与社会改造和培育社会公共精神从而完成自我社会化的基本路径。公共文化服务作为公共文化治理的实践场域，也是将国家意志融入百姓日常生活的行动策略，承载了对公共生活和社会交往的微观治理，通过面向大众的仪式化的公共文化活动促进社会成员之间的交流互动、弥合社会文化差异、形成全社会文化认同。

农村公共文化服务作为文化治理的重要维度，肩负着构建高品质公共生活的政治使命。一是重塑乡村公共生活意义。农村社区作为农民公共生活的基本单位，是农村公共文化服务"软治理"的实践场域。公共文化活动作为重现农村公共生活场景和体验集体生活意义的重要载体，承担了提升农民思想道德素养、强化农民群众核心价值认同、构建健康文明乡村公共文化生活的重要功能，通过生活化的语言和生动的活动形式向农民群众阐释中国特色社会主义制度的优越性和政治制度的合法性，将国家主流意识形态渗透到民众的日常生活，从而实现国家、社会、个人三者的良性互动，保障了农民对社会公共议题的"集体在场"和"集体讨论"。二是建构乡村内生秩序。农村社区是农村公共文化服务的基本单元，农村社区公共文化建设是夯实党的执政根基、巩固基层政权的重要举措。随着我国工业化、城镇化推进，我国农村社会结构发生了深刻的变化。一方面，大量

---

① 马克思，恩格斯．马克思恩格斯文集：第8卷［M］．中共中央马克思恩格斯列宁斯大林著作编译局，译．北京：人民出版社，2009：6.

② 马克思，恩格斯．马克思恩格斯文集：第1卷［M］．中共中央马克思恩格斯列宁斯大林著作编译局，译．北京：人民出版社，2009：165.

农村人口进入城市，部分农村地区出现空心村，留守老人、留守儿童、留守妇女群体不断扩大，非户籍人口进入农村社区；另一方面，合村并点后新组建的农村社区因文化差异和收入差距等出现的社区融合问题是农村基层社会治理面临的新情况新问题。乡村共同体是基于持久的共同生活和亲密的情感联结形成的共同体成员之间彼此认同的依赖关系，处于相同地理空间的农村居民如果没有密切的交往和真实的联结就无法形成真正意义上的乡村共同体。农村公共文化服务在满足多元利益主体的基本文化需求的同时，也为生活方式日趋原子化、独立化的农村社区提供了新的共同体生活，通过开展群众性、多样化的文化活动，鼓励不同年龄、家庭和文化背景的农民个体进入社区公共生活领域，在平等享有各项文化服务提供的便利的同时，促进了人与人之间的沟通交流，使情感联系越发紧密、信任关系越发稳定，个人与集体的关系越发协调，从而实现一种具有"公共"意涵的文化生活。三是有利于巩固马克思主义在乡村意识形态工作中的指导地位。多元文化思潮借助网络、宗教等各种形式在乡村社会传播，对当前乡村意识形态安全构成威胁。农村公共文化服务是马克思主义进基层、进头脑的有效载体，能有效抵御异质文化的冲击。通过生产符合人民群众新需求的文化产品，增强乡村民众的精神归属感。

第五章

农村公共文化服务高质量发展的理论透视

理论是行动的先导，没有科学理论做指导的实践往往会陷入盲目。马克思精神生产理论作为一种观念的存在物必然要与现实物质活动发生交互作用。作为一种指导思想，马克思精神生产理论为中国式现代化进程中农村公共文化高质量发展提供了理论指导和方向指引；作为一种研究范式，马克思精神生产理论是用来考察人类社会精神文化发展的重要方法，对准确把握农村公共服务高质量发展的基本内涵和内在逻辑具有重要作用。本章重点讨论马克思精神生产理论与农村公共文化服务高质量发展的内在契合性，以及农村公共文化服务高质量发展的精神生产机理。

第一节　马克思精神生产理论与农村公共文化服务
高质量发展的内在契合性

农村公共文化服务本质上是公共文化的再生产。马克思精神生产理论揭示了精神的来源、本质、发展规律及其在人类社会发展中的重要作用。它以唯物史观为理论基础，以"现实的人"为精神主体，以全人类的解放为价值追求，为农村公共文化服务高质量发展提供了理论基础和方法论支撑，两者在逻辑起点、文化立场、价值追求、文化格局等方面具有高度的一致性。

一、意识形态建构：文化逻辑的契合性

意识形态生产是精神生产的重要内容。马克思以现实的人和社会生产作为逻辑起点探寻了精神生产的发展规律，彻底扬弃了唯心主义和旧唯物主义，实现了哲学史上的伟大变革。站在辩证唯物主义和历史唯物主义的立场，马克思着重考察了资本的逻辑和精神生产之间的价值冲突，分析了资本主义精神生产建构意识形态的文化属性。其一，物质生产是人类社会存在和发展的基础，对精神生产具有"最终的至上权力"，"人们是自己的观念、思想等的生产者"①，在物质生产的同时也在进行着精神的生产。其二，精神生产作为"物质生活过程的必然升华物"，是人的"类存在"的自我确证，具有超越物质世界的自由本性，对物质生产具有能动的反作用。精神产品在满足人们的精神需要的同时，也为从事物质生产的人们提供精神食粮，精神生产构建的意识形态更是促进社会发展的理性力量。其三，在资本逻辑生产规律的支配下，资本掌握了意识形态精神生产的支配权和话语权，将精神生产演变为资本增值观念的生产，将追求剩余价值描绘成符合全社会共同利益的合理的进步的思想观念，为资本增值披上了道德的外衣，使精神生产不但成为资本增值的工具，也成为资本对无产阶级进行精神统治的手段。为此，马克思无情地批判了资本逻辑对精神生产的负面效应，将精神生产的历史维度延伸到了共产主义，构建了摆脱资本控制、实现人的自由而全面发展之路。

文化作为人类社会特有的现象，从根本上说是人类精神生产的产物。尽管文化形态多种多样，但文化的实质是精神内涵，是人类精神力量的自我确证。精神内涵作为观念性的存在离不开物质的外壳和载体，需要在对象化的生产活动中客观化、物质化，凝聚到精神文化产品中去，最终通过分配、交换和消费被普遍化为公共精神。由此，我们可以把文化生产全过程划分为四个阶段。第一个阶段为文化产品的生产，即通过符号和物质载体将价值和意义客观化的过程；第二个阶段是文化资源的分配，这是丰富人民精神世界的重要依托，质量均等是文化资源分配的关键；第三个阶段

---

① 马克思，恩格斯. 马克思恩格斯文集：第 1 卷 ［M］. 中共中央马克思恩格斯列宁斯大林著作编译局，译. 北京：人民出版社，2009：524.

是文化交往，即通过文化产品的交换实现主体间的思想交流和情感对话；第四个阶段是文化产品的消费，即通过大众对文化产品接受和认同推动文化的不断发展和再创造。

公共文化服务作为精神生产的现代形态，具有精神生产观念性、自由性、创造性的本质特征。对公共文化服务生产逻辑的理解应当建立在社会、经济、政治相互关系的基础上。第一，从社会关系层面看，公共文化服务要坚持以人民为中心，满足人民群众精神文化的需求，坚持社会主义先进文化前进方向，为中国特色社会主义文化的繁荣兴盛提供基础性支撑；第二，从经济关系层面看，公共文化服务要实现文化事业和文化产业融合发展，为国家文化安全、社会稳定及优秀传统文化的保护和传承提供保障，为文化产业发展提供智力支持；第三，从政治关系层面看，公共文化服务要遵循意识形态生产和建构的逻辑，在承担培育社会主义核心价值观、教化社会成员、凝聚社会共识的同时，增强社会主义意识形态的吸引力和引领力。公共文化服务的生产逻辑是"社会—经济—政治"三重逻辑的统一，其对国家主流意识形态的导向及对社会公共精神构建的显性作用，决定了公共文化服务生产逻辑的核心内容是为社会经济发展提供意识形态支撑。《中华人民共和国公共文化服务保障法》第三条规定"公共文化服务应当坚持社会主义先进文化前进方向，坚持以人民为中心，坚持以社会主义核心价值观为引领；应当按照'百花齐放、百家争鸣'的方针，支持优秀公共文化产品的创作生产，丰富公共文化服务内容"，明确规定了主流意识形态建构是公共文化服务文化属性和文化逻辑。各级政府公共文化建设的主体责任在于以下几点：一是在培育与践行社会主义核心价值观的政治逻辑引领下牢牢掌握"精神与道德"的领导权和话语权，通过主流意识形态的导向作用创作生产"无愧于历史、无愧于时代、无愧于人的"优秀文化产品，繁荣社会主义先进文化；二是构建公共文化服务与主流意识形态的良性结构，依托公共财政支持以购买公共文化服务和产品的方式，实现了公共文化服务向市场和社会领域的开放，构建政府主导、多元主体参与的公共文化生产方式，将社会主义核心价值观、中华美德、中国精神凝结在人民群众喜闻乐见的公共文化产品和文化活动中，在满足人民群众文化需求的同时传播社会主义道德、培育公民公共精神、巩固社会主义的价值共识，实现主体客体化和客体主体化的双向互动；三是坚持马克思主义基本原理与中华优秀传统文化相结合，弘扬中华文化，推动中华文化走向世界。当前我国经济实力和综合国力显著提升，到了工业反哺农业、城市支持乡村的新阶段。农村公共文化服务高质量发展是实现乡村文化振兴、激发乡村内在动力的关键举措。随着城乡公共文化服务一体化建设的推进，高品质的文化资源下沉到农村基层，人人都能利用精神生产资料进行文化创造，从而使广大群众成为公共文化的生产者、建设者、传播者，从这个角度说，农村公共文化服务高质量发展是政府主导的大众化的精神文化创造活动。

二、人民至上：文化立场的契合性

"依靠谁、为了谁"是马克思精神生产理论的核心论题。与英雄史观把少数杰出人物当作历史的创造者不同，唯物史观从"现实的人"出发考察人类社会发展的本质特征和客观规律，揭示了人民群众是社会物质财富和精神财富的创造者，是社会变革的动力之源。唯物史观认为，人民群众不但是历史的创造者，而且是历史发展的主体。人民立场既是马克思主义创立的逻辑起点，也是历史唯物主义理论发展的价值旨归，贯穿于马克思主义理论的各个组成部分及其全部发展过程，科学回答了精神生产"依靠谁、为了谁"的问题。精神生产是人类特有的生命活动，然而"任何一个时代的统治思想始终都不过是统治阶级的思想"[1]，阶级社会的精神生产打上了阶级的烙印，统治阶级占有精神生产资料，垄断了社会的精神生产的支配权和话语权，广大人民群众以"不出场"的方式默默地创造着社会物质财富和精神财富。资本主义社会的精神生产更是异化为资本增值的手段，精神生产者只有受雇于资本家才能获得物质生活资料，成了资本家和资本的附庸，人民精神生产主体地位被消解。马克思精神生产理论在批判资本主义生产方式内在矛盾的基础上，指出无产阶级只有在变革资本主义生产关系中才能获得主体性地位，因为"过去的一切运动都是少数人的或者为少数人谋利益的运动。无产阶级的运动是绝大多数人的、为绝大多数

---

[1] 马克思，恩格斯. 马克思恩格斯文集：第 2 卷［M］. 中共中央马克思恩格斯列宁斯大林著作编译局，译. 北京：人民出版社，2009：51.

人谋利益的独立的运动"①。

人民性是马克思主义的本质属性，坚持人民立场是马克思主义政党永葆先进性和纯洁性的鲜明政治品格。中国共产党始终坚持人民立场，将全心全意为人民服务作为中国共产党的根本宗旨。在满足人民美好生活需要的伟大实践中，以最广大人民根本利益作为评判一切工作的最高标准，彰显了党对马克思主义人民立场的坚持和发展。人民立场是中国共产党文化建设的根本立场。毛泽东指出"我们的文化是人民的文化"②。邓小平说"人民需要艺术，艺术更需要人民"③。江泽民指出"在人民的历史创造中进行艺术的创造，在人民的进步中造就艺术的进步"④。习近平在中国文联十大、中国作协九大开幕式上的讲话中指出"人民是历史的创造者，是时代的雕塑者。一切优秀文艺工作者的艺术生命都源于人民，一切优秀文艺创作都为了人民"⑤，在庆祝建党95周年大会的讲话中指出"人民是历史的创造者，是真正的英雄"⑥。社会主义精神生产的主体性既表现为精神生产的人民主体性，又表现为服务对象的人民主体性。精神生产要面向人民群众、满足人民群众的精神需求，让人民群众在参与文化的创造和共享文化成果中实现自我价值。农村公共文化服务体系建设是文化建设的基础性工作，始终高举马克思主义旗帜，牢牢站稳人民立场，围绕以人民为中心的核心要求，坚持为了人民、依靠人民、服务人民的本质要求，把人民不断增长的精神文化需求作为农村公共文化服务的方向。作为一项公共性的制度安排，农村公共文化服务彰显了国家对保障农民文化权益的责任担当。"公益性、基本性、均等性、便利性"是我国农村公共文化服务宏观制度安排的基本要求和基本遵循。公益性旨在保证农村居民能够免费或优

① 马克思，恩格斯．马克思恩格斯文集：第2卷［M］．中共中央马克思恩格斯列宁斯大林著作编译局，译．北京：人民出版社，2009：42.
② 毛泽东．毛泽东选集：第3卷［M］．北京：人民出版社，1991：1012.
③ 邓小平．邓小平文选：第2卷［M］．北京：人民出版社，1994：211.
④ 江泽民．江泽民论有中国特色社会主义（专题摘编）［M］．北京：中央文献出版社，2002：388.
⑤ 中共中央文献研究室．习近平关于社会主义文化建设论述摘编［M］．北京：中央文献出版社，2017：176.
⑥ 习近平．在庆祝中国共产党成立95周年大会上的讲话［M］．北京：人民出版社，2016：6.

惠享受公共文化产品和服务；基本性强调保障农村居民基本的文化需求；均等性是以推进城乡公共文化服务均衡发展为路径，提高农村公共文化的服务水平；便利性以农村居民幸福感、获得感衡量农村公共文化服务效能，强调服务供给与主体需求的辩证统一。党的十八大以来推进国家治理体系和治理能力现代化的进程中，农村公共文化服务被纳入国家治理体系中，覆盖农村社会的公共文化服务体系已经基本建成，公共文化服务水平明显提高，法规政策建设基本完善，农村公共文化服务整体实现了大发展大繁荣。

中国式现代化既要以人口规模巨大的农村基本公共文化服务网络为保障，又要实现公共文化服务的高质量发展。随着社会主要矛盾的转化，满足农村社会发展和农民的新需求成为社会重大议题。作为民生工作和社会治理工作的重要内容，农村公共文化服务突出的问题表现在服务供给与群众需求之间的偏差与矛盾，一些公共文化建设工程与群众公共文化生活不适配导致服务效能不高。如何在"量的积累"到"质的提高"中，实现服务供给和农民文化需求的协同一致成为新发展阶段农村公共文化服务核心议题。农村公共文化服务高质量发展是农村民生领域改革的再出发再起步，聚焦解决农民公共文化生活"好不好"的问题，既把农民当作农村公共文化服务高质量发展的主体，一切依靠农民，又把农民当作农村公共文化服务高质量发展的目的，一切为了农民，同时还把农民当作农村公共文化服务高质量发展的尺度，把农民群众的幸福感、获得感作为评价农村公共文化服务高质量发展的标准，通过农村公共文化生产方式的创新，为广大乡村提供高品质的精神文化产品，在践行以人民为中心的发展思想中实现农民群众对美好生活的向往。

三、人类解放：价值追求的契合性

无产阶级和人类的解放是马克思精神生产理论的价值追求，是社会主义的本质要求。在资本主义产生以前，生产力发展水平很低，人们的交往范围十分有限，每个人都是部落、家庭或阶级的附属物，在政治特权和等级压迫为特征的阶级统治下形成了人与人之间的依赖关系。资产阶级革命胜利后，规定了公民在政治上和法律上的平等，让人民在形式上获得一定程度的"政治解放"，但由于没有触动旧社会的私有制根基，在消除了人与人之间的依附关系的同时，强化了人对物全面的依赖，经济特权取代政治特权支配着整个社会，造成了劳动的异化。"劳动所生产的对象，即劳动产品，作为一种异己的存在物，作为不依赖于生产者的力量，同劳动相对立"①，资本将"自由的精神生产"异化为雇佣劳动，从而使精神生产成为资本增值的工具和无产阶级的精神枷锁。马克思深刻批判了资本主义"按照自己的面貌为自己创造出一个世界"②，使无产阶级精神生活面临双重困境。一方面，是宗教控制了人的精神生活；另一方面，唯利是图、金钱至上成为普遍的社会精神。"代替那存在着阶级和阶级对立的资产阶级旧社会的，将是这样一个联合体，在那里，每个人的自由发展是一切人的自由发展的条件。"③ 无产阶级只有从根本上改变经济基础和上层建筑的制度体系，推翻旧的社会制度，才能为解决精神生产异化问题找到正确道路。

社会主义生产资料公有制为实现人的全面发展奠定了制度前提。精神生产者不再受资本雇佣，精神产品也不再是资本家剥削劳动人民的特殊手段，而是人的自由精神的自我确证。作为社会变革的关键力量，精神生产参与对世界的改造不是直接作用于现实，而是通过科学理论的生产指导人们科学实践，将"精神力量"转化为变革现实的"物质力量"，从而完成人的精神解放的最高使命。一方面，社会主义先进文化的教育和引导让人们摆脱了精神愚昧；另一方面，人们在参与文化生产中创造社会价值、实现个性自由解放。党的二十大报告指出"中国式现代化是物质文明和精神文明相协调的现代化。物质富足、精神富有是社会主义现代化的根本要求。物质贫困不是社会主义，精神贫乏也不是社会主义。我们不断厚植现代化的物质基础，不断夯实人民幸福生活的物质条件，同时大力发展社会主义先进文化，加强理想信念教育，传承中华文明，促进物的全面丰富和

---

① 马克思，恩格斯. 马克思恩格斯文集：第1卷［M］. 中共中央马克思恩格斯列宁斯大林著作编译局，译. 北京：人民出版社，2009：156.

② 马克思，恩格斯. 马克思恩格斯文集：第2卷［M］. 中共中央马克思恩格斯列宁斯大林著作编译局，译. 北京：人民出版社，2009：36.

③ 马克思，恩格斯. 马克思恩格斯文集：第10卷［M］. 中共中央马克思恩格斯列宁斯大林著作编译局，译. 北京：人民出版社，2009：666.

人的全面发展"①。农村的现代化是中国式现代化的重要内容,农村的现代化不仅包括物的现代化,也包括人的现代化。改革开放以来,以工业化和城市化为特征的现代化进程加速了乡村社会的变迁,乡村传统文化价值体系受到多种因素的冲击,导致农民精神上的迷茫和困顿。一些包含封建迷信思想的陈规陋习和市场经济中拜金主义、享乐主义所导致的生活低俗化倾向,侵蚀着农民的精神世界。农村公共文化服务高质量发展是农村精神文明建设的重要载体,将科学理性作为塑造农民的精神品格、提升农民的精神风貌、培育新型农民的实践指向。随着城乡公共文化服务一体化建设高质量发展,农村公共文化服务由"补短板"到"提品质""增效能",通过丰富多彩的公共文化活动,引导农民从传统的观念中解放出来,树立崇尚科学、积极进取的思想观念;通过参与精神文化产品的创造,坚定农民文化自信、展现农民主体创造性。作为现代形态的精神生产,农村公共文化服务不但能够创造更高质量的精神文化公共产品和服务,满足农民文化需求,也能推动文化事业和文化产业的高质量发展,在以人民为中心的工作理念导引下,强化社会主义核心价值观的引领,建设现代农村公共文化服务体系。通过深化供给侧结构性改革,全面保障农民公共文化权益,提高农民在中国式现代化建设中的文化获得感;通过推动城乡公共文化服务一体化建设,将高品质文化资源向农村倾斜;通过再造公共文化空间,促进农村公共文化服务标准化、均等化、数字化高质量发展;通过文化赋能推动农村优秀传统文化创新性发展,打造文旅融合的农村文化产业新业态。总之,公共文化服务高质量发展是实现农村精神生活共同富裕的基本路径,通过农村公共文化生产方式的创新,精神产品得到极大丰富,质量较快提升,为促进精神生活共同富裕与人的全面发展的内在统一奠定文化基础。

四、交流互鉴:文化格局的契合性

马克思在《共产党宣言》中阐述了在资本主义生产方式全球扩张的驱

---

① 习近平.高举中国特色社会主义伟大旗帜 为全面建设社会主义现代化国家而团结奋斗:在中国共产党第二十次全国代表大会上的报告 [M].北京:人民出版社,2022:28-29.

动下精神生产的世界性。"资产阶级，由于开拓了世界市场，使一切国家的生产和消费都成为世界性的了……物质的生产是如此，精神的生产也是如此。各民族的精神产品成了公共的财产。民族的片面性和局限性日益成为不可能，于是由许多种民族的和地方的文学形成了一种世界的文学。"① 另外，马克思总结了乡村的基本特性，即乡村是一种以土为生、工农结合、自给自足、自成一体的结构。"公共设施之外，除少数较大的城市外，全国分解为村落，这种村落具有一种完全分离的组织，而且自成一个小世界。"② 乡村的封闭性阻碍了文化的交流和发展。正如生命有机体从自然界获得养分来维持新陈代谢一样，文化也要从彼此的学习交流中获取先进的养分来推动自身的更新发展，不交流互鉴，不仅会丧失活力，更会走向衰落。因此，乡村文化建设不但要实现城乡文化交融互哺，更要有国际视野，力求在广泛汲取世界优秀文化成果的基础上保持持久生命力。

农村公共文化服务高质量发展是乡村文化建设的基础性路径，在百年未有之大变局下世界文化格局重塑、文化交流互鉴深化、文化激荡交锋的新阶段，农村公共文化高质量发展应放眼世界文化格局。一方面，以开放的心态积极借鉴世界其他国家乡村公共文化服务的有益成果，吸收发达国家在乡村文化治理中的成功经验，为新时代农村公共文化服务高质量发展开拓资源；另一方面，改革开放 40 多年来，中国农村公共文化服务探索历程及其成效是中国式现代化的缩影，为推动乡村全面振兴注入了强大精神力量，极大地激发了乡村社会内生动力，从而为世界其他国家乡村建设提供了中国智慧和中国方案。为此，要推进农村公共文化服务数字化建设，利用新平台新媒介讲好中国农村故事、农民故事，把故事背后蕴含的精神力量和思想价值讲出来，对内坚定文化自信，对外提升我国国际话语权，为进一步推进我国农业农村现代化营造有利的外部环境。同时，要推动农村优秀传统文化创造性转化、创新性发展，把农村优秀传统文化中富有当代价值和世界意义的精神标识和文化精髓提炼展示出来。利用 5G、AI 等数字信息技术，把握世界文化需求，面向世界生产直抵人心的高品质文化

---

① 马克思，恩格斯. 马克思恩格斯文集：第 2 卷 [M]. 中共中央马克思恩格斯列宁斯大林著作编译局，译. 北京：人民出版社，2009：35.

② 马克思，恩格斯. 马克思恩格斯论殖民主义 [M]. 易廷镇，等译. 北京：人民出版社，1962：338.

产品，彰显中华民族文化创造力。

第二节　农村公共文化服务高质量发展的基本内涵和内在逻辑

在全面推进乡村振兴的战略背景下，推动农村地区公共文化服务高质量发展，以高品质的精神文化产品丰富农民群众精神世界，构建乡村社会的精神秩序，增强乡村社会发展内生动力，是中国特色社会主义现代化建设的必然要求。长期以来，农村公共文化服务体系建设落后于城市，城乡公共文化服务发展不平衡不充分问题突出。面对农村公共文化服务的特殊性、复杂性，如何提高农村公共文化服务效能，更好地满足农民群众文化需求是推进农村公共文化服务高质量发展的核心议题。明晰农村公共文化服务高质量发展的基本内涵和内在逻辑，对推动农村地区公共文化服务高质量发展具有重要现实意义。

一、引言

发展是党执政兴国的第一要务。改革开放 40 多年以来，中国依靠渐进式改革确立了社会主义市场经济体制，实现了由传统农业大国向制造业强国进而向中国式现代化的转型。发展理念也经历了从"发展是硬道理"到"科学发展观"再到"新发展理念"的历史性变革。党的十八大以来，基于对经济发展阶段的正确认识，2015 年党的十八届五中全会提出"创新、协调、绿色、开放、共享"的新发展理念。党的十九大首次提出"高质量发展"，2018 年将"高质量发展"写入政府工作报告，并以供给侧结构性改革为主线对经济高质量发展进行了工作部署。面对我国社会主要矛盾发展的重大变化，习近平总书记指出"解决我国社会的主要矛盾，必须推动高质量发展。我们要重视量的发展，但更要重视解决质的问题，在质的大幅提升中实现量的有效增长"①。同时，习近平总书记对高质量发展的内涵做了系统而精辟的阐释："高质量发展，就是能够很好满足人民日益增长

---

① 习近平. 论把握新发展阶段、贯彻新发展理念、构建新发展格局［M］. 北京：中央文献出版社，2021：215.

的美好生活需要的发展，是体现新发展理念的发展，是创新成为第一动力、协调成为内生特点、绿色成为普遍形态、开放成为必由之路、共享成为根本目的的发展。"①

高质量发展不只是对经济发展的要求，而且贯穿了社会发展的全领域。2020 年 9 月 22 日，习近平总书记在教育文化卫生体育领域专家代表座谈会上强调："推动高质量发展，文化是重要支点"②"着力提升公共文化服务水平，让人民享有更加充实、更为丰富、更高质量的精神文化生活。要推进城乡公共文化服务体系一体建设，优化城乡文化资源配置，完善农村文化基础设施网络，增加农村公共文化服务总量供给，缩小城乡公共文化服务差距。"③

二、农村公共文化服务高质量发展的基本内涵

精神生产是社会生产的重要组成部分。马克思运用唯物辩证法揭示了社会再生产"生产—分配—交换—消费"四个环节辩证关系原理，对于探索农村公共文化服务高质量发展具有重要理论意义和实践意义。农村公共文化服务高质量发展本质上是公共文化的再生产，本书通过对农村公共文化高质量发展"生产—分配—交换—消费"运行过程的分析，将农村公共文化服务高质量的内涵理解为高品质的文化生产、文化资源分配的公正性、文化交往的互哺性和文化消费的可持续性。

（一）文化生产的高品质

高品质的文化生产是农村公共文化服务高质量发展的首要环节。随着社会生产力的高度发展，社会化进程不断加快，农民群众精神需求将更加多元广泛，对文化产品品质要求也会越来越高。高质量的文化生产则在于文化产品的增量提质创优，对丰富农民精神世界、提升农民精神生活质量意义重大。具体来讲，高品质的文化生产应是丰富的、创造性的、特色化

① 习近平. 论把握新发展阶段、贯彻新发展理念、构建新发展格局 [M]. 北京：中央文献出版社，2021：215.
② 习近平. 在教育文化卫生体育领域专家代表座谈会上的讲话 [M]. 北京：人民出版社，2020：11.
③ 习近平. 在教育文化卫生体育领域专家代表座谈会上的讲话 [M]. 北京：人民出版社，2020：11.

的统一。首先，高品质的文化生产是丰富的。农村公共文化服务高质量发展表现为文化产品数量的增加、种类的增多和规模的扩大，能不断满足农民日益增长的精神文化需求。其次，高品质的文化生产是创造性的。它强调文化产品的品质和层次能提升人的认知水平、审美能力，激发人的精神创造力。最后，高品质的文化生产是有特色的。它体现为文化产品能充分观照个体精神发展特性，满足个体对求真、向善、审美的渴望，有利于个体实现精神气质的张扬，促进人的自由全面发展。

农村公共文化高质量发展聚焦在文化产品供给的"三个匹配度"上，即提升农民群众基本文化需求与供给的匹配度、提升农民群众基本文化需求迭代升级与供给扩展更新的匹配度、提升农民群众实际参与与内心期待的匹配度。具体而言：一是农村公共文化服务高质量发展要以构筑供需主体之间的"交互畅通"为基础；二是农村公共文化服务高质量发展的重点是以供给侧结构性改革实现供需结构的"协调平衡"；三是农村公共文化服务供给要与本地禀赋条件和农民需求层次演变协调平衡。为此，农村公共文化服务高质量发展须统筹考虑城乡人口流动新格局和农村多群体差异性需求，其中既要满足一部分农民迁居城市所需的公共文化服务支持，同时又要兼顾留守农民、返乡农民的基本保障需求，更要为下乡创业和追求农村生活的城镇市民提供必要的公共文化服务支持，形成包含多层次的农村公共文化服务高质量供给体系。

（二）公共文化资源分配的公正性

公共文化资源是丰富人民精神世界的重要依托，公共文化资源分配的公正性是农村公共文化服务高质量发展的保障。城乡公共文化服务供给差距造成了城乡公共文化服务的鸿沟。近年来，随着城乡基本公共文化服务均等化战略的有效推进，各级政府在农村公共文化基础设施领域的财政投入持续增长，使城乡基本公共文化服务覆盖面和硬件条件的差距有所缩小，但服务质量和服务效率等软件条件的城乡差距依旧明显，农村标准相对偏低，囿于人才、技术等方面的不足，农村公共文化服务水平仍远落后于城市。公共文化资源分配的公正性体现为分配过程和分配结果的公正性。所谓分配过程的公正性是指公共文化资源分配覆盖城乡不同区域、不同人群，保障全体人民都有机会享有公共文化资源；所谓分配结果的公正性是指全体人民享有公共文化资源的数量和质量均等。因此，农村公共文化服务高质量发展以公共文化资源要素的城乡双向流动为手段，使城市优质高效的公共文化服务资源向农村外溢，形成公共文化服务城市反哺乡村、城市带动农村的良性效应，最终达到城乡公共文化服务融合发展，实现农村公共文化服务建设从中短期数量增长向长期提质增效转型，提升农民群众对基本公共文化服务的公平感和获得感。具体地说，以城乡基本公共文化服务标准化为手段，持续推进城乡公共文化服务体系的一体建设。同时，完善城乡公共文化服务的协同发展机制，发挥公共文化机构总分馆体系效能，按照网格化、共建化方式配齐建强面向农村基层公共文化服务资源，优化以基层为重心的资源配置格局，使城乡居民的基本精神生活需求都能得到最大限度的满足。

（三）文化交往的互哺性

实现城乡公共文化服务融合发展是农村公共文化服务高质量发展的根本方向。首先，城乡公共文化服务融合发展将从根本上破除城乡公共文化服务二元体制顽疾，建立城乡统一公平规范的制度供给体系，形成公共文化服务资源配置的城乡结构优化和标准化供给机制，为持续提升农村公共文化服务发展水平并最终消弭城乡文化差异提供制度保障；其次，城乡公共文化服务融合发展将增强城乡文化发展的关联性和协调性，让城乡文化在"各美其美、美美与共"的融合互动中协力解决各自面临的深层次发展难题，延续乡村文化根脉、唤醒乡村精神，使乡村文化在城乡文化深度融合中繁荣发展；最后，城乡公共文化融合发展将促进城乡人口流动与深度交融，推动城乡主体间的深刻交往，形成思想共振、情感共鸣和共识凝聚，唤醒城乡文化相互认同、优化城乡文化生态，并在此基础上形成价值共识、推动合作共赢、构筑共有精神家园，实现城乡人民精神生活共同富裕。

（四）文化消费的可持续性

文化消费是新一轮文化生产的起点，是农村公共文化高质量发展的强大动力。文化消费的可持续不仅有利于个体文化生活的跃升，还刺激着文化生产在更大规模和更高层次展开，对全社会精神生活品质的整体优化起着重要推动作用。农村公共文化服务高质量发展是"高质量发展"和"高品质民生"的战略聚合。一方面，以公共文化服务项目高质量投入为动力，实现城乡文化资源互联互通，吸引各类城市资本、人才和技术等生产要素向农村流动，促进农村产业结构优化升级，培育新型文化业态和文化消费模式。用前沿科技手段提升文化产品的创新力、表现力和传播力，不仅从供给侧为人们提供了文化消费的新选择，也推动了农村文化产业转型升级。另一方面，公共文化服务的高质量发展要加速完善文化数字化平台等农村公共文化基础设施，打造乡村文体商旅新型文化空间和优质文化产品创作及传播平台，不断为人们带来更多文化消费新体验，丰富了文化消费的商业模式，使相关产业的融合不断加深，催生出新的文化产品和服务供给，使人们在文化品牌消费和品质消费中，实现真正的身心愉悦，获得极致的精神享受，从而达到精神生活的充实和丰盈。

三、农村公共文化服务高质量发展的内在逻辑

文旅部、国家发展改革委、财政部 2021 年出台的《关于推动公共文化服务高质量发展的意见》是农村公共文化服务高质量发展的顶层设计和行动指南，科学回答了新发展阶段农村公共文化服务实现什么样的发展、怎样实现发展的问题。

（一）品质发展：农村公共文化服务高质量发展的主要特征

品质发展就是坚持正确文化导向、强化政治引领，让农村公共文化服务切实承担起举旗帜、聚民心、育新人、兴文化、展形象的使命任务。举旗帜，就是要高举马克思主义和中国特色社会主义的伟大旗帜，巩固马克思主义在意识形态领域的指导地位，不断推动习近平新时代中国特色社会主义思想深入人心、落地生根。聚民心，就是坚持以人民为中心的工作导向，始终把保障农民群众的基本文化权益、满足农民群众基本文化需求作为农村公共文化服务高质量发展的出发点。要不断提高农村公共文化服务供给能力，在确保高质量建设"三馆一站"的基础上，精准对接农民群众文化需求，为广大乡村提供更多特色化、多样化、个性化公共文化服务，提高农民群众对公共文化服务的知晓度、参与度和满意度。育新人，就是坚持以社会主义核心价值观为引领，充分发挥公共文化服务培育新人、立德树人、以文化人的功能，广泛开展群众文艺创作活动，深入农民生活，扎根乡村大地，推出既弘扬社会主义先进文化、革命文化，又表达农民心声的群众文艺精品。通过开展群众文艺活动提高农民文明素养，让文明之风吹进农民群众的心坎里。兴文化，就是以"中国民间文化艺术之乡"为

抓手，加大农村优秀传统文化的保护和传承，在保护中合理利用，在利用中加以保护。要结合乡村特色，充分利用乡村农耕文化、民俗文化，打造集田园风光、文化旅游、休闲民俗于一身的乡村文化综合体和乡村文化品牌；要补齐乡村文化队伍短板，培养一批政治过硬、扎根农村、懂经营的乡村文化能人和乡村文化工作者。展形象，就是要运用形象化、具象化的表达方式"讲好农村故事和农民故事，传播农村好声音"，树立新时代美丽乡村的新形象，向全世界展现现代化进程中真实、立体的乡村建设，展现怀抱梦想、脚踏实地、吃苦耐劳、敢想敢为的新时代农民形象。

（二）均衡发展：农村公共文化服务高质量发展的根本保证

均衡发展就是通过城乡公共文化服务一体化建设，补齐城乡发展不平衡的短板，提升农村公共文化服务水平，实现公共文化服务均等化、普惠化。习近平总书记指出"不平衡不充分的发展就是发展质量不高的表现"①。党的十八大以来，国家高度重视文化建设，出台了一系列政策措施，加强了农村地区公共文化基础设施建设，农村公共文化服务水平不断提高，农民群众的精神文化生活得到改善。但是长期以来，城乡二元结构导致城乡公共文化服务发展不平衡，农村地区公共文化服务体系不完善，供需错配、低质低效在一定程度上影响了农民群众参与率、满意度。作为现代公共文化服务体系建设的短板，农村是解决国家公共文化服务高质量发展不平衡、不充分问题的重点所在。

1. 均等化是公共文化服务均衡发展的核心要义。均等化不是平均化，而是指不同民族、不同年龄段的人群享受公共文化服务的权利均等和机会均等，推进城乡公共文化服务均等化体现了"保基本、促公平"的文化民生。从保障公民基本公共文化权利来看，政府作为责任主体有义务为广大农村地区提供"均等化、普惠化"的文化产品和服务。《中华人民共和国公共文化服务保障法》规定了各级人民政府要将公共文化服务纳入地区经济社会发展的总体规划中，统筹城乡公共文化基础设施布局，将公共文化服务经费纳入本级预算，安排公共文化服务所需资金。从国家治理能力现代化来看，实现公共文化服务城乡全覆盖、普惠化是文化治理的重要抓手。

---

① 习近平. 论把握新发展阶段、贯彻新发展理念、构建新发展格局［M］. 北京：中央文献出版社，2021：215.

2. 标准化建设是实现城乡基本公共文化服务均等化的基本路径。党的十八届三中全会做出了构建现代公共文化服务体系的重大部署，基本公共文化服务标准化建设作为其中应有之义，成为我国现代公共文化服务体系建设的首要任务。2015 年《关于加快构建现代公共文化服务体系的意见》首次提出推进基本公共文化服务标准化的顶层设计，要求建立包括保障标准、技术标准、评价标准在内的基本公共文化服务标准体系。同年，《国家基本公共文化服务指导标准（2015—2020 年）》出台，提出了 14 项 22 条基本公共文化服务国家标准。2017 年实施的《中华人民共和国公共文化服务保障法》构筑了国家层面基本公共文化服务标准化建设的法律基石。《中华人民共和国公共文化服务保障法》第五条规定："国务院根据公民基本文化需求和经济社会发展水平，制定并调整国家基本公共文化服务指导标准。省、自治区、直辖市人民政府根据国家基本公共文化服务指导标准，结合当地实际需求、财政能力和文化特色，制定并调整本行政区域的基本公共文化服务实施标准。"第二十八条规定："设区的市级、县级地方人民政府应当根据国家基本公共文化服务指导标准和省、自治区、直辖市基本公共文化服务实施标准，结合当地实际，制定公布本行政区域公共文化服务目录并组织实施。"此后，依据国家基本公共文化服务指导标准，我国省、市、县三级普遍结合区域经济社会发展基本情况和当地实际需求制定了实施标准。2021 年《关于推动公共文化服务高质量发展的意见》将深入推进城乡公共文化服务标准化建设作为公共文化服务高质量发展的目标任务。2021 年我国又发布包括基本公共文化服务在内的《国家基本公共文化服务标准（2021）》，作为 2015 年国家标准的升级版，新标准进一步明确了新发展阶段我国基本公共文化服务的主要范围，包括公共文化设施免费开放、送戏曲下乡、收听广播、观看电视、读书看报、少数民族文化服务、残疾人文化服务等方面，同时又体现了与 2015 年国家标准在"保基本、均等化"上的有效衔接。针对每个服务内容的具体特点，2021 年国家标准进一步明确了服务对象、服务标准、支出责任和负责单位，确保内容全覆盖、人群全覆盖、标准不攀高、财力有保障、服务可持续。随着各级地方政府依据 2021 年国家标准并结合地方实际制定的地方基本公共文化服务实施标准的陆续出台，覆盖全国、前后衔接体现国家基本共性和地方特色的基本公共文化服务标准体系即将建设完成。

3. 深化县级公共图书馆、文化馆总分馆制是完善城乡公共文化服务协同发展的重要举措。以县级公共图书馆文化馆为中心构建总分馆制是公共图书馆文化馆组织体系的深刻变革，也是以城带乡、城乡文化融合发展的机制创新。"十三五"期间，县级图书馆文化馆总分馆制扎实推进。文化和旅游部官方网站公布的数据显示：截至 2021 年年末，全国共有乡镇综合文化站 32524 个，2672 个县（市、区）建成文化馆总分馆制；公共图书馆 3215 个，2636 个县（市、区）建成图书馆总分馆制。① 通过构建以县公共图书馆文化馆为总馆，以乡镇综合文化站为区域分中心，以村综合文化服务中心、农家书屋为基层服务点的三级服务网络，做强县级图书馆文化馆，优化乡镇综合文化站，延伸村综合文化服务中心的功能，营造融入农民日常生活的高品质文化空间，打造阅读、康乐、精神"三个家园"，不断推进农村基层综合文化中心的功能转型升级，加速了城乡文化要素的双向流动。

（三）开放发展：农村公共文化服务高质量发展的根本动力

所谓开放发展就是通过理顺公共文化服务体制机制，推动政府职能转变，创新管理方式，构建政府、市场、社会力量共同参与的农村公共文化服务社会化供给体系。

1. 深入推进政府购买农村公共文化服务。公共文化资源面向社会的大循环，是现代公共文化服务体系开放发展的重要体现。为了不断满足农民群众对公共文化生活的新期待，推动社会力量参与农村公共文化服务，实现公共文化服务社会化发展是农村公共文化服务高质量发展的必然要求，也是精准对接农民群众多层次、个性化文化需求的新路径，能有效解决粗放式文化产品供给带来的效能低下的问题。随着现代公共文化服务体系建设进一步深化，政府由公共文化服务直接的供给者转化为协调者和引导者，治理方式由自上而下的科层管理转向多元主体的横向合作。通过政府购买服务搭建农村公共文化服务供需对接平台，引导市场和社会力量全链条参与农村公共文化设施运营、活动项目打造、服务资源配送等。作为公共文化服务社会化的实践创新，公共文化产品和服务采购大会（简称"文

---

① 中华人民共和国文化和旅游部. 2021 年文化和旅游发展统计公报［R/OL］. 中华人民共和国文化和旅游部官方网站，2022-06-29.

采会")通过线上线下混合模式打造了集展示、交流、交易于一身的供需对接平台,汇集了全国文化领域优秀企业和优质服务供应商,提供了文化设施运营、文化内容设计优化、演艺装备制造、文化创意、信息技术等多种产品和服务,推动了供给侧结构性改革和需求侧服务模式的双向对接,实现了公共文化服务资源从体制内循环转变为全社会大循环。

2. 推进县以下公共文化机构社会化运营。针对农村基层公共文化设施运营效率低下、供给不足等短板问题,在明晰产权的基础上通过公开招标以服务外包、财政补贴、项目授权等方式引进专业机构或企业运营镇(村)综合公共文化中心或文化室,将综合公共文化中心打造成集政策宣传、教育培训、文化娱乐、体育健身于一身的多功能农村公共文化空间,实现农村基层综合公共文化中心常态化服务和精准供给。

3. 提升农村文化志愿服务水平。文化志愿服务是我国农村公共文化服务社会化的显著特征。文化志愿者是推动农村公共文化服务高质量发展的重要补充力量,依托文化馆(站)、图书馆等基层文化阵地,开展常态化、多样化的文化志愿服务,有利于缓解当前农村公共文化机构人力不足的问题,优化农村文化队伍结构,让服务内容更丰富、服务人群更广泛。全国文化和旅游志愿服务"春雨工程"、中西部农村文化志愿服务"阳光工程"、农村未成年人文化志愿服务"圆梦工程"是我国文化志愿服务的三大工程,在满足广大农民群众多元化、个性化的文化需求方面成效显著,也是助推农村公共文化服务高质量社会化的有效路径。

(四)融合发展:农村公共文化服务高质量发展的基本格局

融合发展就是坚持系统理念、共享理念、创新理念,加强顶层设计、整体性规划、战略性布局,促进农村公共文化服务资源、空间、功能的深度融合,推动农村公共文化服务与科技、旅游、文化产业的跨界融合,形成资源集约、结构合理、协同高效的农村公共文化服务高质量发展新格局。

1. 推动文化事业和文化产业的融合。"十三五"期间,公共文化服务和旅游公共文化服务融合发展取得了突破。2018年3月,原文化部和原国家旅游局正式合并成立文化和旅游部,重塑了文化事业、文化产业、旅游业发展的新格局,不但为文化旅游发展扫除了机制障碍,也打破了文化事业、文化产业和旅游业融合发展的行政壁垒,标志着一个新的发展时代的来临。党的二十大报告指出"坚持以文塑旅、以旅彰文，推进文化和旅游深度融合发展"①。"以文塑旅"要求用底蕴深厚的乡村文化丰富旅游内涵、提升旅游品位，将中华文化符号融入乡村旅游；"以旅彰文"要求用旅游带动文化传播、推动乡村文化繁荣，让优秀传统文化在乡村旅游中活起来，让社会主义先进文化在乡村旅游中得到弘扬，让革命文化在乡村旅游中得到传承。

2. 农村公共文化服务与现代科技的融合。现代信息技术深刻影响着人们的生产方式和生活方式，农村公共文化服务数字化、网络化、智能化建设也成为高质量发展的重要抓手。智慧图书馆体系建设与国家公共文化云平台建设是"十四五"期间中央财政重点支持的两大工程，两大工程的带动效应使数字技术在农村公共文化服务建设中持续下沉，其中数字化资源建设、农村公共文化服务数字化平台搭建、智能化服务成为农村公共文化服务数字化转型的三个着力点，对破解当前农村公共文化服务供需结构性失衡难题具有重要作用。

3. 农村公共文化服务与文明实践的功能融合。目前农村公共文化服务的职能分散在文化和旅游、农业农村、乡村振兴等职能部门，还有部分职能归属于宣传部门。多头管理、条块分割既不利于文化资源整合配置，也不利于服务功能发挥。农村公共文化服务与文明实践本是一脉同源，促进农村基层公共文化服务与新时代文明实践中心的空间融合、功能融合、资源融合，形成队伍共建、场地共用、服务共享，解决了基层文化资源分散、重复建设、利用率不高等问题，打通了服务农民群众的"最后一公里"。

4. 农村公共文化服务与乡村治理融合发展。乡村文化治理是实现由传统乡村向现代乡村转型的关键，农村公共文化服务是现代国家治理体系的组成部分，也是实现国家在农村领域文化治理的重要途径。在新时代美丽乡村建设中，现代公共意识和公共精神的培养关乎乡村产业兴旺、生态宜居、乡风文明、治理有效、生活富裕。为此，将乡村公共文化服务体系建设融入乡村振兴战略，加强基层文化阵地建设，拓展乡村综合性文化服务

---

① 习近平. 高举中国特色社会主义伟大旗帜 为全面建设社会主义现代化国家而团结奋斗：在中国共产党第二十次全国代表大会上的报告［M］. 北京：人民出版社，2022：45.

中心功能，推动文化建设、党建、移风易俗和乡村旅游融合发展，以乡村文化"软实力"助力乡村振兴。同时，利用乡村振兴重大项目盘活乡村文化资源，将中国民间文化艺术之乡建设作为乡村公共文化创新和优秀文化遗产生产性保护的重要抓手，以高质量发展的公共文化服务促进中华优秀传统文化创造性转化和创新性发展，打造"一村一品"的乡村文化生态，壮大农村文化和旅游市场体系。

第六章

农村公共文化服务现状研究

——基于宁夏县域农村公共文化服务效能分析

"十三五"时期我国农村公共文化服务建设取得重大成就：乡村治理体系和治理能力迈出了坚实的步伐；标准化建设推进城乡公共文化服务均等化取得了突破；农村公共文化服务体系进一步完善；社会化发展注入了发展新动力；数字化、智能化建设跃上新台阶；融合发展新实践为农村公共文化服务带来新的发展机遇。当前，覆盖农村的公共文化设施网络已逐步健全，"缺不缺、够不够"的问题基本得到解决，但服务效能"好不好、精不精"问题凸显。《文化和旅游部 国家发展和改革委员会 财政部关于推动公共文化服务高质量发展的意见》将提质增效作为公共文化服务高质量发展的核心目标，为此，"十四五"时期农村公共文化服务高质量发展要以问题为导向，以提升农村公共文化服务实效性为核心，构建补短板、强弱项、提品质、优效能的高质量发展路径。

效能是衡量农村公共文化服务功能发挥的重要维度，本书基于对宁夏县域农村公共文化服务的实地调研，实证分析农村公共文化服务效能，为探索农村公共文化服务提质增效的实践路径提供依据。

第一节　新时代宁夏农村公共文化服务体系建设概述

"十三五"以来，宁夏文化强区建设取得显著成效。随着农村公共文化服务机制创新和基本公共文化服务标准化水平稳步提升，公共文化设施不断提档升级，公共文化服务效能持续提升，文化扶贫取得显著成效。目前宁夏公共文化服务五级网络基本形成，在全国率先实现贫困地区村综合文化服务中心全覆盖，农村居民文化生活质量进一步提高。

一、宁夏农村公共文化服务的政策创新

农村公共文化服务是政府主导的乡村文化建设基础性工程，体现了中国共产党人民至上的政治立场和人民共享文化发展成果的执政理念。政策作为推进农村公共文化服务体系建设的基本性工具，对保障群众基本文化权益有着极为重要的现实意义。"十三五""十四五"时期宁夏出台一系列政策对农村公共文化服务做出顶层设计，保障了宁夏农村公共文化服务体系构建和能效提升。2015 年，对标《关于加快构建现代公共文化服务体系的意见》和《国家基本公共文化服务指导标准（2015—2020 年）》，针对宁夏公共文化服务体系建设存在的突出问题和薄弱环节，宁夏回族自治区党委办公厅、人民政府办公厅印发《关于加快构建现代公共文化服务体系的实施意见》和《基本公共文化服务实施标准（2015—2020 年）》，明确了宁夏加快构建现代公共文化服务体系的指导思想、基本原则、发展目标、重大任务和具体措施，同时结合宁夏实际，在国家标准基础上扩展提升了宁夏地方标准。为落实《"十三五"时期贫困地区公共文化服务体系建设规划纲要》，针对宁夏中南部 9 县（区）公共文化服务体系短板，促进贫困地区基本公共文化服务均衡发展，2016 年出台《宁夏回族自治区贯彻落实"十三五"时期贫困地区公共文化服务体系建设规划纲要实施方案》，提出到 2018 年实现中南部 9 县（区）"两馆"和乡镇综合文化站全覆盖，村综合文化服务中心、农民文化大院、民间文艺团队和流动服务设施建设大幅提升，到 2020 年公共文化服务设施网络基本完善的目标。同年，为贯彻落实《国务院办公厅关于推进基层综合性文化服务中心建设的指导意见》，印发《关于推进全区基层综合性文化服务中心建设的实施方案》，明确了"十三五"时期推进基层综合性文化服务中心建设的目标任务、建设标准、运行机制、实施步骤及保障措施等。根据宁夏基层综合文化服务中心建设的实际情况，分类制定了乡镇（街道）综合文化站、村（社区）综合文化服务中心建设标准，为推进基层文化设施建设提供了依据。2017 年制定《宁夏文化扶贫工程贫困地区村综合文化服务中心建设实施方案》和《宁夏文化扶贫工程贫困地区村综合文化服务中心建设管理使用办法》，明确文化精准扶贫的工作任务、政策措施和重点项目，规范贫困地区村综合文化服务中心建设的资金管理、项目采购、设施使用。2018

年，为激发脱贫内生动力、培育弘扬文明新风、推进乡村文化繁荣兴盛、实施文化产业扶贫，《关于加快推进文化小康助力脱贫富民和乡村振兴战略的实施意见》印发，提出18项公共文化服务建设具体举措，助力宁夏脱贫富民和乡村振兴战略。为进一步规范公共文化服务体系建设专项资金管理，提高资金使用效率，2019年出台《宁夏回族自治区公共文化服务体系建设专项资金管理办法》，强化了中央补助地方公共文化服务体系建设资金和自治区本级预算安排资金的专项管理。2020年出台《宁夏回族自治区村（社区）综合文化服务中心管理服务办法》，明确了村综合文化服务中心建设规划、运行和服务、经费、考核等的主体责任，进一步完善了村（社区）综合文化中心的建设标准。

推动高质量发展是"十四五"时期经济社会发展的主题，也是"十四五"时期宁夏公共文化服务体系建设的根本指向。为满足人民群众美好生活需要，更好地保障人民群众基本文化权益，助力文化强区建设，打造文化兴盛沃土，宁夏出台一系列政策法规，推动农村公共文化服务高质量发展。2021年《宁夏回族自治区文化和旅游发展"十四五"规划》提出深入推进公共文化服务均等化、标准化，构建"设施网络化、供给多元化、机制长效化、城乡一体化、服务普惠化"的公共文化服务新格局。着力把县域作为城乡文化和旅游融合发展的重要切入点，强化县域综合服务能力。积极发挥城市带动作用，推进城乡基本公共服务一体化建设，实现城乡文化和旅游互融互促。2022年密集出台一系列重要文件，构筑了宁夏公共文化服务高质量发展的基础。《宁夏回族自治区公共服务发展"十四五"规划》，制定了"十四五"期间宁夏社会发展与公共服务主要指标，提出到2025年宁夏每万人接受公共文化设施〔包括公共图书馆、文化馆（站）、美术馆、博物馆和艺术演出场所〕的次数由2020年的1.55次提高到1.8次。根据《文化和旅游部 发展改革委 财政部关于推动公共文化服务高质量发展的意见》等文件精神，印发《宁夏回族自治区推动公共文化服务高质量发展实施意见》作为新发展阶段宁夏公共文化服务建设的纲领性文件，提出了推动公共文化服务高质量发展的指导思想、主要原则和目标任务，规划到2025年建成与宁夏"文化强区"相适应的现代公共文化服务体系，城乡公共文化服务体系一体化建设取得显著进展，设施网络实现全面覆盖，新型公共文化空间蓬勃发展，"都市15分钟""农村30分钟"城乡文化圈更加完善，并对新型城镇化过程中新出现的居民聚集区、农民新村和移民新村的公共文化设施进行配套建设，并将其纳入各市、县（区）城镇化补短板强弱项的建设规划中。在《国家基本公共服务标准（2021年版）》基础上，根据宁夏实际出台《宁夏回族自治区基本公共服务实施标准（2021年版）》，进一步细化量化公共服务内容、支出责任，制定公共文化设施免费开放、戏曲下乡、收听广播、观看电视、观赏电影、读书看报、少数民族文化服务7项公共文化服务标准。同年出台《宁夏回族自治区公共文化服务保障条例》作为宁夏立法推进公共文化服务体系建设的地方性法规，规范了公共文化设施建设与管理、公共文化服务提供、社会参与、保障措施等方面的主体责任。新型公共文化空间建设是推动公共文化高质量发展的重要举措，2023年出台的《宁夏回族自治区新型公共文化空间建设项目管理暂行办法》，为打造"小而美"的乡村公共文化新空间、优化农村基层文化资源配置提供了保障（具体见表6-1）。

表6-1　宁夏农村公共文化服务相关政策文件

序号	文件名称	年份	内容
1	《关于加快构建现代公共文化服务体系的实施意见》	2015	结合宁夏区情，针对公共文化服务体系建设存在的突出问题和薄弱环节，明确了宁夏加快构建现代公共文化服务体系的指导思想、基本原则、发展目的、重大任务和具体措施
2	《基本公共文化服务实施标准（2015—2020）》	2015	明确了公共图书馆建设、公共文化设施建设、文体活动场地、基层文化队伍、公共数字化建设、经费保障等建设指标，将国家标准14项22条提升扩展为宁夏地方标准21项44条
3	《宁夏回族自治区贯彻落实"十三五"时期贫困地区公共文化服务体系建设规划纲要实施方案》	2016	针对中南部9县（区）公共文化服务体系短板，提出了5个方面主要任务；制定组织领导、资金支持、监督考核3项保障措施
4	《关于推进全区基层综合性文化服务中心建设的实施方案》	2016	明确了"十三五"时期推进基层综合性文化服务中心建设的目标任务、建设标准、运行机制、实施步骤及保障措施等

续表

序号	文件名称	年份	内容
5	《宁夏回族自治区公共文化服务体系"十三五"建设规划》	2017	明确"十三五"期间宁夏公共文化服务体系建设总体要求、主要任务和保障措施。提出到2020年，基本建成覆盖城乡、便捷高效、保基本、促公平，具有宁夏特色的现代公共文化服务体系
6	《宁夏文化扶贫工程贫困地区村综合文化服务中心建设实施方案》	2017	明确文化精准扶贫的工作任务、政策措施和重点项目
7	《宁夏文化扶贫工程贫困地区村综合文化服务中心建设管理使用办法》	2017	规范贫困地区村综合文化服务中心建设的资金管理、项目采购、设施使用
8	《关于加快推进文化小康助力脱贫富民和乡村振兴战略的实施意见》	2018	从6个方面提出18项公共文化服务建设的具体举措，助力宁夏脱贫富民和乡村振兴战略
9	《宁夏回族自治区公共文化服务体系建设专项资金管理办法》	2019	规范和加强中央补助地方公共文化服务体系建设资金和自治区本级预算安排资金专项管理，提高专项资金使用效率
10	《宁夏回族自治区村（社区）综合文化服务中心管理服务办法》	2020	规定村综合文化服务中心建设规划、运行服务、经费、考核等的主体责任，进一步明确了村（社区）综合文化服务中心的建设标准
11	《宁夏回族自治区文化和旅游发展"十四五"规划》	2021	提出深入推进公共文化服务均等化、标准化，构建"设施网络化、供给多元化、机制长效化、城乡一体化、服务普惠化"的公共文化服务新格局。着力把县域作为城乡文化和旅游融合发展的重要切入点，强化县城综合服务能力。积极发挥城市带动作用，推进城乡基本公共服务一体化建设，实现城乡文化和旅游互融互促

续表

序号	文件名称	年份	内容
12	《宁夏回族自治区公共服务发展"十四五"规划》	2022	制定了"十四五"期间宁夏社会发展与公共服务主要指标，规划到2025年宁夏每万人接受公共文化设施〔包括公共图书馆、文化馆（站）、美术馆、博物馆、和艺术演出场所〕的次数由2020年的1.55次提高到1.8次
13	《宁夏回族自治区基本公共服务实施标准（2021年版）》	2022	在《国家基本公共服务标准（2021年版）》基础上，根据宁夏实际进一步细化量化公共服务内容、支出责任，制定公共文化设施免费开放、戏曲下乡、收听广播、观看电视、观赏电影、读书看报、少数民族文化服务7项公共文化服务标准
14	《宁夏回族自治区推动公共文化服务高质量发展实施意见》	2022	提出推动公共文化服务高质量发展的指导思想、主要原则、目标任务、保障措施
15	《宁夏回族自治区"十四五"城乡社区服务体系建设规划》	2022	提出了社区服务总体要求、重点任务、组织保障。将优化文化体育服务作为重点任务之一，引导各类文化资源向城乡基层倾斜
16	《宁夏回族自治区公共文化服务保障条例》	2022	立法推进公共文化服务体系建设，明确了公共文化服务主体，规定了公共文化设施建设、公共文化服务提供、社会参与、保障措施的主体责任
17	《宁夏回族自治区新型公共文化空间建设项目管理暂行办法》	2023	明确了新型公共文化空间的建设主体，规定了建设程序、运行管理、服务提供的主体责任，从整体上规范了新型公共文化空间建设与管理

资料来源：作者整理

二、农村公共文化服务设施实现全覆盖

（一）加强乡（镇）村两级公共文化服务基础设施建设

"十三五"期间在对标《国家基本公共文化服务指导标准（2015—2020 年）》的基础上，制定《宁夏回族自治区基本公共文化服务实施标准（2015—2020）》，将国家标准 14 项 22 条提升扩展为宁夏地方标准 21 项 44 条，广播电视服务、文化体育活动等多项指标超国家标准，对县、乡（镇）、村公共文化设施建筑标准、人员配备、服务项目和数量、财政保障等均设立了硬性指标。为加强乡（镇）村两级文化服务基础设施建设，先后制定了《关于推进全区基层综合性文化服务中心建设的实施方案》《宁夏文化扶贫工程贫困地区村综合文化服务中心建设实施方案》等多个配套政策，不断加大乡（镇）村两级文化服务基础设施建设，2017 年以来，宁夏中南部地区 9 县（区）"两馆"和乡镇综合文化站全部建成，实施宁夏北部地区村综合文化服务中心功能项目，率先在全国实现了贫困地区村综合文化服务中心全覆盖。石嘴山市、吴忠市、固原市先后成功创建国家公共文化服务体系示范区，国家示范区创建实现覆盖率达到 80%。随着乡（镇）村两级公共文化设施基础建设任务的完成，宁夏公共文化服务体系五级网络基本形成，农村公共文化设施建设从完善功能向提高服务效能转变。

（二）推进县级文化馆图书馆总分馆制

以县级公共图书馆文化馆总分馆制为抓手，优化基层公共文化服务网络布局，盘活乡镇（街道）文化站和村（社区）综合文化服务中心，实现总分馆图书资源通借通还、数字服务共享、文化活动联动和人员统一培训。在具备条件的乡镇（街道）综合文化站、部分村综合文化服务中心均设立县级图书馆、文化馆分馆或基层服务点。截至 2022 年，在乡镇、村和社区等地建成图书馆分馆 125 个、文化馆分馆 78 个。

三、农村公共文化服务能效跃上新台阶

（一）提升农村基层公共文化服务水平

宁夏文化主管部门将公共文化服务体系建设纳入对市、县（区）年度文化工作考核范畴，重点考核基层公共文化设施网络建设、免费开放服务、群众文化活动开展等，将评价结果作为县（区）考核乡镇综合工作的参考依据。《宁夏回族自治区基本公共服务实施标准（2021 年版）》明确规定乡镇（街道）综合文化站、村综合文化服务中心等公共文化设施每周开放时间不少于 42 小时，乡镇（街道）综合文化站开展较大规模群众文化活动年均不少于 6 次，村（社区）综合文化服务中心年均不少于 4 次活动。

（二）发挥文化惠民品牌效应

持续打造"大篷车"送戏下乡、"文艺轻骑兵"等文化活动品牌，推进流动文化服务常态化，年均送戏下乡演出 1600 场以上，广场演出 1500 场以上，"戏曲进乡村"300 场以上，覆盖宁夏所有乡镇。增加农村公共文化服务供给总量，广泛开展群众性文化活动，其中农民文艺会演、广场文化活动、农民书画作品展等已经成为宁夏农民文化活动的金字招牌，为各区县农民文艺团队搭建了展示才艺的大舞台，农民歌手、乡村舞蹈队、乡村戏曲爱好者在各个舞台上竞相表演，年均开展社火大赛等民俗活动 300 多项，展示了当代农民的新形象。

四、乡村公共文化人才队伍不断壮大

落实公共文化服务实施标准，配齐乡镇综合文化站、村综合文化服务中心工作人员。实施"阳光工程"农村文化志愿者行动计划、"三区"人才支持计划，招募文化志愿者，选派文化工作者到贫困地区村综合文化服务中心等地开展文化志愿服务活动。建立完善市县乡（镇）三级培训网络，常态化开展基层文化队伍培训，年均举办基层文化人员业务培训 200 余次，培训基层文化骨干 3 万多人。培育民间文艺团队，扶持发展农民文化大院，有效激发民间组织参与公共文化服务的内生动力。

五、数字化、智能化建设有了新突破

为推进城乡文化数字化战略，健全现代公共文化服务体系，打造公共文化数字资源库，构建互联互通、资源共享的服务网络，实现文化信息资源共享工程覆盖城乡。争取中央支持地方公共文化服务体系建设补助资金，不断完善自治区、市、县三级公共文化服务平台，建立自治区级文化资源共享分中心1个、地市级支中心5个、县级支中心20个，建成乡镇基层服务站193个、行政村基层服务点2266个，实现了乡（镇）村两级全覆盖。推进乡镇、村级公共电子阅览室建设，实施数字图书馆推广工程数据整合项目。

六、农村精神文明建设迈上新台阶

（一）不断拓展新时代文明实践中心功能

2018年宁夏首个新时代文明实践中心在同心县启动以来，坚持面向基层、面向农民，用有温度、接地气、听得懂的"家常话"，深入阐释习近平新时代中国特色社会主义思想，培养农民文明素养、公民意识；紧密结合乡村振兴战略，将党的惠农、富农、兴农政策转化为典型事例和乡村故事，激励农民扎根农村自力更生。新时代文明实践中心成为宁夏乡村思想教育、道德教化、文化传承的多功能综合平台和思想文化阵地，目前宁夏新时代文明实践中心、所、站三级覆盖率分别达到100%、92.9%、76.8%。

（二）广泛开展民族团结进步创建活动，培育农村民族团结进步先进典型，加快推进全国民族团结进步示范区建设

每年9月是宁夏"民族团结进步月"，各地围绕"铸牢中华民族共同体意识、推进新时代民族工作高质量发展"的主题统筹谋划，石嘴山市开展"结对子""手拉手""一家亲"等群众性交往交流活动，吴忠市开展马克思主义"五观""万人百场"宣讲活动，固原市将民族团结进步创建与乡村振兴紧密结合，形成了助推互促机制，增点扩面，提质增效。

（三）移风易俗推进乡风文明

引导群众爱党爱国、向上向善、孝老爱亲、重义守信、勤俭持家。开展好邻居、好媳妇、好公婆评选，深化文明村镇、文明家庭创建，健全合法有效的村规民约奖惩机制，提升农民群众精神风貌。当前，宁夏农民素质和社会文明程度达到新高度，社会主义核心价值观在乡村社会中得到广泛弘扬。

第二节 宁夏农村公共文化服务效能研究

农村公共文化服务效能的评估和研究，对于政府部门改进服务内容、提升服务质量具有重要价值。公众参与度与满意度是衡量公共文化服务体系建设成效的核心指标，本书采用公众评价模式，从农民主体感受出发，采取自下而上观测视角，以农民满意度作为衡量公共文化服务建设效能的评价指标，以宁夏6个县（区）26个行政村的调查数据为依据，通过对农村居民参与公共文化服务活动的基本特征进行描述性分析，量化剖析其对农村公共文化服务满意度的影响，探索农村公共文化服务效能的提升路径，为增强公共文化服务实效性提供有价值的参考。

一、调查数据收集与数据描述

（一）调查问卷

1. 调查问卷对象

本书的调查对象是县域农村居民，即生活和工作在县域农村地理空间的常住人口，包括农民、乡（村）干部、乡村志愿者和长期在乡村从事服务业、商业、种植业等相关工作的常住居民等。具体来说，本书根据宁夏县域经济社会发展水平、区域特征，先后对宁夏北部的贺兰县、永宁县、青铜峡市（县级市），宁夏中部同心县、盐池县，宁夏南部隆德县等地农村进行了实地调研和问卷调查。

2. 调查问卷的设计

首先，文献研究阶段，主要明确衡量农村公共文化服务需求和供给的主要指标。

其次，实地调查阶段，农民是公共文化设施的使用者、公共文化活动的参与者，通过与农民的访谈，了解农民文化需求和对农村公共文化服务新期待，从农民视角研究调查问卷的指标体系。

再次，编制问卷阶段，在征询相关研究专家意见的基础上，对问卷内容、语言表达进行了详细的修改。

最后，问卷定稿阶段，进行小范围测试，以检验调查问卷中指标设计和问卷表述的合理性，通过对永宁县闽宁镇福宁村部分农民进行预测试，对问卷的一些问项进行修改，增强问卷的可读性和易识性，并对部分问项进行增删，得到了问卷的最终版本。

3. 调查问卷内容

公众参与度与满意度是衡量公共文化服务体系建设成效的核心指标。本书对农村公共文化服务的参与度进行描述性统计分析，对满意度进行回归分析，调查问卷主要内容由三部分组成：

第一部分是基本信息调查。主要对调查对象的性别、年龄、民族、文化程度、家庭人口和家庭年收入6项内容进行调查。

第二部分是农村居民公共文化服务参与度调查。B1. 您空闲时间最主要的娱乐方式？（多选）；B2. 您村里有哪些公共文化基础设施？（多选）；B3. 您经常使用的公共文化设施？（多选）；B4. 您经常去农家书屋吗？（单选）；B5. 您参加过哪些公共文化活动？（多选）；B6. 您每周参与公共文化活动时间？（单选）；B7. 您单次参与文化活动的时间？（单选）；B8. 您是否认同农村公共文化服务会带来收获？（单选）；B9. 您参加文化活动的目的是什么？（单选）；B10. 您是否愿意自己花钱购买服装道具参与活动？（单选）；B11. 您希望政府提供的文化基础设施有哪些？（多选）；B12. 您希望政府提供的文化下乡服务活动有哪些？（多选）；B13. 你对农村公共文化服务内容是否认同？（单选）；B14. 您对公共文化服务政策是否认同？（单选）；B15. 您对所在乡镇（村）公共文化服务便利性是否认同？（单选）；B16. 您所在社区是否有财政补贴的文化管理员？（单选）；B17. 您所在社区农民文艺团队的数量是多少？（单选）；B18. 你所在社区是否有文化能人？（单选）；B19. 你所在社区每年组织民间特色文化活动的次数？（多选）。

第三部分是农村公共文化服务满意度调查。C1. 您对所在乡镇（村）文化设施的评价（单选）；C2. 您对所在乡镇（村）设施开放时间的评价（单选）；C3. 您对所在乡镇（村）公共文化服务基础设施资金投入的评价（单选）；C4. 您对所在乡镇（村）农村文化活动群众参与率的评价（单选）；C5. 您对所在乡镇（村）文化活动内容的评价（单选）；C6. 您对所在乡镇（村）文化活动组织的评价（单选）；C7. 您对所在乡镇（村）组织文化活动满足文化需求的总体评价（单选）；C8. 您对所在乡镇文化设施管理工作的评价（单选）；C9. 您对所在乡镇（村）文化服务人员责任意识的评价（单选）；C10. 您对本村文化服务人员办事效率的评价（单选）；C11. 您对农村文化人才素质的评价（单选）；C12. 您对农村公共文化服务的总体评价（单选）。

（二）数据收集

本书选取宁夏县域作为典型样本来考察中国农村公共文化服务效能的一般情况，主要基于以下考虑。我国各个省、直辖市经济社会、文化发展基础不同，推进农村公共文化服务具体措施有差异，但各省都是按照中央政府的统一政策来开展农村公共文化服务活动的。宁夏位于中国西部，经济发展水平、农村居民收入水平和文化建设水平处于全国中等水平，《文化蓝皮书：中国公共文化服务发展指数报告（2019）》研究显示，2015年、2016年，宁夏公共文化服务发展指数分别列第 18 位和第 21 位，其中资源供给水平分别为第 8 位和第 7 位、成果享有水平分别为第 7 位和第 17位、服务效率水平分别为第 24 位和第 29 位、外部支撑水平分别为第 24 位和第 28 位、均等化水平分别为第 18 位和第 19 位，宁夏农村公共文化服务总体水平接近全国平均数，能够反映我国农村公共文化服务的一般水平。存在的主要问题是公共文化服务效率水平、公共文化服务外部支撑水平排名靠后[①]，反映了公共文化服务存在的效率不高、外部动力不足等问题，这恰恰是我国农村公共文化服务高质量发展需要解决的共性问题。当前农村公共文化服务投入不足和能力薄弱问题已基本得到解决，从强调基础设施量的增加向提升软性服务质量转化，"十四五"期间农村公共文化服务的重要任务是从硬件设施建设转向高质量的产品和服务建设，持续提升农民群众文化获得感、幸福感和满意度，基于以上分析，本书认为选择宁夏作为样本地具有典型性和代表性。

1. 抽样过程

本书采用分层抽样方法，在宁夏不同发展水平及不同区域的 6 个县（区）中抽取 26 个村。根据宁夏经济社会发展实际情况，综合考虑县域经济水平差异和地理特征，对宁夏北部贺兰县、永宁县、青铜峡市，中部地

---

① 傅才武，彭雷霆. 文化蓝皮书：中国公共文化服务发展指数报告（2019）[M]. 北京：社会科学文献出版社，2019：32-39.

区同心县、盐池县，南部地区隆德县等地农村进行了实地调研和问卷调查。

2. 数据获取

本书采取入户问卷调查和网络问卷调查相结合的方式，笔者利用宁夏医科大学、北方民族大学 2021 年至 2022 年大学生寒暑期实践活动，在盐池县文旅局、永宁县文旅局和文化馆、青铜峡市邵岗镇的帮助下，带领部分学生对永宁县胜利乡、闽宁镇 6 个行政村，青铜峡市邵岗镇 3 个行政村，盐池县惠安堡 3 个行政村进行了实地调研和入户问卷调查，其他区域通过挑选当地学生提前培训指导，以学生入户问卷调查和线上调查相结合的方式进行。累计发放问卷 1536 份，回收有效问卷 1443 份，回收率约为 94%。通过 SPSS20.0 进行数据处理和分析。

二、调查对象描述性统计

（一）样本性别构成

男性农村居民人数为 880 人，占受访居民的 60.98%；女性为 563 人，占受访居民的 39.02%。

（二）样本年龄构成

样本中 30 岁以下 137 人，占受访居民的 9.49%；30~40 岁 332 人，占受访居民的 23.01%；40~50 岁 412 人，占受访居民的 28.55%；50~60 岁为 357 人，占受访居民的 24.74%；60 岁及以上 205 人，占受访居民的 14.21%。

表 6-2　受访农村居民的基本情况

基本信息		占比（%）
性别	女	39.02
	男	60.98
年龄	30 岁以下	9.49
	30~40 岁	23.01
	40~50 岁	28.55
	50~60 岁	24.74
	60 岁及以上	14.21

基本信息		占比（%）
文化程度	小学及以下	12.27
	初中	42.48
	高中	14.07
	专科	11.92
	本科及以上	19.26
家庭年收入	4万元以下	19.01
	4万~7万元	48.61
	7万~10万元	22.86
	10万元以上	9.52

（三）文化程度状况

小学及以下177人，占受访居民的12.27%；初中613人，占受访居民的42.48%；高中203人，占受访居民的14.07%；大专172人，占受访居民的11.92%；本科及以上278人，占受访居民的19.26%。调查数据显示，调查对象绝大多数文化程度是小学、初中、高中，符合宁夏农民文化程度结构。本次调查对象是农村居民，包括了生活和工作在宁夏农村地理空间的常住人口，随着农业农村现代化的推进和农村产业结构调整，从事现代农业、商业服务业等相关工作的城市人口进入农村，成为农村常住居民，农村居民的人口结构和学历结构相应发生变化。

（四）农村居民家庭年收入

样本显示，家庭年收入4万元以下的占19.01%，4万~7万元的占48.61%，7万~10万元的占22.86%，10万元以上的占9.52%。

三、农村居民公共文化活动参与现状分析

（一）农村居民文化娱乐方式

调查数据显示，农村居民参加娱乐方式排在最前面的三项是看电视、看手机、看书看报，其中57.68%的被调查者把看电视作为最重要的娱乐方式，47.71%选择上网看手机，27.49%选择看书看报，20.75%选择体育

活动，其他由高到低依次是和村民闲聊（19.41%）、广场舞秧歌（18.33%）、学习钻研技术（18.33%）、逛街（10.78%）、其他（15.9%）。农村居民对电视的依赖度很高，没有性别、年龄、文化程度和家庭收入的差异。同时，手机上网率也较高，刷手机是看电视之外农村居民打发闲暇时间的最主要方式。另外，女性被调查者跳广场舞比例较高。

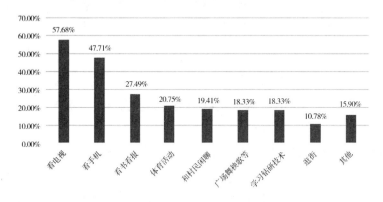

图6-1　农村居民主要文化娱乐方式

（二）农村居民参加公共文化活动情况

参与内容反映了农村居民对公共文化活动的个人偏好。调查数据显示，民间文化活动占21.58%，占比最高，科普宣传占16.85%，体育健身占16.29%，现场文艺演出占13.99%，电影放映占10.26%，文化展览占9.02%，棋牌娱乐占8.33%，戏曲表演占3.67%。总体上看，农村居民偏好文艺演出类文化活动，社火和广场舞等民间文艺活动作为乡村内部孕育出的文化活动形式，因乡土性、地域性、便利性、可及性受到农民欢迎。宁夏永宁县农民文艺团队演出形式和内容符合当地农民的审美需求，具有较强的地域特色，每年春节前后适逢农闲、外出务工人员返乡，乡间农民文化文艺团队兼容了现场文艺演出和集体性民俗文化的活动形式，给农民带来了丰富的情景体验和精神层面的愉悦感。科普宣传可以解决农村生产生活中的实际问题，也成为农民喜欢的公共文化活动。调研发现，篮球、拔河等运动是农民群众喜欢的健身活动，随着农村公共文化设施的进一步完善，许多乡村建成篮球场，篮球场也成为青年农民锻炼身体和社交的场所（见图6-2）。

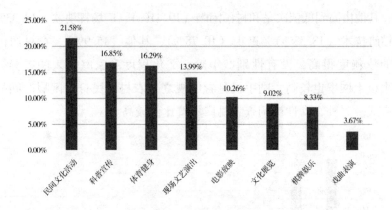

图 6-2 农村居民参与公共文化活动情况

文化参与时间反映了农村居民公共文化活动参与的深度，本书以一周为 1 个调查单元，考察农村居民每周参与时间和单次参与时间。调查结果显示，从周参与时间来看，农村居民每周参加 3 小时以下为 59.30%，3~7 小时为 20.50%，7~12 小时为 11.70%，12~17 小时为 6.07%，17 小时及以上为 2.43%（见图 6-3）；从单次参与文化活动的时间看，农村居民以短时段参与为主，1 小时以下为 40.10%，1~3 小时为 47.70%，3~5 小时为 10.40%，5~8 小时为 1.50%，8 小时及以上为 0.30%（见图 6-4）。实地调研发现，公共文化服务下乡与农忙存在时间错配。在北方，从开春到入冬前是各类文化活动下乡最集中的时间段，大多青壮年劳动力外出务工不在村，留守乡村务农的劳动力忙于生产无暇参与；每年年底逢农闲、外出务工人员返乡有了充裕的闲暇时间，一些文化下乡活动任务结束。供需时间错配影响了农村居民对文化活动的深度参与，访谈中发现一些农民群众对公共文化活动有期待、有兴趣、有热情，即使在农忙季节逢文化下乡也会抽空"凑个热闹"。

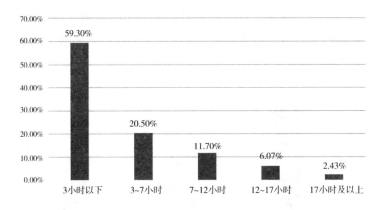

图6-3　农村居民每周参加公共文化活动的时间

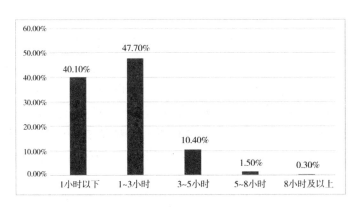

图6-4　农村居民单次参加公共文化活动的时间

　　参与公共文化活动的态度。13.91%的被调查者对参加公共文化活动能够提高获得感表示非常认同，22.32%的人表示比较认同，20.13%的人表示认同，25.49%的人表示基本认同，18.15%的人表示不认同。在对参与公共文化活动目的的认识上，40.67%的人参与公共文化活动的目的是提高生活质量，34.13%的人以休闲娱乐为目的，25.20%的人以增长知识为目的，说明农民对参与公共文化活动有着较高的期待，不仅希望通过公共文化生活放松精神、打发闲暇时间，还要满足高层次的精神需求（见图6-5）。"十二五""十三五"期间，以实现公共文化服务广覆盖为主要目标的农村公共文化服务基础建设取得了显著成效，农村公共文化服务体系基本建成，公共文化服务资源进一步向农村倾斜，对提升农村基层公共文服务水平发挥了重要作用，农民群众对公共文化服务的获得感显著提高。面对新发展阶段农民群众新的精神文化需求，要持续提高服务效能，满足农村居民的新期待。

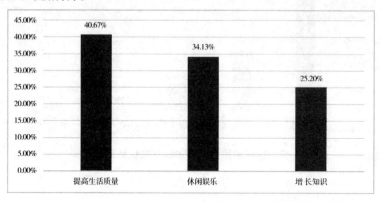

图6-5　农村居民参与公共文化活动的目的

影响参加文化活动的因素中，个人兴趣占60.92%，活动吸引力占41.78%，时间精力占48.52%，能否解决实际问题占37.47%，其中个人兴趣是最主要的影响因素。调查还发现距离是影响农村居民参加活动的重要因素，现场座谈中发现，农村居民参加活动可接受的通勤时间为30分钟以内。

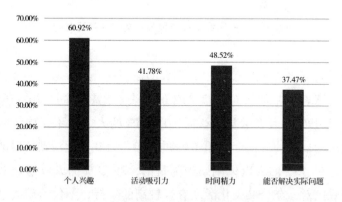

图6-6　农村居民参加文化活动的影响因素

（三）农村居民对公共文化基础设施的利用情况

农村居民经常使用的文化设施中，村文化活动中心、文化广场、健身器材使用率相对较高，分别为 23.65%、22.07%、20.00%，农家书屋使用率为 16.23%，文化大院和电子阅览室使用率较低，分别为 9.30% 和 8.75%。受网络媒体、抖音短视频等文化载体的冲击，线下的文化生活整体参与度有所下降，加之乡镇综合文化站组织的文化活动往往是一些广场舞、送戏下乡等传统活动，创新性不足，参与范围有限且参与对象年龄偏大，对于青年人的吸引力不高，文化传播和理论宣传的作用有所弱化。电子阅览室是农村公共文化服务数字化、智能化的重要载体，调查数据显示，农民对村级电子阅览室知晓率较低，这是影响使用率的主要因素之一。同时，不懂电脑、不会操作是村民不去电子阅览室的重要原因。说明当前农村文化层次较高的青壮年劳动力外出务工，留守乡村务农的村民懂得并会使用电脑的占比不高。

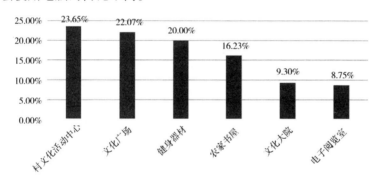

图6-7 农村居民文化设施使用情况

农家书屋是农村公共文化服务的主阵地，其功能发挥是农村公共文化服务体系效能的直接体现。作为普及率较高的公共文化基础设施，调查数据显示，经常去农家书屋的农民占 33.35%，偶尔去的占 40.83%，没去过的占 25.82%，说明虽然农家书屋满足了部分农民群众的阅读和文化需求，但由于实用性不强、藏书量有限、图书借阅量不高，农家书屋的功能发挥有待提高。

实地调研发现，农村基层文体设施的功能重复、实用性不强，且过于注重对外宣传与外在的美观性。农村文化设施重建设轻管理、重一次性投入轻后续补给的现象严重。文化器材、设备等资源下到乡村后，部分社区干部把公共文化资源"收藏"不让居民使用，担心居民损坏、遗失公共文化设施，从而无法应对上级政府的检查，造成公共文化基础设施利用率低。

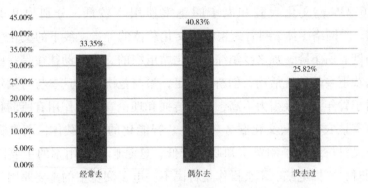

图 6-8 受访农村居民农家书屋的使用情况

（四）新时代农村居民公共文化服务需求特征分析

1. 农村公共文化服务整体需求旺盛

调查发现，农民对公共文化需求日益增多，主要表现为对公共文化活动和公共文化服务基础设施的需求旺盛。在回答"你最希望政府提供的文化下乡服务活动有哪些"，67.12%被调查农民希望提供文艺演出服务，56.06%被调查农民希望提供农业技术服务，43.40%被调查农民希望提供医疗卫生服务，其他依次是电影放映24.80%，法律咨询服务24.52%，体育比赛23.72%，送戏下乡19.14%，赠送书籍12.94%。文化基础设施是农民进行公共文化活动的重要场所和载体，是高质量农村公共文化活动的基础和前提。调查显示，农民对文化基础设施需求旺盛，在回答"你希望政府提供的文化基础设施有哪些"，56.7%的被调查者希望有文化广场，53.45%被调查者希望有电影院，43.05%被调查者希望有体育场，42.12%被调查者希望有文化活动站，其他需求均超过30%。

2. 农村公共文化服务需求呈现多样化趋势

在工业化、城镇化快速推进的背景下，大量农村剩余劳动力转移到第二、三产业和城镇，农村人口中农业劳动力数量不断减少，非农就业比重不断增加，文化程度较高的新型农民所占比重越来越高。人口结构的多元化使农村公共文化服务需求呈现多样化趋势，同时残疾人、未成年人、老年人、务工人员等特殊人群文化需求也越来越成为农村公共文化服务亟待解决的现实问题。从公共文化服务内容需求来看，不同年龄层次的人文化需求存在差异。老年农民追求"老有所学、老有所乐",对文艺演出服务、电影放映、送戏下乡等需求旺盛;中年农民"上有老、下有小"家庭负担重,对卫生科技下乡、就业辅导、法律咨询等生产技能、健康服务、法律服务的需求很高;青年农民文化水平较高,作为移动互联网的原住民,他们更偏好网络媒体、抖音短视频,内容需求个性化、品质化。从公共文化基础设施的需求来看,农民对农家书屋、综合文化活动中心、体育场、文化广场、老年活动中心、技能培训中心、文化大院、电子阅览室等文化基础设施都有需求,呈现出分众化的特点。

3. 农村公共文化服务需求出现高级化趋势

随着农村经济发展和农民收入提高,农民对公共文化需求不再限于政府免费提供的公益性、普及性的公共文化服务,不但要求形式活泼新颖,更要求内容浸润人心、提升精神境界,在实地调研中我们发现,大多数农民愿意花钱购买自己喜欢的文化产品,也愿意为有质量的商业文艺演出买单,呈现出了文化需求个性化、高级化的趋势。

四、宁夏农村公共文化服务满意度实证分析

"质量"是产品或服务满足规定要求的特征和特性的总和。满意度是顾客购买产品前的预期与使用产品后认知比较的结果,当购买产品的预期质量与使用后对产品质量感知一致其至使用后对产品质量感知高于购买产品预期质量,人们就会产生较高的满意度。为此,公共文化服务的可获得性和公众需求满足程度是服务效能的重要依据。本书采用以公众为中心的服务效能评价模式,以农民对农村公共文化服务的满意度作为农村公共文化服务能效的评价指标,在对农村公共文化服务参与度的描述性分析的基础上,量化剖析其对农村公共文化服务满意度的影响,探索农村公共文化治理效能提升路径。

(一) 变量和描述性统计

1. 被解释变量为公共文化服务总体满意度(一级指标)和公共文化设施满意度、公共文化活动满意度、公共文化服务质量满意度3个二级指标。其中,公共文化设施满意度用资金投入、设施使用、设施开放、设施管理4项三级指标来衡量,公共文化活动满意度用对需求满足、群众参与率、活动内容、活动组织4项三级指标衡量,公共文化服务质量满意度用服务

意识、工作效率、人才素质 3 项三级指标衡量，指标测量采用李克特 5 级量表，二级指标为三级指标满意度均值，公共文化服务总体满意度为二级指标满意度均值。具体赋值见表 6-3。

根据以上设计建立公共文化服务要素对公共文化服务满意度影响的线性回归模型，其表达式为

$$Y_n = a + b \sum X_n + c \sum Z_n + T_n$$

其中，n 为样本被解释变量，分别为公共文化服务总体满意度、公共文化设施满意度、公共文化活动满意度、公共文化服务质量满意度。a、b、c 代表一系列待估参数，其中 a 为常数项，b、c 分别表示各个解释变量对 Y 的影响程度及方向。X 为解释变量，是公共文化服务要素；Z 为控制变量；T_n 为随机扰动项。

2. 核心解释变量为农民公共文化服务参与度。本书所讨论的农村公共文化服务参与度是指农民参与的广度与深度，将公共文化服务参与度分为到场情况（广度）、参与行为（深度）和社区参与（深度）3 项指标。

公众到场是参与的第一步，是衡量公众参与广度的核心指标，公众公共文化服务参与越多、范围越广，公共文化服务的实际受益面越大，公共文化服务效能越得到充分体现。本书设计了参与认同、政策认同、便利认同、内容认同 4 项指标来衡量到场情况，其中参与认同（"您是否认同农村公共文化服务会带来收获"）和政策认同（"您对农村公共文化服务政策是否认同"）反映了农民对公共文化活动的预期，便利认同（"您对农村公共文化服务便利性是否认同"）和内容认同（"您对农村公共文化服务内容是否认同"）反映了农民对公共文化服务的实际感受。

公众参与程度越深，公众从中获取的信息知识和体验感受就越丰富，越有可能提升公共文化服务的满意度。参与行为通过每周参与时间（"您每周参加公共文化活动时间"）、单次参与时间（"单次参与公共文化活动的时间"）、参与主动性（"您是否愿意自己花钱购买服装道具参与活动"）、民间特色活动（"村庄组织特色民间活动次数"）4 项指标测量。

农村社区是文化组织单元。社区参与是通过调动社区资源和利益主体合作来提高公共文化服务能效的新模式，其本质是以村庄为本位进行农村社区内生型文化建设。社区参与通过专人管理（"您生活的社区是否有财政补贴的文化管理员"）、文化队伍数量（"您生活的社区农民文艺团队的

数量"）、活动组织（"您生活的社区是否有文化能人"）3 项指标测量。

其他控制变量为性别、年龄、学历、家庭年收入，主要解释变量和模型变量描述性分析见表 6-3 和表 6-4。

表 6-3 模型变量说明

模型变量		赋值说明
被解释变量	公共文化服务总体满意度	1＝非常不满意； 2＝不满意； 3＝基本满意； 4＝满意； 5＝非常满意
	公共文化设施满意度	
	公共文化活动满意度	
	公共文化服务质量满意度	
解释变量	到场情况（广度）参与认同	1＝不认同；2＝基本认同；3＝认同；4＝比较认同；5＝非常认同
	政策认同	1＝不认同；2＝基本认同；3＝认同；4＝比较认同；5＝非常认同
	便利认同	1＝不认同；2＝基本认同；3＝认同；4＝比较认同；5＝非常认同
	内容认同	1＝不认同；2＝基本认同；3＝认同；4＝比较认同；5＝非常认同
	参与行为（深度）周参与时间	1＝3 小时以下；2＝3~7 小时；3＝7~12 小时；4＝12~17 小时；5＝17 小时及以上
	单次参与时间	1＝1 小时以下；2＝1~3 小时；3＝3~5 小时；4＝5~8 小时；5＝8 小时及以上
	参与主动性	1＝否；2＝是
	民间特色活动	1＝没有；2＝每年 1~2 次；3＝每年 3~5 次；4＝每年 6~7 次；5＝8 次及以上
	社区参与（深度）专人管理	1＝否；2＝是
	文化队伍数量	1＝没有；2＝1~2 个；3＝3 个及以上
	活动组织	1＝没有；2＝1~2 个；3＝3 个及以上
控制变量	性别	1＝女；2＝男
	年龄	1＝30 岁以下；2＝30~40 岁；3＝40~50 岁；4＝50~60 岁；5＝60 岁及以上
	学历	1＝小学及以下；2＝初中；3＝高中；4＝专科；5＝本科及以上
	家庭年收入	1＝4 万以下；2＝4 万~7 万；3＝7 万~10 万；4＝10 万及以上

表 6-4 模型变量描述性统计

模型变量			平均值	标准差	最小值	最大值
被解释变量		公共文化服务总体满意度	3.793	0.991	1	5
		公共文化设施满意度	3.712	1.04	1	5
		公共文化活动满意度	3.782	1.026	1	5
		公共文化服务质量满意度	3.886	1.049	1	5
解释变量	到场情况	参与认同	3.028	0.976	1	4
		政策认同	2.827	1.028	1	4
		便利认同	2.665	0.993	1	4
		内容认同	2.222	0.642	1	3
	参与行为	周参与时间	2.256	0.909	1	5
		单次参与时间	1.839	0.958	1	4
		参与主动性	1.577	0.494	1	2
		民间特色活动	2.192	0.965	1	4
	社区参与	专人管理	1.502	0.5	1	2
		文化队伍数量	1.935	0.789	1	3
		活动组织	1.921	0.801	1	3
控制变量		性别	1.385	0.487	1	2
		年龄	3.073	1.236	1	5
		学历	2.833	1.335	1	5
		家庭年收入	2.222	0.87	1	4

（二）回归结果与分析

表6-5　农村公共文化服务参与度与满意度回归结果分析

模型变量			文化设施满意度	文化活动满意度	文化服务质量满意度	总体满意度
解释变量	到场情况	参与认同	0.197**	0.195**	0.199**	0.197**
		政策认同	0.128*	0.155**	0.094	0.126*
		内容认同	0.063	0.126**	0.148**	0.112**
		便利认同	0.206**	0.134*	0.078	0.139**
	参与行为	周参与时间	0.122*	0.163**	0.190**	0.158**
		单次参与时间	0.064	0.078	0.048	0.064
		参与主动性	0.142	0.15	0.113	0.135
		民间特色活动	0.120*	0.112	0.066	0.099
	社区参与	专人管理	0.220**	0.225**	0.230**	0.225**
		文化队伍数量	0.181*	0.191**	0.291**	0.221**
		活动组织	−0.072	−0.025	−0.027	−0.041
控制变量		性别	0.208**	0.149*	0.166*	0.174*
		年龄	0.034	0.001	0.013	0.016
		学历	−0.07	−0.136**	−0.176**	−0.127**
		年收入	0.067	0.117*	0.135**	0.106*
常数			0.336	0.402	0.682*	0.473
R^2			0.379	0.434	0.433	0.457

* p<0.05；** p<0.01

表6-5为回归模型分析结果，分别表示公共文化服务要素对公共文化设施、公共文化活动、公共文化活动服务质量和公共文化服务总体满意度的影响。

1. 影响农民对公共文化设施满意度的主要因素为参与认同、政策认同、便利认同、内容认同、参与频率、民间特色活动、专人管理和文化队伍数量。到场情况相关变量中，参与认同、政策认同对文化设施满意度的影响在1%水平上正向影响，说明通过政策宣传提高农民对公共文化服务的知晓率和认同感，可以提升对公共文化基础设施的满意度；便利认同是对公共文化设施使用后的感受，也是影响农民对公共文化设施满意度的重要因素，经常性的公共文化活动和可及性的文化设施提高了农民的到场率和现场体验，可以有效提升农民满意度。在参与行为的相关变量中，村民每周参与文化活动的时间越多、民间特色文化活动越频繁，农民对公共文化设施的满意度越高。在社区参与相关变量中，专人管理和社区文化队伍数量对农民公共文化设施的满意度影响较大，说明基层文化服务中心对社区文化设施进行维护和管理，可以更好发挥文化设施的服务效能；社区文化队伍作为村庄内生的文化建设主体，充分利用篮球场、文化活动中心、文化广场等文化设施举办本土化、经常性的文化活动，提高了文化设施的使用率和农民的获得感，改善了文化设施闲置状态。

2. 影响农民对公共文化活动满意度的主要因素为参与认同、政策认同、便利认同、内容认同、周参与时间、专人管理和文化队伍数量。在到场情况相关变量中，参与认同、政策认同、便利认同、内容认同对公共文化活动满意度的影响在1%水平上正向影响，说明：一方面通过加大公共文化服务政策的宣传力度，提高农民对党的文化惠民政策的知晓度和对参与文化活动重要性的认识，可以激发群众参与文化活动的热情；另一方面通过降低农民参与文化活动的交通成本，让农民在家门口就可以享受高质量的文化产品和惠民文化活动，可以提高农民对公共文化活动的满意度。在参与行为和社区参与的相关变量中，每周参与时间、专人管理和文化队伍数量对公共文化活动满意度影响在1%水平上正向影响，说明通过整合文化资源，以体制机制创新实施文化惠民工程、广泛开展群众性文化活动，可以提高农民群众的文化获得感和幸福感。同时，提升乡、村两级组织在农村公共文化服务中的主动性，规范管理和主动介入，释放农民文艺团队在组织文化活动中的活力，能吸引更多农民参与公共文化活动，提高农民对公共文化活动的满意度。

3. 影响农民对公共文化服务质量满意度的主要因素为参与认同、内容认同、周参与时间、专人管理和文化队伍数量。在到场情况相关变量中，参与认同、内容认同对公共文化服务质量满意度影响在1%水平上正向影响，说明服务期待和服务内容是影响农民对公共文化服务质量满意度的重要因素，应该为农民营造更好的体验环境，吸引越来越多的农民参与公共文化活动，政策认同和便利认同的作用不再显著。在社区参与的相关变量中，专人管理和文化队伍数量是影响农民对公共文化服务质量满意度的主要因素，农村社区是农民生活聚集地和基层公共文化组织单元，公共文化服务进社区将优质的"文化大餐"送到农民的家门口，能更好地满足农民群众的文化需要，有效提升农民群众对公共文化服务质量的满意度。

4. 影响农民对公共文化服务总体满意度的主要因素为参与认同、政策认同、便利认同、内容认同、周参与时间、专人管理和文化队伍数量。在到场情况相关变量中，参与认同、政策认同反映了农民对公共文化服务的期待，便利认同、内容认同反映了参与后的感受，数据显示农民到场的所有因素对农村公共文化服务总体满意度影响都在1%水平上正向影响，说明制度、政策、社会环境、资源分配等外部保障条件为农村公共文化服务提供了财力、物力和人力支持，通过免费开放、提供高质量公益性产品和服务能够提升农民对公共文化服务总体满意度。周参与时间、专人管理和文化队伍数量反映了参与深度，说明要在扩大农村公共文化服务覆盖面的基础上，丰富服务内容、提升服务质量，满足农民多样化的文化需求、空间需求和社会需求。

5. 控制变量中性别与所有被解释变量呈显著正相关，说明由于性别间思维方式、行为习惯、思想观念等方面的差异，他们对公共文化设施、公共文化活动、公共文化服务质量、公共文化服务总体满意度评价存在差异。学历与公共文化活动、公共文化服务质量总体满意度呈显著负相关，说明随着学历的提高和知识的增长，村民对公共文化服务的内容、质量和形式的要求越来越高，在对农村公共文化服务进行考量时，更倾向于从个人权利、兴趣和需求等多角度进行综合评价，更注重个人的可获得性和幸福体验，"高标准"的需求和当前农村公共文化服务格式化的供给出现错位，难以满足这部分人的文化需求。收入与公共文化活动、公共文化服务质量总体满意度呈显著正相关，说明随着收入的提高，人们的文化需求越来越旺盛，在节日和空闲时间更愿意与文化相伴，参加各种公共文化服务活动的频率增加，对文化设施和文化活动的体验更丰富更正向。

五、结论与政策建议

（一）研究结论

基于对 26 个行政村 1443 名农村居民公共文化服务满意度的量化分析，

我们可以看到，农村公共文化服务总体满意度、公共文化设施满意度、公共文化活动满意度、公共文化服务质量满意度的平均值分别为3.793、3.712、3.782、3.886，整体评价趋向满意。其中对公共文化服务质量的满意度最高。结论如下：

1. 树立以农民需求为导向的农村公共文化服务理念

目前县、乡、村三级文化服务网络体系基本形成，但基层公共文化阵地服务功能发挥不明显，部分基层文化设施包括农家书屋、村文化室、社区文化活动中心等建成后，因管理问题未能得到充分利用，在一定程度上造成资源的浪费。供需时空错位也非常突出，青铜峡市×镇×村村主任说："去年（2020年）7月农忙的时候文化下乡来演节目，农民忙得顾不上，到家里喊人也不来，没有办法了，就把村里的干部喊来站在院子里看。"宁夏话剧团某退休干部说，每年话剧院、秦腔剧团"三下乡"任务须在12月底之前完成，为落实任务需要把演出时间向前压，经常和农忙时间冲突，等农闲时外出打工的人回来，活动也结束了。"自上而下"公共文化服务体制带来了供需分离，城市化、精英化、标准化文化产品与乡土性、通俗性、地域性的文化需求，难以形成共鸣。因此，应树立以农民文化需求为导向的供给理念，回应农民多元化的文化需求。

2. 提高公共文化服务与农民日常生活的匹配度

公共文化服务具有基本性、普惠性、均等性、便利性的基本特征和意识形态前置的本质属性，融入群众日常生活的不足会导致各类意识形态的引导力降低。调查数据显示，群众性文化活动和可及性公共文化基础设施对农民满意度影响最大，这是因为，日常性文化活动对场地、设备要求不高，时间上的灵活性较高，农民参与的时间成本和经济成本低。为此，农村公共文化服务要深度融入农民的日常生活，筑牢弘扬社会主义核心价值观的群众基础，通过体制机制创新不断拓展培育和践行社会主义核心价值观的生活化路径，通过常态化、多样化的服务形式和生活化"接地气"的教育内容增强培育和践行社会主义核心价值观的生动性与感染力。

3. 提升农村基层公共文化服务效能

县城是连接城市、服务乡村的天然载体，也是构建新型城乡关系、促进城乡文化融合的关键。近年来县图书馆、文化馆、博物馆与乡镇综合文化站、村文化服务中心建设投入大量人力财力，已经基本建立县乡村三级服务网络，但"最后一公里"的现实难题并没有得到根本解决。乡镇综合文化站、村文化服务中心是基层公共文化服务的组织载体，农民渴望通过基层文化服务中心满足自身文化需求，但实践中，基层文化服务中心提供的服务对民众缺乏足够的吸引力，且难以满足多元化的民众需求，导致农民认可度和参与度不高，降低了基层公共文化服务效能。从能力层面看，在硬件设施达标的前提下，基层文化服务中心自身管理和服务能力方面的"短板"依然是制约基层公共文化服务效能提升的决定性因素，同时，社会力量嵌入不足也是制约基层公共文化服务效能的因素之一。要创新县乡两级公共文化服务供给机制，重点加强乡、村两级组织在乡村文化建设中的主动性，实现县乡村三级联动，推进城镇文化基础设施和公共文化服务向乡村覆盖。

（二）政策建议

1. 畅通农民文化诉求的表达机制

当前供需错位是影响农村公共文化服务满意度最主要的因素，应建立农民文化诉求表达通道，依托政府管理部门、政策研究室、高校研究机构，通过访谈、问卷调查、需求反馈会、网络信息平台等形式征集意见，及时把握农民需求的重大关切，为公共文化政策供给提供数据支撑。同时对农村公共文化服务政策及能效进行跟踪研究，评估政策执行效果，为政策调整提供支撑。

2. 加大对农村文化自组织政策支持力度，培育农村文化内生发展动力

村民文化队伍是农村文化供给的重要载体，也是村民重要的文化参与平台，应鼓励农村文艺骨干和积极分子将农民组织起来开展自我文化服务供给，实现农村公共文化服务常态化和生活化供给。

第三节　农村公共文化服务的主要问题分析

精神生活是人类特有的存在方式和生活方式，是人作为社会性生命体的根本标志，与物质富足相比，精神富有更能体现人的本质特征和社会的文明进步。农村公共文化服务高质量发展是丰富人民精神世界的基础性路径，体现了国家治理现代化进程中培育现代农村的公共性、提高农民精神

素质、促进农村社会整体发展的建设逻辑。然而，农村公共文化服务也面临诸如供需适配性不高、主体缺乏协同合作、基础设施投入效能较低、数字技术赋能水平有待提升、农民需求表达机制不健全等问题。

一、农村公共文化服务供需适配性有待提升

　　农村公共文化服务是国家意志和国家治理在农村场域的具体体现。为确保农民共享改革发展的文化成果，国家通过构建农村公共文化服务体系，以普惠式发展逻辑推动文化基础设施、文化活动载体和文化资源"下乡"，改善农村文化民生和保障农民基本文化权益。各级政府和文化主管部门作为公共文化服务实施主体承担着向广大乡村提供文化产品和服务的责任。随着农民群众文化诉求的多样化和个性化，传统公共文化服务格式化的供给模式带来了供给侧和需求侧在服务数量、质量和结构上的失衡，影响了农民群众的文化获得感、幸福感。一方面，公共文化服务单一化供给与农民多元化需求不匹配。随着经济社会快速发展、文化基础设施完善，各种内生性和外生性因素使农民公共文化需求向多样化方向发展，从传统"有没有"走向公共文化需求精准化和专业化。只有那些能够提高农民文化素质、促进农业发展和农民增收、增进农民身心健康的公共文化服务，才能提高农民文化获得感和幸福感。调查数据显示，日常性群众公共文化活动因为形式灵活多样、参与成本低深受农民欢迎；公益性的农业技术培训、法律咨询、医疗保健等服务关乎农民切身利益，能够帮助农民解决生产生活中的实际问题，参与度和满意度都很高。随着乡村社会老龄人口的增加，在设施设备、供给内容、供给标准、供给方式等方面提前部署，构建老年友好型公共文化服务体系成了当务之急。另一方面，公共文化服务格式化的供给与农民主体化需求不匹配。城乡之间在经济条件、基础设施和人口结构上存在差异，农民群体受教育程度不高，文化需求往往具有乡土性、地域性和通俗化的特征，不同年龄层次的农民文化需求也不尽相同。标准化、城市化、精英化的文化供给很难考虑到农民文化需求特点。露天电影、送戏下乡等文化惠民服务，难以适应新时代文化传播媒介变化和文化消费结构改变，无法激发农民情感共鸣；文化信息共享工程和农家书屋等基础设施，没有考虑到农民群众知识水平不高、参与能力弱，造成供需脱节。同时，格式化的供给使公共文化产品针对性不强，与当地经济社会发展关联性不足。近年来关注公共文化建设的农民群众不断增多，农民的文化需求旺盛，但公共文化服务的存在感和影响力依然不高，农民群众主动参与文化活动的积极性有待激发。

二、农村公共文化服务主体缺乏协同合作

改革开放 40 多年来，我国农村公共文化服务运行管理体制逐渐从单一主体结构转向多元主体参与的开放型管理。2005 年，《关于进一步加强农村文化建设的意见》印发，强调创新农村文化建设的体制和机制，加快公益性文化事业单位改革，动员社会力量支持农村文化建设，建立与市场经济相适应的运行机制，农村公共文化服务的建设主体向多元化方向发展。然而长期以来受计划经济的影响，多元主体协调共治的现代文化治理机制和体制尚未健全，存在治理力量失衡的困境。一是体系行政化。农村公共文化服务是由中央政府和各级地方政府自上而下推动的，中央政府制定战略规划和宏观政策，各级地方政府负责具体实施。建设任务从上到下层层分解，基层文化管理部门在上级管理部门的强力制约和考核激励下完成指标，甚至升级达标任务的动力更足，并未把提升农民群众满意度作为主要工作目标。同时在行政逻辑牵引下，对农村基层公共文化服务的考核大多注重硬件设施的量化指标，致使一些基层在乡村公共文化服务体系建设中盲目追求覆盖率和"亮点工程""面子工程""政绩工程"，并没有将满足农民文化需求作为主要工作职能，一些乡村文化工程甚至因为严重浪费而被农民诟病。二是部门职能交叉重叠。我国农村公共文化服务体系建设由各部门通过各种文化工程和文化项目分头推进，"部门主义"工作导向使部门职能交叉重叠、责任边界不清，出现了职能越位、错位、缺位等问题，导致信息、资源无法实现部门间的横向流动和融通，公共文化基础设施重复性建设严重。三是社会力量参与公共文化服务积极性不高。民间文化组织、文化企业等社会力量是公共文化治理的重要组成部分，也是文化产品和服务的主要提供者。单一主体治理模式使社会力量参与的深度、广度、效度均不足，政府与社会之间的协同受到制约，导致社会力量参与文化治理的空间非常有限。此外，农民作为主体参与文化治理内生动力不足、需求表达的话语权微弱等问题依然存在。

三、农村公共文化服务效能有待提升

高效充足的公共文化基础设施投入是满足农民群众精神文化需要的物质基础。"十三五"时期农村公共文化基础设施建设成果显著，覆盖城乡的公共文化服务设施网络已基本建成，农村公共文化服务已进入高质量发展的新阶段。长期以来我国农村公共文化服务采用投资驱动模式，调查数据显示，农村公共文化服务出现基层公共文化基础设施群众使用率不高，公共文化机构群众参与率低，基层文化站、文化服务中心"机构空转"等现象。《文化蓝皮书：中国公共文化服务发展指数报告（2019）》对我国"十二五""十三五"时期城乡公共文化服务效能进行了整体评价和综合分析，采用投入—产出比的方法，对公共文化服务人力、财力、物力等投入指标和文化参与、广播电视服务、体育服务、优秀作品、群众满意度等产出指标的综合水平进行测算，得出城乡公共文化服务效能得分。结果显示，"十三五"时期我国城乡公共文化服务效能水平整体不高，公共文化服务产出水平相对投入水平来说较低，有一些省份公共文化服务产出水平低于投入水平。[①] 传统公共文化服务的发展思路是通过增加公共投入拉动公共文化机构的服务效能，而在实践中，各级政府财政投入的增加并未带来服务效能的持续提升。这说明进入高质量发展阶段，我国公共文化服务领域的主要矛盾已经转化为人民日益增长的文化需求与公共文化服务体系发展不平衡不充分之间的矛盾，投资拉动型建设模式已不适应新阶段、新特点、新需要，要重新确立农村公共文化服务发展的新方向，从重视均等布局转向重视均衡发展，实现由投资拉动型到管理创新型的动能转换。一是要补短板，重点增加农村基层公共文化产品供给，扩大农村公共文化资源总量。要根据农民群众精神文化需求的新特点，不断更新文化产品内容和文化活动形式，提高农村公共文化服务的针对性和实效性。二是要补弱项，扩大对老年人、未成年人、残疾人、外来务工人员等重点人群的有效服务，切实保障各类人群的基本文化权益，实现农村公共文化服务"一个都不能少"。

---

① 傅才武，彭雷霆．文化蓝皮书：中国公共文化服务发展指数报告（2019）［M］．北京：社会科学文献出版社，2019：112-134.

四、数字技术赋能水平较低

随着数字化时代的来临和政府数字化转型的加快，我国公共文化服务向数字化和智能化迈进。《关于推动公共文化服务高质量发展的意见》将加快推进公共文化数字化作为重要任务之一，提出发展数字化大众化沉浸式体验空间，推广群众文化活动网络直播，培育线上公共文化服务品牌等新思路。数字技术嵌入农村公共文化事业建设，有助于政府动态地精准识别需求信息，实现公共文化产品供给与个性化需要的无缝衔接，从而促进公共文化服务以供引需、供需互进的良性循环，提高公共文化服务的可及性与文化产品内容的契合性。[①] 然而，公共文化服务数字化建设是涉及公共文化基础设施、文化产品和文化活动数字化应用的综合性工程。当前我国农村公共文化服务数字化面临数字资源建设水平低、网络化平台建设不足和智能化服务应用能力弱等问题。一是数字资源供给不足。数据是推动公共文化服务数字化的核心要素，当前农村公共文化数字资源供给主体较为单一，政府"办文化"特征明显，社会力量参与供给不足制约了数字文化资源供给，同时，同质化数字资源供给难以满足农民群众差异化需求，造成网络优秀文化产品传播率和农民参与率不高。二是农村公共文化服务平台建设水平低、覆盖范围有限。由于不同部门信息系统和数据库建设各自为政，跨系统数字资源共建共享机制不完善，数字资源分散在各机构平台，农民获取公共文化数字资源较为困难。三是数据管理和应用能力不足，基层公共文化服务数字化运营人才匮乏，对数字技术和数字消费信息掌握不够，导致数据平台闲置，难以发挥数字技术在农村公共文化服务中的重要作用。

五、农村公共文化服务需求表达机制不健全

随着经济社会发展水平的稳步提高，农民对高水准、高品质的文化生活需求日趋显现，同质化文化产品已经不能满足农民对美好生活的需要。以读书、看报、看电影为主要内容的公共文化服务"老三样"的供给与个

[①] 许丹.中国农村公共文化服务高质量发展：基本内涵、问题清单与行动框架［J］.社会科学研究，2021（5）：115-123.

性化、多样性的文化需求之间的结构性矛盾更加突出。实地调研显示,当前农民的文化娱乐方式单调,公共文化设施使用率不高,公共文化活动弱参与,说明农民公共文化需求实现程度不高,这些问题与当前农民需求表达机制的不健全、不完善有着直接关系。一是农民公共文化需求表达能力不足。乡村经济社会发展较慢,农民受教育程度较低,权利意识较弱,对文化真实需求认识不到位或表达不清,容易产生从众心理,导致公共文化需求表达失真。同时,乡村精英流失和自组织发育滞后,使农民缺乏通过组织化方式表达公共文化需求的途径。二是农村公共文化服务需求表达渠道单一。农村基层组织是农民公共文化需求表达的主要渠道,在科层化的行政管理模式下,完成各类"硬任务"成为乡、村两级组织的工作重心,乡村文化作为"软任务"没有得到充分重视。由于要执行大量行政任务,基层组织无暇主动进行文化管理和文化建设,与农民接触越来越少,不了解基层群众的文化需求,没有发挥好农民公共文化服务需求表达的桥梁作用。同时,当前农村网络基础设施建设仍处于起步阶段,农民使用网络技术的能力有限,通过网络反映农民文化需求的渠道并不畅通。三是评价反馈质量不高。评价反馈是农村公共文化服务质量监测的重要方式,由于当前需求表达渠道不畅和农民表达能力不足,农村公共文化项目实施效果的跟踪评价和定期公众满意度测评无法顺利开展,从而使服务质量水平缺乏动态监测。

第四节　县域农村公共文化服务机制创新的宁夏实践

近年来构建政府主导、多方参与的协同治理机制成为各级政府提高农村公共文化服务效能的重要举措,不仅增加了农村公共文化服务的有效供给,还促进了文化事业的蓬勃发展。农村公共文化服务多元主体协同治理就是引入社会组织、文化企业和非营利机构等非政府主体,围绕提升农村公共文化服务效能、保护乡村文化遗产、提高农村居民文化获得感的总体目标,搭建全社会广泛参与、共同治理的公共文化治理结构,形成共建共治共享的合作局面。协同治理的主要特征:一是主体多元化,政府不再是唯一主体,非政府社会组织、企业、农民个体共同承担公共文化服务的生产和供给；二是协同性，在政府发挥主要治理职能的前提下，与其他主体合作建立政府与社会组织、企业之间的协商对话机制；三是动态性，即治理主体根据社会需求的变化，积极调整服务内容和方式，提供个性化、差异化的服务；四是有序性，即在治理体系中掌握的资源和承担责任的能力不同，各主体在治理体系中的地位不同、功能不同。

主体多元化和多元主体合作供给是公共文化服务协同治理的核心，能有效降低多元主体合作的不确定性和交易成本，为建立政府主导下开放多元的供给主体、构建开放包容的合作机制提供了行动框架。政府作为协同治理的主导者，要充分利用政策引导、政策激励、政策保障的协同机制，创新农村公共文化服务的内容和形式，增强全社会动员的治理效能。为此，本书基于协同治理理论的基本内涵和特征建立"机制创新—集体行动"的分析框架，以宁夏县域农村公共文化服务机制创新为样本，探索农村公共文化服务高质量发展的新路径。

一、基于政府主导多元主体共建共治共享的盐池策略

盐池县地处宁夏东部，位于陕、甘、宁、内蒙古四省区七县（市、区、旗）交界处，属于鄂尔多斯台地向黄土高原过渡地带，总面积为8522.2平方千米。历史上盐池地处中原农耕文化和北方游牧文化的交界处，自古就是西北商贾云集之地，多民族之间频繁交往、多元文化融合共生，以及独特的地理位置和悠久的历史孕育了盐池深厚的文化底蕴。作为北方边塞要地，自战国起各朝各代在这里修筑长城，今天盐池被称为"露天长城博物馆"，秦汉时期的长城墩堠、隋长城遗迹尚存。盐池也是古代西北地区产盐重镇，西汉昫衍县城遗址张家场证明，盐池曾是秦汉时期各民族交往交融的中心城市。1936年中国工农红军解放盐池，盐池作为陕甘宁边区的一部分，红色遗迹随处可见，红色文化熠熠生辉。如今这里沙地变绿洲，森林覆盖率达22.1%，"绿色发展、生态盐池"已经成为宁夏一张亮丽的名片。盐池农村民间文化一直繁盛，陕北的秧歌、西北的"花儿"和皮影、麻黄山道情、盐池说唱展现了地域淳朴的乡风、乡情。党的十八大以来，盐池把农村公共文化服务体系建设作为工作重点，创新县域公共文化服务运行机制，形成了乡村振兴与农村公共文化服务体系建设互促共进的良好局面。

（一）多主体合作打造基层公共文化服务共建共治共享新格局

1. 建阵地

2015 年创建国家公共文化服务体系示范区以来，盐池县抓住政策窗口，每年足额拨付县级三馆、乡镇综合文化站建设经费，近年来，政府购买公共文化服务资金每年超过 1000 余万元，仅 2017 年村综合文化服务中心建设资金和政府购买公共文化服务资金即达 4000 余万元，率先在宁夏实现乡镇综合文化站、行政村综合文化服务中心和农家书屋全覆盖，建成 41 个文化大院，已形成县、乡、村三级公共文化服务网。

2. 建队伍

乡土文化作为一种地方性知识，是乡村内生的、最具区域特征和集体仪式感的文化样态，来自乡村的民间艺术团体是传承乡土文化的载体，也是农民参加文化活动的重要渠道。盐池县近年来组建了 45 个民间艺术团队，培养了 600 余名文艺骨干。民间文艺团队活跃在乡村，每年演出场次达 300 余场，受益群众达 20 余万人。为了加强乡村基层文化队伍建设，盐池县文化管理部门每年举行多期乡镇文化站站长、村综合文化服务中心管理员、文艺院团负责人、文化大院负责人、非遗传承人、乡土文化能人的公共文化服务培训，年指导培训 5000 人次。如今各乡镇文化站设有带编制文化专干，村文化中心的文化管理员每月享有财政补贴，每个村都有农民文艺队伍，有的村甚至拥有多支文艺队伍，农民文艺团队活跃在田间和村庄，演绎农民的故事、展现新时代农民形象，丰富了农民文化生活。

3. 搭平台

在"十三五"初期，盐池县政府就提出并实施了"一个模式七个载体"文化惠民活动方案，经过多年的实践，取得了很好的社会效益和经济效益。"一个模式七个载体"的内涵：以特色文化惠民工程为载体，以"盐州大集·民俗嘉年华"冬春季文化旅游系列活动、"百姓大舞台·想秀你就来"文化月活动、"唱响中国梦、舞动古盐州"广场文艺演出、"真情连万家·文化惠民生"送戏下乡、"我搭台·你学艺"免费文艺培训、"激情盐池·清凉仲夏"文化旅游赶大集、乡村"村晚"等七大文化惠民品牌活动为载体，培育文化旅游、文化传媒等新业态，以公共文化服务促进乡村文化振兴和产业转型。

表6-6 盐池县"一个模式七大载体"乡村文化建设方案设计

活动品牌	目标	内容	时间
"盐州大集·民俗嘉年华"	展示县域特有的民俗文化,发挥文化旅游业在推动经济转型、产业升级中的作用,提升"滩羊之乡·多彩盐池"特色文化旅游的美誉度和影响力	1. 民俗展示类:子母鞭杆表演、民间社火队展演、舞龙舞狮、游"九曲"、观花灯、有奖猜谜、特色美食、传统民俗(皮影戏、麻黄山道情、盐池说唱)。 2. 戏曲文艺类:戏曲表演、票友大赛、街舞大赛、风筝节等活动。 3. 文化下乡类:送图书、送戏曲、送电影、送春联下乡	春节至3月
"百姓大舞台·想秀你就来"文化月	大力推进"强美富优"的现代化新盐池建设,持续推动全国文明城市和国家全域旅游示范区创建	读书日导游(讲解员)讲解大赛活动、广场舞大赛、非遗项目展示展演活动、秦腔票友大赛、民间艺术团文艺会演、农民文艺调演等	4月至10月
"唱响中国梦、舞动古盐州"广场文艺演出	借助社会力量,充分挖掘地方文化特色资源,精心编排新颖独特的文艺节目,宣传好党的惠农富农、普法守法等政策,打造广场文化活动特色品牌	以政府购买公共文化服务方式,对广场文艺演出给予支持,侧重节庆文化、廉政文化、群众文化、企业文化、校园文化、法治文化、主题性文化、历史特色文化等内容	4月至9月
"真情连万家·文化惠民生"送戏下乡	创作群众喜闻乐见的优秀文艺作品,促进戏曲文化资源向基层倾斜,推动戏曲艺术在基层传播传承	政府购买惠民性演出剧目	4月至12月
"我搭台·你学艺"免费文艺培训	充分发挥文化艺术中心群众文化培训指导作用,开设舞蹈、书法、器乐等免费培训班,丰富群众精神文化生活	公益性培训班;积极编排文艺节目,丰富学员艺术文化生活;聘请专业评委对会演节目进行评奖	4月至11月

活动品牌	目标	内容	时间
"激情盐池·清凉仲夏"文化旅游赶大集	以丰富多彩、积极健康的广场文化活动形式，充分调动民间文艺团队的积极性，为百姓提供一个自娱自乐、展现自我才艺的大舞台，引导老百姓主动开展内容丰富、主题鲜明、形式多样、健康向上的文化活动	文化旅游赶大集主题活动；特色周末文化广场活动；日常互动广场文化	4月至9月
乡村"村晚"	利用"村晚"平台展示盐池独特的乡村文化，宣传盐池游九曲、民俗花灯文化展等文旅活动	农民自编、自演舞蹈、皮影戏、麻黄山道情、盐池说唱、宁夏数花	正月

资料来源：作者根据盐池县创建国家公共文化服务体系示范区、惠民文化活动、公共文化服务体系建设、文化旅游活动方案等相关资料整理。

方案设计总体目标：推进城乡公共文化服务一体化建设，优化城乡文化资源配置，增加农村公共文化服务总量供给；提高乡村公共文化服务效能，满足农民精神文化需求，激活乡村文化内在价值，构建乡村文化空间；激发文化消费潜力，带动文旅融合与文化产业发展。

工作格局：县委领导政府负责，县文广局协调推进，政府各部门协作，社会组织和企业参与。

整体布局：有民俗展示、戏曲文艺、文化下乡，也有非遗展示、展演活动；有通过政府购买专业院团的文化精品，也有农民文艺团队的乡土文艺，让文化"大餐"与"家常菜"有机组合；有红色文化、历史文化、长城文化、生态文化展示，也有国家惠农富农兴农政策、盐池县情专题讲座。

基于文化惠民工程平台建立多主体空间联盟和时间续接。第一，时间布局。从春节前"盐州大集·民俗嘉年华"开局，到腊月乡村"村晚"示范展示活动收官，七大活动贯穿整年。第二，多元主体协作共治。整合社会组织、文化企业、专业艺术团体（宁夏秦腔剧团、盐州艺术团等）、民间文艺团体、公民共同参与。第三，空间布局。从城市文化广场、文化艺术中心、图书馆、博物馆向乡村文化广场渗透。

（二）基于"一个模式七大载体"平台的盐池县公共文化服务供给模式能效分析

1. 丰富了农民精神生活，夯实了乡村振兴的精神基础

政府搭建的文化惠民工程平台向乡村输送了更多更好的文艺作品，展示了新时代农村风貌和农民风采。以文化月活动中的农民文艺调演为例，每个乡镇推出一台文艺节目在县城演出，为了更好地展示乡村振兴成就和农民生活新变化，各乡镇对村农民文艺团体的节目严格选拔、精心挑选，搅动了农民参与乡村文化活动的热情，激发了农民参与乡村文化建设的积极性，提升了农民乡村生活的幸福感和获得感。

2. 建构了一主多元公共文化服务供给模式

"一个模式七大载体"乡村文化发展方案的实施，打破了公共文化服务政府自上而下的单一供给方式，形成政府、社会、市场多元主体合作供给模式，政府通过购买服务、特许经营等方式将企业、专业院团、民间文艺组织、农民个体等多方力量整合到农村公共文化服务供给体系中，以"激情盐池·清凉仲夏"文化旅游赶大集活动为例，其活动设计以激活民间文艺团队服务供给能力为目标，活动期间来自盐池县几十个民间文艺团队共同组建演出队伍，内容包括中共二十大精神宣讲、党史学习教育、普法宣传等，演出地点除了县城盐州民俗文化园等固定地点，根据群众需求可以随时深入乡村文化广场、文化礼堂满足农民文化需求，将文化送到群众身边。订单化的服务模式将"端菜"和"点菜"结合起来，群众需要什么，政府就送什么，满足了群众多样化、个性化文化需求。

3. 打造了文化公益、文化消费双引擎

"一个模式七大载体"文化惠民工程兼具政策性和可操作性，通过公共文化服务再造了乡村文化空间，培养了乡土文化人才，挖掘了优秀乡村文化资源，唤醒了农民文化记忆，走出了一条文化公益与文化消费协同发展的新路径。通过文化公益提升文化消费，以文化振兴推动乡村三产融合。如今"村村有品牌、户户有亮点"成为各乡镇实现乡村振兴的基本理念，李塬畔村、何新庄村、兴武营村、曹泥洼村入选首批宁夏特色旅游村，民俗旅游、红色旅游、生态旅游在盐池遍地开花，促进乡村文化产

业、文旅融合的内生发展。

（三）政策启示

当前我国农村公共文化服务体系基本完成，农村公共文化服务的主要矛盾已经从供给数量不足转化为供给质量不高，提高服务效能成为农村公共文化高质量发展的题中应有之义。我国公共文化服务体系中各个层级治理主体有着不同的角色分工和角色定位，县域政府是国家治理承上启下的关节点，也是推进城乡公共文化服务一体化的基础领域。盐池县构建"机制创新—集体行动"的行动框架对提升农村公共文化服务效能有以下启示：

1. 县域公共文化设施全覆盖是公共文化服务均等化的基本保障

作为文化基础设施的建设者和公共文化服务政策制定者，县域政府要优化政府财政支出，加大农村公共文化基础设施建设、丰富基层公共文化活动、提高基层文化设施运行效率。一是要建立城乡文化互动机制，坚持统筹城乡、全民共享发展理念，使公共文化服务网络面向基层、重心下移。通过城乡一体规划，建立城乡文化共建共享、协调发展的新机制。推动城市文化资源向乡村流动，提升农村公共文化产品品质，打造乡村文化品牌，实现城乡文化深度交融。二是在资金筹措方面，除了政府的财政支持，还要鼓励企业、社会组织参与农村文化基础设施建设。三是构建政府主导下乡村文化协同治理模式。通过转变政府职能搭建共建共治共享平台，积极引导文化事业单位、企业、民间文化组织参与到乡村文化建设中来，实现政府与非政府主体之间人才、资本、资源的互联互通。

2. 以公共文化服务为抓手传承、发展乡村特色文化

多主体协同治理还在于激活乡村优秀传统文化，实现县域文化建设内生发展。一是协力保护乡村文化遗产。要加强乡村文化遗产的普查和备案，对乡村文化遗产的分布和保护现状进行调查研究。同时选派文物保护专家、文化研究和创作等方面的学者，帮助规划乡村文化遗产的保护方案，打造乡村历史文化展览馆和民俗文化展示馆，通过体验式、情景式文化活动唤醒农民群众的情感记忆。二是传承乡村传统民俗文化，构建城乡传统民俗文化保护共同体。城乡联合建立非遗传习所、农村戏院、乡村大舞台，挖掘传统村落、传统技艺、传统戏剧的现代价值，培育乡村文化精品。三是依托地域内独特文化资源和地理环境，展现地域历史风貌和文化

传统，提炼农耕文化、传统村落、民风民俗所蕴含的现代价值，组织动员农民群众主动参与公共文化的生产和传播，重塑乡村文化生态。

3. 以高质量文化活动提升农民群众文化生活品质

公共文化服务是物质要素和精神要素的统一。公共文化空间建设为农民搭建思想交流和集体主义精神培育平台，从而为重现公共生活场景和体验集体生活提供了物质基础。丰富多彩的群众性公共文化活动是构建和谐人际关系、推进集体参与的重要载体，通过培育一批扎根农村基层的乡村文艺团队和文艺骨干，将"文化大餐"做成"家常菜"，带动群众参与文化活动，提升农民群众文化获得感。

二、基于内生型公共文化服务供给机制的永宁策略

农村公共文化服务作为公共服务的重要组成部分，是国家为保障农村居民基本文化权利，向农村提供的公共文化基础设施、文化产品和文化活动的总称；乡土文化是乡村社会公共空间孕育的内生型文化样态；农村公共文化服务与乡土文化是相互并存的共生关系，通过体制机制创新实现两者融合发展，是破解公共文化产品同质化、单一化难题的重要路径。

永宁县东临黄河、西靠贺兰山、北接银川市区、南接青铜峡市，县城距银川市区 25 千米，是宁夏回族自治区首府城市银川市的郊县，也是宁夏银川平原引黄灌区中部和宁夏南北交通廊道的必经之地。作为银川市大都市圈、"塞上江南"全域旅游的核心区和黄河金岸旅游带、贺兰山东麓葡萄文化旅游廊道，永宁县文化资源非常丰富，这里有习近平总书记关怀下形成的脱贫攻坚和东西部协作的红色文化，也有因黄河贯穿南北形成的黄河文化。近年来永宁县把乡、村两级作为公共文化服务机制创新的最佳"节点"，构建"乡（镇）—村—文化自组织"协同治理模式，形成了值得推广的实践经验。

（一）乡村文化共同体协同治理机制

1. 构建乡村文化治理共同体

永宁县地处河套平原中部，有着得天独厚的气候和水资源条件。作为国家级商品粮基地，永宁县农业生产能力在宁夏回族自治区居首位，农业经济的基地化、专业化、产业化发展水平较高。依托首府近郊的区位优势，永宁县吸引了大量的外来企业，村集体产业发展迅猛。随着工业园拔

地而起，外地务工人员聚集带来了商业发展的空间，村民不再从事传统种植业，凭借近郊优势就能获得就业机会，主要从事运输、餐饮、物流等商业服务工作。社会经济结构的调整带来了居住环境和生活方式的变化，除一部分年轻人在银川或县城买房定居外，大部分村民选择在自家宅基地建房或因为征地被安置在新型农民社区。在这样的居住、生活和社会关系条件下，村内走出的公务员、商人、企业家、文化能人等乡村精英与乡村保持着黏性，也有着很高的回馈乡村的热情。乡村内部产生的文化能人和文化自组织，作为非制度性主体在乡村文化治理中发挥着特殊的作用。我们在永宁县胜利乡和闽宁镇调研发现，乡镇、村组织、文化能人在为农民提供公共文化服务过程中保持着紧密合作关系，形成了"乡镇—村—文化自组织"的合作链条。

（1）主导者：乡镇是国家治理科层系统的末端，在乡村文化治理共同体的制度化供给中起着领导作用。乡镇文化站作为公益性事业单位，承担着为基层提供公共文化服务和指导基层文化工作的任务。由于乡（镇）域内的地理环境和文化传统的特殊性，上级政府下达文化项目、文化工程要与当地实际和文化资源相结合，乡镇作为政府体系的组成部分，一方面要依据国家意志和政策规定推动农村公共文化服务落地，并结合地方情况为农村公共文化服务制定具体原则和方向，另一方面肩负着保护和发扬乡土文化的重要作用。通过挖掘培训文化能人和文化队伍，组织指导农民参与公共文化生产、创造与传播。

（2）组织者：村级组织在乡村文化治理共同体中发挥着多重作用。作为农村社会的基本组织单元，村级组织也承担着公共文化服务供给的职能，是打通公共文化服务的"最后一公里"；同时，作为乡村代理人和政府联系基层群众的桥梁，村级组织负责维护村庄和村民合法权益，组织群众、凝聚群众、服务群众。

（3）主力军：乡村文化自组织作为内生性文化主体，是公共文化服务供给的重要力量。其中文化能人既是乡村文化自组织的管理者、领导者，又是农村公共文化活动组织者、参与者，起到了沟通基层政府与农民之间桥梁作用。由文化能人牵头成立的农民乐队、艺术团、文化大院根植于乡村、服务农民，在繁荣乡村文化、组织乡村文化活动、培育乡风文明中发挥着重要作用。

构建乡村文化治理共同体，是为了应对新的历史条件下农村公共文化服务的新形势、新任务。乡村文化治理共同体多层次的服务供给契合了当前推进政府职能转变、实现政府治理向社会治理转变的新趋势。创新文化治理机制，整合农村基层文化资源，使乡村文化自组织嵌入公共文化服务体系，丰富了基层文化活动，提高了文化设施运行效率，实现了供需精准对接，保证了农民群众个性化文化需求。

2. 乡土文化融入公共文化服务体系的机制创新

农村公共文化服务是国家治理在农村场域的具体体现，乡土文化作为乡村内生的文化样态，是地域性文化传统的沉淀，两者在乡村文化领域都扮演着重要角色，体制机制创新使乡土文化融入公共文化服务体系，对解决当前农村公共文化服务的结构性失衡和供需错位具有重要意义。乡、村两级作为最贴近农民、最容易集中农民文化诉求的组织载体，是农村公共文化服务与乡土文化的连接点，构建乡、村、乡村文化自组织三者之间合作机制，由乡、村两级组织推动农村公共文化服务与乡土文化融合发展，不仅有利于调动社会力量参与公共文化服务，而且有利于回应农民的文化诉求。永宁县的具体做法是通过政府购买服务的方式将民间的"草根"文艺团队纳入农村公共文化服务体系，实现乡土文化与公共文化服务的双向嵌入。

胜利乡农民文化艺术团团长王占川说："银川市的'你点单·我送戏'是文化惠民送戏下乡项目，每年从各县抽调比较优秀的农民艺术团，在银川及下属各县演出，这个节目主要是宣传银川市和永宁农村的新变化，老百姓也可以预约节目我们去演。这样，我们就可以在银川各区县演出。我们县也一样，每年组织我们参加'文化惠民·四送六进'项目，给予资金扶持，一场3000元，这样，我们这些团队就承接市里的和县里的演出。还有乡镇，在党的十九大、二十大以后，要求我们专门编排节目宣传会议精神，就这样，我们就参与到乡镇组织的文化宣传当中。"

政府购买公共文化服务是政府通过市场运作提供公共文化产品和服务的方式。当前永宁县购买公共文化服务有两种方式。一是直接购买，即通过招标采购、委托运营等方式与乡村文化自组织签订合同。乡村文化自组织首先要到县文化馆依法登记，审查合格、资质评估后才能参加竞标并承担文艺演出任务。我们在实地调研中了解到，当前市、县两级文化管理部门"你点单·我送戏""文化惠民·四送六进"等文化惠民项目多采用直接购买的方式，农民艺术团中标后可在银川市和永宁县全域农村社区进行文艺表演。二是间接购买，即通过资源倾斜、资金补贴和培训指导的方式扶持农民艺术团。目前乡镇、村两级组织多采用间接购买方式，如永宁县胜利乡将任务外包给乡村文化自组织，缓解了农村文化人才短缺的问题，同时将任务发包给所辖行政村分摊文化建设经费，并以无偿提供排演场所和以奖代补等方式支持本乡农民艺术团健康发展，鼓励农民艺术团积极参与文化惠民演出。

3. 文化能人参与社区营造

所谓社区营造，就是通过多元主体的协同治理调动社区资源，通过利益主体合作激发社区活力的内生型文化建设。在乡村社会有着很强的社区信任和共同体认同，文化能人有较强的利他精神，在文化活动中扮演着组织者和推动者的角色。作为社区营造的主体代表，文化能人能准确把握农民的文化需求，反映农民心声，回应农民需求，激发乡村内在文化活力，从而强化农民的社区认同，增强农民的主体意识。例如，永宁县胜利乡农民文化艺术团、阳光文化艺术团、赵鸿文化大院都是赫赫有名的农民文化组织，利用农闲时间和节假日，把舞台搭在农民家门口，让农民演绎农民的故事，为农民提供本土化、多样化文化产品，开展群众喜闻乐见的文化活动，形成"理论宣讲+文艺表演""文化活动+移风易俗"等文化宣传模式，在满足农民文化需求的同时，实现了政策宣传、道德教化、知识普及的相互融合。

（二）成效分析

1. 党的创新理论"飞入寻常百姓家"

让群众坐得下、愿意听、领悟深是基层宣讲"最后一公里"的难题。来自乡村的文化能人了解农民之想、百姓所盼，与农民有着天然的亲密感，他们通过数花、宁夏道情、秦腔等农民喜欢的表演形式，把党的创新理论与老百姓的生活实际结合起来，把乡村振兴与老百姓的柴米油盐结合起来，将党的创新理论生活化、大众化。

2. 推动乡村红色文化资源的活化利用

红色文化是中国共产党在领导中国革命、建设和改革历程中创造的优秀文化，承载着中国共产党人的初心和使命，孕育了艰苦奋斗、自力更生、敢于斗争等伟大精神。乡村红色文化资源丰富，各地都有代表性文化资源，要利用好红色资源，传承红色基因，赓续红色血脉，充分发挥"红色引擎"作用，将红色文化资源转化为乡村振兴的精神动力，激励乡村建设者勇闯新路、敢于创新。同时对乡村红色文化资源进行深度开发，推动红色文化资源与绿色生态资源、观光旅游资源等要素深度融合，形成"红色+"产业链，使红色文化资源成为乡村产业振兴的重要支撑。闽宁镇通过东西协作、移民搬迁、生态修复、精准脱贫，从昔日的"干沙滩"，变成了现在的"金沙滩"，绘就闽宁两地携手奔向全面小康的时代蓝图，成为东西部扶贫协作和易地搬迁脱贫的成功典范。鲜活的红色文化资源为乡村振兴提供强大的经济力量，闽宁镇推动红色文化和旅游、影视、文创等产业的深度融合，吸引了全国各地游客前往打卡，感受改革开放以来我国乡村的沧桑巨变。闽宁镇原隆村打造"一村一品一业"，新建原隆大食堂、山海情影视旅游基地、军事主题乐园、青少年劳动实践教育基地、影视剧外景拍摄基地等项目。《山海情》热播以来，福宁村赵鸿文化大院成为闽宁镇乡村旅游的"打卡地"，仅2021年就接待游客十几万人，带动当地农民在家门口吃上"旅游饭"。大院负责人赵鸿利用电视剧《山海情》剧组赠送的农耕老物件建起了农具陈列室，这些承载了闽宁人艰苦奋斗建设家园故事的老物件，成为闽宁协作《山海情》的历史见证。

3. 常态化开展公共文化活动丰富农民文化生活

农村公共文化活动是农民文化生活的重要载体，丰富农民文化生活是农村公共文化服务的重要内容。公共文化活动不仅可以满足农民的文化需求，还具有思想引领、知识普及、道德教化等功能。永宁县阳光农民艺术团成立于2016年，演出节目深受农民欢迎，每年春节《社火迎亲》节目都会在各乡巡演几十场，让乡亲在喜庆中度过一个热闹的新年。赵鸿文化大院"院长"赵鸿是一个经济能人，也是文化能人，组建了40多人的秦腔自乐班，农闲时在文化大院演出，每年春节期间自掏腰包，让乡亲"吃暖锅、看秦腔"成了闽宁镇的保留节目，挤到文化大院扭秧歌、看大戏，给村民带来了无尽的快乐。剧团里的演员农忙时扛着锄头种地，农闲时在台上大放异彩，歌里唱的是党的惠民政策，台上演的都是农民自己的生活，提高了农民的参与热情。

概言之，乡村文化治理共同体建设使政府供给、市场供给、自主供给深度融合，既保证了乡村公共文化发展的政治方向，又在利用政府提供的文化资源和基础设施的基础上，充分调动文化能人、村民积极参与公共文化生产的积极性，大大降低了农村基层公共文化活动的组织成本。

三、总结与建议

1. 建设好乡村文化事业

农村公共文化服务是乡村建设的重要内容，与农民切身利益息息相关。改革开放至今，我国农村公共文化服务在政府推进下，从分散走向整体，呈现快速发展趋势，不断回应乡村发展新议题和农民新需要，彰显了以人民为中心的执政理念。进入新时代，农村公共文化面临新形势，推动农村公共文化服务迈向高质量发展的新目标是进一步回应农民群众对于精神文化需求新期待的必然选择。"十四五"时期农村公共文化服务面临新挑战，当前农村公共文化服务供需适配性不高、服务主体单一、服务效能低下、服务诉求与回应缺位等问题依然存在，要把更多的优质文化资源下沉到农村，提高公共文化资源的综合效益，既要补齐农村公共文化服务短板，加强政府基础保障力度，又要增强农村公共文化弱项，破解农村公共文化服务内涵建设相对滞后的发展困局。

2. 不断推进乡村文化治理模式创新

乡村治理是国家治理体系的重要组成部分，加强乡村文化治理是乡村治理体系和治理能力现代化的重要路径。改革开放以来乡村社会内外部环境发展变化，乡村的治理成本与治理难度不断加大。文化治理以润物细无声的方式保障了乡村社会的文化价值和精神秩序，是新时代"以人民为中心"基层社会治理理念的具体体现。通过构建多元主体的合作共治，充分发挥文化"引领风尚、教育人民、服务人民"的重要作用，达到对乡村政治、经济和社会等多重治理目标。在国家政策驱动之下，全国各地乡村基层文化治理的改革创新在充分尊重农民的主体性地位的基础上，通过政府、企业、社会、个人等多元主体的广泛参与构建"协同共治"的文化治理格局，形成了"乡贤文化模式""乡村文化自组织模式""服务外包模式"，涌现出了许多示范性成果。然而在实地调研中，当前农村文化治理依然以"行政化"治理模式为主导，导致乡村文化治理实际效能与预期目标存在鸿沟，国家投入巨资建设的乡镇文化站、村综合文化服务中心等基层文化服务机构没有发挥预期作用，造成资源浪费。因此，乡村文化治理的关键在于转变"行政化主导"治理模式，走协同治理之路，培育乡村文化治理的内生动力。一是要发挥农民乡村文化创造者的主体性作用，建立农民参与乡村文化建设的保障机制，要充分发挥乡贤在农村公共文化服务体系建设中政府与群众联系者、公共文化服务参与者与监督者、乡土文明继承者的多重功能。二是要深度挖掘优秀乡土文化资源，发展乡村文化产业，形成乡村文化产业链条。通过引入市场力量参与乡村文化治理，生产更多高品质文化产品，弥补政府供给能力的不足。三是积极培育乡村文化自组织。与政府提供的文化产品相比，乡村文化自组织能更好地结合乡村文化传统和农民的文化品位，提供更多接地气、本土化的文化产品和群众喜闻乐见的文化活动，使村民在文化参与中表达内心诉求、培养公共精神、提升乡村社会的凝聚力，从而为乡村的有效治理创造良好的社会环境。

3. 发挥乡镇综合文化站在乡村文化治理中的重要作用

农村基层治理体系和治理能力现代化是一项长期的艰巨任务。乡镇综合文化站是县级政府和乡镇人民政府下设的公共文化机构，是宣传党的惠民政策、弘扬中华优秀传统文化、保障农民群众享有基本文化权益的组织载体和重要支撑，肩负着公共文化服务"最后一公里"的重要任务。2023年9月，文化和旅游部办公厅印发的《关于持之以恒推动乡镇综合文化站创新发展的实施方案》指出，乡镇综合文化站是建设现代公共文化服务体系、推动乡村文化振兴的重要阵地，也是加强乡村社会治理的重要基础，凸显了乡镇综合文化站在乡村文化治理中的重要作用。实地调研发现，当前乡镇综合文化站还存在资源分散、保障不足、队伍专业性不强、效能不高的问题。要优化农村基层文化资源配置，在不削弱乡镇综合文化站公共文化职能、不改变乡镇综合文化站免费开放和资金用途的前提下，统筹乡村文化资源，实现乡镇综合文化站、新时代文明实践所和公共服务机构的融合发展，破解基层公共文化服务层层壁垒，实现基层公共文化服务空间资源、人力资源、项目资源、活动资源的共建共治共享。要充分发挥乡镇综合文化站阵地作用，开展文化惠民活动，引导农民群众进行文化生产、文化创造，提升农村基层公共文化服务效能。

第七章

农村公共文化服务高质量发展的实现机制和实践路径

公共文化服务是文化建设"一体两翼"的重要组成部分，是推动文化繁荣、满足全体人民精神文化需求的基础性路径。当前我国城乡公共文化服务还存在差距，实现农村公共文化服务高质量发展成为新时代文化建设的重要课题。本书以马克思精神生产理论作为分析工具，在审思中国式现代化语境下农村公共文化服务高质量发展面临的挑战和问题的基础上，构建农村公共文化服务高质量发展的实现机制，同时，基于马克思再生产理论"生产—分配—交换—消费"四环节辩证关系原理，从价值基础、生产方式、资源分配、文化交往、文化消费五个维度探索农村公共文化服务高质量发展的实践进路。

第一节　农村公共文化服务高质量发展的实现机制

随着我国进入社会主义现代化建设的新阶段，高质量发展成为国家发展的新主题、新指向。"十四五"时期是全面建成小康社会迈向第二个百年奋斗目标新征程的第一个五年，农村公共文化服务高质量发展是迈向2035年建成社会主义文化强国的重要支点，构建高质量发展的实现机制是农村公共文化服务提质增效的必然要求。

一、农村居民基本文化权益的保障机制

保障公民的基本文化权益是中国特色社会主义的价值追求。作为一种普遍性的文化权益，基本文化权益对于每一个公民都是平等的，是政府必

须保障的最低限度的文化权益。长期以来二元社会结构导致城乡经济社会发展不平衡，一定程度上影响了公民公共文化权益均等性的实现。随着中国经济社会快速发展，政府公共服务职能转变，以普惠式发展逻辑构建的农村公共文化服务体系成为保障农民基本文化权利、保证文化公平的基础性路径。要畅通农村居民文化需求表达渠道，精准识别农民文化需求，实现农村居民文化成果共享，使他们成为公共文化的参与者、建设者和推动者。

（一）农村居民文化需求表达机制

一是增强农村居民文化需求表达的动力。要认真贯彻群众路线，改变工作作风，做好宣传工作，增强农民主人翁的责任感，唤醒农民文化权利的意识，让他们在参与公共文化活动中提高维护自身文化权利的能力，鼓励他们踊跃表达文化需求。二是提高农民文化需求表达能力。各级政府要加大对农村教育的投入，通过教育培训提高农民科学文化素质和政治素质，培养农民参与基层治理和主动诉求的主体意识，增强农民参政议政能力和文化需求表达能力。三是畅通农村居民文化需求表达渠道。要完善基层群众自治制度和乡镇人民代表大会制度，畅通乡镇人民代表大会和村委会文化需求表达渠道，让农民及时反映公共文化服务存在的问题，提出合理化建议，通过投票决定乡村公共文化建设规划方案。四是提高农民组织化程度。乡村文化自组织、农民协会、老年协会等农民组织是"自下而上"表达文化需求的非制度化渠道，乡村自组织凭借组织优势可以高效收集和整理农民需求信息，并代表农民群体准确表达文化需求、维护农民基本文化权利，大大降低政府征集、分析、判断信息的成本。同时针对生活困难群体、进城务工农民等重点人群设置意见箱、网站专栏等特定文化需求表达渠道，并通过村民接待日、乡村问政会等形式对公共文化服务满意度进行动态监测。

（二）农村居民文化需求精准识别机制

精准识别农民群众文化需求是推动农村公共文化服务与农民文化需求有效衔接的重要保障，也是构建农村居民基本文化权益保障机制的基本路径。随着农民群体文化需求呈现多样化和个性化趋势，传统"一刀切"式的供给模式已经不能满足多元化文化需求。这就要求农村公共文化服务不仅要提供同质化服务，还要满足异质化服务需求。要建立农民文化需求精准识别机制，准确研判不同群体文化需求数量、需求内容、需求方式和需求层次，通过提供菜单式服务目录，精准匹配农村公共文化服务供给数量、供给内容、供给方式、供给层次。要通过公共文化服务平台和新媒体服务平台等需求采集渠道，整理农民偏好，构建农民需求画像，精准推送个性化公共文化产品，并主动根据农民文化体验改进服务内容。要培养乡村大数据人才队伍，优化农村公共文化服务数字化运营水平，提高农村公共文化数字化平台精准识别、精准推送、精准服务的能力。

（三）农村居民文化成果共享机制

人民是文化的创造者，文化成果也要为人民共享，这是公民基本文化权益的基本保障。改革开放以来，我国经济社会飞速发展，文化产品和文化成果日益丰富，让城乡人民共享文化成果是服务型政府的重要职责。一是保障农民平等使用公共文化基础设施的权利。要补齐农村基层文化设施短板，充分发挥保障兜底的政府职能，在发展中改善农村文化民生；同时还要补强农村公共文化服务弱项，提升农村公共文化服务能效，扩大公共文化基础设施的有效供给。二是保障农民平等享受文化产品的权利。要繁荣文化事业，鼓励文艺工作者扎根乡村大地，创作紧扣时代脉搏、具有丰富内涵、弘扬时代主旋律、展现新时代农民形象的文化精品；要创新群众性文化活动的内容和形式，拓宽农村公共文化活动的覆盖面，提升其影响力，激发农民参与公共文化建设的积极性和创造性。三是保护乡村文化遗产。乡村文化遗产是历史留给人类的精神成果和宝贵财富。要加大乡村文化遗产保护力度，通过教育、培训、宣传提升全社会保护意识，建立政府主导、民间团体、村集体、农民群众"四位一体"现代治理模式，保护好、传承好乡村文化遗产。要加强乡村文化遗产活态传承，推动乡村文化遗产的生产性保护，培育乡村文化特色品牌。

二、农村公共文化服务供给决策优化机制

供需失衡和服务效能不显著一直是制约农村公共文化建设的显性困境。农村公共文化服务行政化的制度设计和标准化的供给模式，使农村公共文化服务供给决策还存在诸多问题，如制度化文化需求征集建设不足、供给决策缺乏多元协商、需求评价反馈机制效率低下。为此，要以农村公共文化服务供给决策机制创新为突破口，优化农村公共文化服务供给逻辑。

（一）需求信息征集机制

需求信息征集是公共文化服务供需决策的起点。当前农村基层公共文化服务需求征集渠道单一，一些县、乡镇还没有建立制度化的需求征集机制，相关部门只是通过调研或会议征求农村基层对公共文化建设意见，方法简单、受众面窄、信息分散，对征集到的相关信息也缺乏系统性分析。为此各级文化管理部门和各类公共文化服务机构要建立常态化、制度化需求征集机制，通过上门走访、召开座谈会、发放调查表、开设服务专线与网络互动平台等线上线下相结合的方式，广泛征集农民群众文化需求，畅通文化需求征集渠道，及时掌握农村居民不同群体的文化需求偏好和文化活动参与的基本情况，构建主动性信息征集、被动性信息征集和综合性信息征集等多层次信息征集系统，实现信息互联互通。

（二）供给决策多元互动机制

当前我国农村基层公共文化服务供给决策呈现出明显的政府主导、自上而下、供给导向、封闭决策等特征。[①] 要扩大决策主体范围，构建企业、社会组织、农村居民相关利益主体在内的多元主体决策机制，培养基层参与供给决策能力，拓宽基层参与决策渠道。在具体操作层面，依托文化需求征集系统的信息数据分析，结合当地经济社会发展水平，建立农村公共文化服务菜单，成立由多元主体共同参与的评审委员会，对农村公共文化服务项目规划进行论证，保证供给决策的科学性。

（三）需求评价反馈机制

对农村公共文化服务的实际结果进行有效反馈是供给决策自我调节和自我优化的重要依据。要建立起制度化反馈机制，发挥政府、人大等相关部门职能作用，建立一整套科学的考核标准。要构建第三方评价机制，将专家学者、公益组织、农民群众等多元主体纳入监督体系，对公共文化服务项目进展和政策执行进行跟踪评价，常态化开展农民满意度调查，根据基层反映的意见及时调整供需结构和文化服务安排，保障农村公共文化服务的公平正义。

---

① 陈世香，吴世坤. 供需失衡与制度重构：农村基层文化服务供给决策机制创新研究 [J]. 中国治理评论，2021（1）：56-73.

三、城乡公共文化资源协调统筹机制

文化资源是农村公共文化服务高质量发展的物质基础。城乡公共文化服务一体化建设是国家城乡融合发展战略的重要内容，要在城乡关系塑造中，推动县域内生产空间、生活空间、公共文化空间、生态空间的统筹发展，实现城乡文化资源要素均衡布局和合理流动，构建城乡一体高品质公共文化生活。

（一）城乡公共文化资源分配保障机制

文化资源的分配直接影响公共文化服务高质量发展的实现。长期以来我国城乡二元建设格局形成了城乡文化资源区隔式布局，文化资源分配还存在城乡失衡的问题，农村地区基本文化资源配置相对较少，农村居民文化生活相对匮乏。基于城乡文化资源分配的非均衡性，公共文化基础设施投入要不断向农村地区倾斜。一是农村公共文化基础设施投入动态调整。充分运用县域农村公共文化服务供给统筹协调机制，整合城乡文化资源的投入和分配格局，使其流向真正需要的农民群体；提高县域基础性公共文化设施自主性供给能力，加大县域图书馆、文化馆的投资和建设力度，加快乡镇综合文化站建设，实现乡镇文化站全覆盖，提升村综合文化服务中心建设标准；丰富农村公共文化产品供给，提升农村基层公共文化服务品质。二是加大对"村晚"、广场舞活动、农民文艺展演、百姓大舞台等准公共文化服务的投入，按照"谁经营，谁负责"的原则逐步加大对经营性文化服务活动的资金支持力度，并结合农民的实际需要动态调整乡村公共文化投入力度。

（二）城乡公共文化资源要素双向流动机制

要推动农村文化资源要素向城镇流动，更要推动城镇文化资源要素源源不断流向农村，形成城乡文化资源要素双向流动的良性循环。一是发挥市场资源配置的决定性作用，创造公平竞争的文化市场环境，促进现代文化市场体系健康发展，充分发挥文化企业文化创意、文化生产、产品流通的主观能动性，在公平竞争的市场环境中提高农村公共文化服务质量，为农村居民提供更多个性化文化服务。二是合理搭配政策组合。要突破体制机制的限制，实现多部门统筹布局、协同合作，多项政策同时发力，形成叠加效应，确保精准实施。要做好财政政策、产业政策、人才政策的相互

融通，引导社会资本和人才向农村聚合。三是城乡公共文化服务人才合理流动。文化人才队伍是农村文化事业建设的主体，农村公共文化服务高质量发展需要建立一支高素质、专业化人才队伍。要完善城乡文化队伍引育机制，加强农村文化人才的培育，根据农村基层文化人才的需求特点，做好乡村文化人才培训的长期规划；创新人才培训的内容和形式，通过城乡互动、实践教学、网络教学等形式提高培训实效；要挖掘乡土文化人才，组建村级文化队伍，充分发挥农村文化人才在公共文化建设中的生力军作用；要畅通城市文化人才下乡渠道，出台配套政策吸引优秀文化人才向农村流动，多渠道促进文化志愿者、大学毕业生到乡村挂职、兼职或者全职工作。

（三）城乡公共文化资源共享机制

全民共享公共文化资源体现了"以人民为中心"的发展理念，凸显了保障公民基本文化权益的行动自觉。一是优化农村公共文化服务网络，有序推进农村基层文化设施建设，因地制宜打造文化礼堂、文化广场、非遗传习所等主题功能空间；要深入推进图书馆、文化馆总分馆制，构建遍布城乡的基层服务网络，实现资源共享。二是丰富基层公共文化服务内容。拓展县域图书馆、文化馆、博物馆的服务功能，丰富服务内容，创新服务形式；面对不同群体开展乡村大舞台、农民文化节、广场舞大赛等群众喜闻乐见的文化活动；深入实施农村基层公共文化设施免费开放，鼓励有条件乡镇延时开放夜间服务。三是以数字化建设推动城乡文化资源共享。充分依托数字信息技术赋能文化资源共享，建立公共文化资源网络数据库，实现城乡文化资源跨时空共享和全领域覆盖；运用数字孪生、个性化定制技术，拓宽数字服务应用场景和传播渠道，全面提升农村公共文化服务网络化、数字化水平。

四、农村公共文化服务的财力保障机制

推进农村公共文化服务高质量发展必须考虑经济社会发展的阶段性特征以及公共财政的承载力，要有可持续的财力投入作为基本保障。2021年《关于推动公共文化服务高质量发展的意见》提出："进一步完善财政保障机制。落实公共文化领域中央与地方财政事权和支出责任划分改革方案，推动各级财政完善保障机制，把基本公共文化产品和服务项目纳入各级政府预算,全面实施公共文化服务领域预算绩效管理,强化绩效评价结果应用,发挥财政资金最大效益。充分发挥各级财政资金引导作用,鼓励民间资本参与公共文化服务建设。"① 为此,要处理好农村公共文化服务高质量发展与经济社会发展的关系,建立健全农村公共文化服务高质量发展财力保障机制,为推进农村公共文化服务高质量发展保驾护航。现阶段我国基本公共文化服务财政资源配置明显存在"重城市轻农村"的倾向,导致大量优质资源不断向城市地区聚集,农村地区无法享有同质化的基本公共文化服务资源。为此要从财政角度入手,通过创新城乡基本公共文化服务财政保障机制,调节公共文化资源在城乡分配失衡状态,推动城乡公共文化服务一体化进程。

(一)建立政府财政对农村基本公共文化服务投入增长机制

政府提供公共文化服务方式大致分为两种模式:一是直接供给,如公共图书馆、文化馆、博物馆以及政府提供的文化惠民工程和活动;二是间接提供,主要是政府通过财政预算采购其他社会主体生产的文化产品。政府对公共文化服务财力投入的资金来源主要有一般公共预算收入专项支出、转移支付专项支出、政府性基金专项支出、国有资本经营预算收入专项支出。要把农村公共文化服务体系建设作为财政投入和资源配置的重点,使财政新增事业经费和固定资产投资增量向农村倾斜。一是逐步加大总财政支出中农村公共文化服务比重;二是扩大对农村公共文化服务财政投入范围和内容的覆盖面,既要包括公共文化基础设施,又要包括网络资源建设、广播电视等具体领域的工程建设,同时还要把基本公共文化产品和服务项目纳入各级政府预算,将公共文化服务能力列入各级政府事权和支出责任范围;三是强化预算绩效管理和评价,提高财政支出使用效率。

(二)拓宽基本公共文化服务资金来源

《"十四五"公共文化服务体系建设规划》明确提出了鼓励社会力量建立公共文化发展基金,多渠道拓宽资金来源的新要求。要通过政府采购、项目补贴、税收减免、贷款贴息等政策鼓励文化企业和社会组织参与农村公共文化服务体系建设,增强基层政府财政保障能力,稳定农村基本公共

---

① 文化和旅游部 国家发展改革委 财政部关于推动公共文化服务高质量发展的意见[EB/OL]. 中国政府网,2021-03-23.

服务投入。一是通过制定市场准入、财税优惠等政策，进一步引导社会资金进入农村公共文化服务领域；二是推进"放管服"改革，为社会资本投入农村公共文化服务领域创造便利；三是推进与专业金融机构的合作，运用多种投融资工具为农村公共文化服务体系建设提供金融支持。

（三）完善财政转移支付制度

财政转移支付制度可以调节城乡和区域间财政收入的差异，平衡各地方财政能力，促进城乡公共文化服务均等化。2020年国务院办公厅印发的《公共文化领域中央与地方财政事权和支出责任划分改革方案》指出："中央财政加大对困难地区的均衡性转移支付力度，地方财政要统筹安排上级转移支付和自有财力，促进基本公共文化服务标准化、均等化。"① 转移支付制度对公共文化服务的影响有两个方面：一是通过规定专项转移支付的用途要求地方政府达到基本公共文化服务标准；二是通过一般性转移支付均等地方财力。要提高农村基本公共文化服务财政保障能力，完善农村公共文化服务纵向转移支付制度，探索构建横向转移支付机制，扩大农村一般性转移支付规模和比例，缩小城市和农村地区间的财力差距，同时，加强对农村公共文化服务体系专项转移支付的资金管理，发挥财政资金最大效能。

五、农村公共文化服务主体协同治理机制

公共文化服务主体包括政府部门、社会组织、文化企业与公民个人。近年来构建政府主导、多方参与的协同治理机制成为各级政府提高农村公共文化服务效能的重要举措，不仅增加了农村公共文化服务的有效供给，还促进了文化事业的蓬勃发展，为农民群众提供了多元化、个性化的服务。目前多元主体协同治理的现代文化治理机制尚未健全，政府在公共文化服务中扮演着提供者和管理者的双重角色，除政府外其他主体参与农村公共文化服务程度不深、能力不足、积极性不高，农村公共文化服务供需适配度不高、公共文化产品单一、农民群众获得感不强等问题依然存在。这表明既有的公共文化治理体制存在复杂性，要把推动公共文化服务社会

---

① 国务院办公厅关于印发公共文化领域中央与地方财政事权和支出责任划分改革方案的通知［EB/OL］. 中国政府网，2020-06-23.

化发展作为公共文化治理体制机制创新的突破口，为农民群众提供与美好生活相适应的多样化、特色化、个性化服务。

（一）坚持政府主导

为全社会提供基本公共文化服务是政府的基本职能，既关系农民基本文化权益的实现，又是改善农村文化民生的基本保障。人民性是公共文化服务体系建设的根本特征。只有坚持政府主导，才能牢牢把握社会主义先进文化前进方向，传承中华优秀传统文化，传播革命文化和社会主义先进文化，培育社会主义核心价值观，广泛凝聚人民精神力量，更好构筑中国精神；只有坚持政府主导，公共文化服务才能以人民为中心，坚持民生导向，充分保障不同群体共享文化成果的权利，彰显社会公平；只有坚持政府主导，才能总体部署、科学规划、夯实基础，保证在农村公共文化服务体系建设上人力财力物力的持续增长；只有坚持政府主导，才能壮大建设主体并促进其有效融合，使多元主体共同参与公共文化建设的机制更加健全。

（二）鼓励社会力量参与农村公共文化服务的保障机制

社会化是实现农村公共文化高质量发展的有效路径。要在政府履行根本职责的前提下，营造优良和谐的社会氛围，积极引导社会力量进入农村公共文化服务领域，激发各类主体参与农村公共文化服务的积极性。一是建立社会力量参与农村公共文化服务的法律体系。法治化是社会力量参与农村公共文化服务的基本保障，要健全公共文化服务领域法律体系，保障社会力量参与农村公共文化服务的合法权益，规范社会力量参与农村公共文化服务的全过程。二是实现政府职能由"办文化"向"管文化"转变，在保证农村公共文化服务公益性的前提下，引入市场机制，充分释放社会的灵活性，鼓励社会资本参与农村公共文化服务，不断激发文化市场活力。三是完善优惠政策，建立社会力量参与农村公共文化服务财税保障，健全政府购买、项目补贴、委托服务、以奖代补等社会力量参与农村公共文化服务的保障机制。

（三）构建农村公共文化服务主体协同治理机制

农村公共文化高质量发展要求政府在做好政策制定、科学规划、环境营造的前提下，充分发挥市场和社会组织的作用，推动农村公共文化服务主体有效融合，形成政府保基本、社会增活力、市场促繁荣的多元主体协同治理格局。一是要协调各部门职能管理。目前农村公共文化服务存在的多头管理、职能分散问题，不利于公共文化资源的统一规划和综合利用，影响了公共文化资源使用效率。要树立"大文化"发展理念，加强各职能部门的有效衔接和优势互补，实现公共文化资源统一规划、综合利用、精准实施。二是构建多元主体高效联动机制。政府做好政策制定、统筹规划、环境营造、监管服务，引导社会力量进入农村公共文化服务领域，运用承包合同、特许经营、税收优惠等政策工具维护社会组织和文化企业的主体地位，形成政府主导、社会参与、市场引导的良性互动。同时建立市场和社会之间利益协商机制，明确权责、统筹协调、资源共享，完善共建共治共享的农村公共文化治理体系。

第二节 农村公共文化服务高质量发展的实践路径

马克思精神生产理论科学回答了精神文化领域"生产什么、为谁生产、怎样生产"等一系列重大问题，为农村公共文化服务高质量发展提供了理论支撑。农村公共文化服务本质上是文化再生产，本书将马克思再生产理论"生产—分配—交换—消费"四环节嵌入农村公共文化服务高质量发展，提出夯实价值基础、构建多元主体参与的公共文化生产方式、推动城乡公共文化服务共建共享、促进城乡文化互融共生、实现公共文化服务与文化消费双轮驱动的农村公共文化服务高质量发展实践路径。

一、夯实农村公共文化服务高质量发展的价值基础

（一）坚持以人民为中心的服务理念

人民性是马克思主义的本质属性，人民至上是马克思主义的基本立场。坚持以人民为中心的文化服务理念，彰显了马克思主义的根本政治立场和中国共产党的根本宗旨，体现了历史唯物主义群众史观在中国特色社会主义文化建设中的创造性运用。党的十八大以来习近平总书记提出"人

民对美好生活的向往，就是我们的奋斗目标"①，丰富和发展了历史唯物主义群众史观，也深刻阐明了新时代推动农村公共文化服务高质量发展的根本目标、根本动力和价值追求，深刻揭示了农村公共文化服务高质量发展目的、动力、价值的有机统一。《关于推动公共文化服务高质量发展的意见》把"为人民群众提供更高质量、更有效率、更加公平、更可持续的公共文化服务"② 作为公共文化服务高质量发展的基本要求，彰显了公共文化高质量发展的民生本位。从高质量发展的目的看，以人民为中心的服务理念，深刻回答了"发展为了谁"，强调发展为了人民，把保障人民基本公共文化权利、满足人民精神文化需求、促进人的全面发展作为公共文化服务高质量发展的出发点和落脚点；从高质量发展的动力看，以人民为中心的服务理念，深刻回答了"发展依靠谁"，强调人民主体地位，尊重人民文化创造力，体现了人民是精神财富创造者的唯物史观；从高质量发展的价值追求看，以人民为中心的服务理念，回答了"由谁享有"的问题，强调公共文化建设成果更多更公平惠及全体人民。

（二）坚持以培育社会主义核心价值观为主要目标

核心价值观是一个民族的精神纽带，是一个国家共同的思想基础，能否构建具有强大感召力的核心价值观，关系社会能否和谐稳定和国家长治久安。培育社会主义核心价值观，是农村公共文化服务高质量发展的重大任务，也是凝聚乡村共识、增强乡村振兴精神动力的必然要求。要通过培育社会主义核心价值观，引领广大农民群众生产活动、文化生活、道德生活，消除精神贫困、抵御心灵空虚、抵制拜金主义和享乐主义等不良风气和错误思想，巩固乡村振兴的思想基础。人心是最大的政治，共识能带来前进的力量。当前乡村社会正处在大发展大变革的关键时刻，各种文化相互激荡，人们的思想观念发生深刻变化。建设好农村公共文化服务体系，以农村公共文化服务为载体培育社会主义核心价值观，可以凝聚乡村社会共识，最大限度调动一切积极因素，凝聚起向上、向善、向美的乡村正能量。社会主义核心价值观是党领导人民在革命建设改革的伟大实践中形成

---

① 中共中央文献研究室. 习近平关于全面深化改革论述摘编 [M]. 北京：中央文献出版社，2015：135.

② 文化和旅游部 国家发展改革委 财政部关于推动公共文化服务高质量发展的意见（文旅公共发〔2021〕21 号）[EB/OL]. 中国政府网，2021-03-23.

的，具有深厚的历史底蕴和坚实的现实基础。当前农村公共文化建设还面临许多挑战，农民精神风貌有待提高、乡风文明有待提升、乡村精神秩序有待重构。要充分发挥公共文化服务以文化人的功能，提升基本公共文化服务效能，增强农民群众的文化获得感和幸福感，开展农民喜闻乐见的公共文化活动，使社会主义核心价值观生活化、大众化，使农民群众听得懂、记得住，提升农民文明素养，营造文明和谐的社会氛围，弘扬民族精神和时代精神，增强农民群众的精神力量。

（三）坚持以实现精神生活共同富裕为价值追求

精神生活共同富裕是社会主义共同富裕的重要内容，体现了中国特色社会主义的本质要求和中国式现代化的文化特征。实现全体人民精神生活共同富裕最艰巨最繁重的任务仍然在农村。全面建成小康社会为乡村振兴奠定强大物质基础，但是乡村的全面振兴不仅要有物质支撑，还需要精神富有，只有补齐农村精神文化短板，推动物质生活和精神生活的共同富裕，才能实现乡村社会可持续发展。农民精神生活共同富裕必须推进农村公共文化服务高质量发展，为农村提供丰富的公共文化资源。精神生活的充裕不仅取决于自身的精神追求，也要依靠政府"有形的手"。一是要提高农村公共文化服务水平。公共文化基础设施是实现精神生活共同富裕的物质基础，要加强农村公共文化服务体系建设，提升公共文化基础设施建设数量和质量，保障硬件设施标准化均等化、可及化。二是要丰富优质公共文化产品的供给。文化产品是文化的具体表现，公共文化产品的供给是实现精神生活共同富裕的关键支撑。要增加农村公共文化产品的供给数量，优化农村公共文化产品的供给结构和质量，了解农村不同群体的需求偏好，丰富文化产品种类，精准满足农民群众的多元需求，做好社会群体的全覆盖。三是要创新开展文化惠民活动。文化惠民活动是农村公共文化服务的重要内容，也是实现精神生活共同富裕的活动载体。通过农村公共文化活动特色品牌建设，将中华优秀传统文化、革命文化、社会主义先进文化融入文化空间，提升农民群众的文化素养和文化自信。

二、以社会化为路径，构建全社会共同参与的公共文化生产方式

（一）构建公共文化生产共同体

"人们是自己的观念、思想等的生产者"①，文化是属人的，社会主义文化生产的目的是彰显人的文化创造力，使人们在文化的浸润下去除精神枷锁、充盈精神世界，在自我反思和自我扬弃中实现自由而全面的发展。文化的生命力在于创新，中华文明历经几千年仍能保持生机活力，关键在于文化主体性在社会历史发展中始终牢固。从文化生产的主体来看，人民群众既是文化生产的主体力量，同时也是精神财富的创造者。在新的历史起点上，要充分激发全社会文化生产、文化创造的积极性，将人民群众的美好生活追求与文化生产实践相互融通，引导人民群众投身于中国特色社会主义文化建设的伟大实践中，并在改造客观世界的同时实现精神的自由和解放。近年来，随着我国公共文化治理体系向现代化迈进，鼓励社会力量参与公共文化服务的政策体系已基本形成，农村公共文化服务由政府主导、社会参与的协同治理模式已初步建立。2021 年《关于推动公共文化服务高质量发展的意见》把进一步强化社会参与作为公共文化服务高质量发展的主要任务，在此基础上，《"十四五"公共文化服务体系建设规划》对推动公共文化服务社会化发展做出了具体部署。在文化治理生产逻辑下，公共文化服务在实践意义上成为引导和规范多元主体共同参与公共文化产品供给的制度性平台，从而为人民群众参与公共文化生产全过程提供了更大的空间。

（二）构建多元主体协同治理新模式

一是政府主导下社会协同模式。政府、社会力量、公众等多元协同治理的基础前提是参与主体应积极承担起自身的主体责任。其中，政府应坚守其"元治理"之责，做好相关制度供给，积极引导文化事业单位、社会组织、个人积极参与到农村公共文化建设中来，构建政府、社会、公众良性互动平台，创新文化治理运行机制。例如，宁夏盐池县以文化惠民工程为载体，以购买服务、特许经营等为手段，将文化事业单位、社会组织、

---

① 马克思，恩格斯. 马克思恩格斯选集：第 8 卷［M］. 中共中央马克思恩格斯列宁斯大林著作编译局，译. 北京：人民出版社，2012：524.

农民群众纳入乡村公共文化建设中，构建县域内政府主导、社会参与公共服务供给的文化协同治理模式。二是基层组织主导下文化能人与乡村文化自组织协同治理模式。文化能人是扎根农村基层的文艺骨干，是乡村文化治理有益的补充。在财政压力下，乡镇提供公共文化服务、建设镇域公共文化服务体系的能力不足，通过政府购买公共文化服务的方式，充分发挥文化能人等非制度主体组织协调能力，丰富农民文化生活，吸引社会资本参与农村文化建设，使农村公共文化服务与村文化自组织双向嵌入，既保证了公共文化建设的政治方向，又培养了乡村文化建设的内生动力。三是政府主导下文化企业参与协同治理模式。文化体制是文化创新的软环境，当前我国文化创新创造能力还不够强，优秀文化产品和服务还不够多，在一定程度上是由于受到文化体制的制约。因此，聚焦文化领域高质量发展的体制机制障碍，全面深化文化体制改革，推动市场力量和文化企业进入农村公共文化服务体系，形成政府主导下的市场供给模式，成为破解城乡公共文化服务二元结构的题中应有之义。支持鼓励文化企业进入农村公共文化服务体系，重在加强整体规划、细化考核指标、抓牢重点任务。通过理顺政策体系明确文化企业在农村公共文化服务中的分工和地位；通过细化考核引导文化企业发挥社会效益；通过抓牢重点任务确保文化企业在法律法规和公共政策的引导下合法经营、合理运作，稳定文化企业投资回报。

（三）构建农村公共文化服务社会化发展的新路径

一是深入推进政府购买公共文化服务。长期以来，我国农村公共文化服务依靠国家财政支持，政府包办单一供给模式存在服务效能不高、供需脱节等问题，在政府履行保基本、兜底线职责的基础上，合理引导社会力量进入农村公共文化服务领域成为大势所趋。政府购买公共文化服务是当前农村公共文化服务社会化发展的基本路径，对于推动乡村文化治理共同体构建，为乡村文化治理共同体提供制度保障具有重要意义。政府购买公共文化服务就是政府为加强公共文化服务职能，通过发挥市场机制的作用，将适合采用市场化生产和运作的公共文化服务交由有资质的社会组织或市场机构承担。当前，政府购买农村公共文化服务有直接购买和间接购买两种方式。直接购买是政府通过公开招标、定向委托、邀请招标等形式与社会组织或文化企业签订合同，并按合同支付费用。具体做法是，在既有预算中安排支出，以事定费、规范透明、强化审计。由于政府购买农村公共文化服务仍处于起步阶段，在当前基层政府财力有限的情况下，以资源倾斜、资金补贴、以奖代补为主要形式的间接购买，起到了培育基层文化自组织，低成本释放群众参与公共文化建设活力的作用。二是稳妥推进农村基层公共文化设施社会化运营。公共文化基础设施社会化运营是农村公共文化服务高质量发展的内在要求。立足国家公共文化服务社会化运营的新要求、新趋势，结合农村实际，逐步推进基层公共文化设施社会化运营，通过整体委托、项目外包、财政补贴、空间换服务等方式，将基本公共文化服务与个性化文化服务相结合，公益性公共文化服务与优惠性公共文化服务并举，增强农村公共文化服务活力，更好地满足农民群众文化需求新期待。

（四）以人才培养提升乡村社会文化创造力

一是深化农村基层文化志愿服务。文化志愿服务是农村公共文化服务社会化发展的重要方向。自 2012 年被纳入国家公共文化服务体系建设中，农村文化志愿服务的制度化、规范化、常态化建设成绩显著。作为农村基层重要的文化服务方式，文化志愿者为农民群众提供了阅读推广、艺术普及、思想教育等服务活动，在传承中华优秀传统文化、培育社会主义核心价值观、提升农民文明素养、人才培养等方面发挥重要作用。当前农村基层综合性文化服务中心主要依赖国家财政，其功能发挥始终受到基层公共文化服务制度环境的制约。由于财力保障不足、专业化程度低、人员缺乏，农村基层综合性文化服务中心面临自身发展停滞、服务效率不高等问题。文化志愿服务品牌"春雨工程""阳光工程""圆梦工程"为农村基层输送了专业人才队伍，通过文化配送、流动车等社会化服务将文化资源送到乡村，破解了农村基层文化资源不足、专业化服务水平低等难题，形成了人民群众自我教育、自我创造、自我服务的公共文化服务新形态。二是繁荣群众文艺。充分发挥县文化馆在开展群众性文艺创作中的重要作用。坚持以人民为中心的创作导向，积极深入新时代中国特色社会主义新农村建设中，创作紧扣时代脉搏、符合农民审美情趣、陶冶农民道德情操、提振农村精神力量的文化精品。同时，尊重农民主体地位，挖掘一批有才华的乡村文艺人才，通过艺术培训，造就一批从事群众文化创作的乡土文化能人，培养一批农民文艺品牌团队，引导扶持一批自发性文艺团队，带动农民群众在公共文化活动中当主角、唱大戏。

三、以标准化为基础，推动城乡公共文化资源分配均等化

（一）坚持共享发展理念，推进城乡公共文化资源合理分配

共享是中国特色社会主义的本质要求，城乡公共文化资源均衡供给和合理分配是全民共享精神文化发展成果的基本保障，是全体社会成员自由而全面发展的前提。马克思在阐述对未来社会构想时，提出了按需分配和共享劳动成果，指出"在人人都必须劳动的条件下，人人也都将同等地、愈益丰富地得到生活资料、享受资料、发展和表现一切体力和智力所需的资料"①。中国式现代化不仅要实现社会物质财富的全民共享，也要实现精神财富的社会共享，只有实现文化生产总量增加、文化资源充足与分配方式公平正义的有机统一，才能使社会成员在享受公共文化服务的过程中实现精神生活共同富裕。公共文化服务高质量发展既要实现文化产品的增量提质创优，又要注重文化产品的合理分配和资源共享，在文化资源分配中彰显人人享有的价值理念。公共文化服务进入高质量发展的新阶段，要在实现基本公共文化服务全覆盖的基础上持续发力，合理调节文化资源分配，缩小文化资源享有的城乡差距，使城乡居民的精神生活需求都能得到更大程度满足。

（二）高标准共建农村公共文化服务体系

标准化公共文化服务体系建设是实现文化资源高效利用，逐渐消除城乡文化资源分配不平衡的重要举措。"标准"是为了获得最佳秩序和预期结果，在综合科学、技术以及实践经验的基础上，经过相关主体协商和权威机构批准，制定活动及其过程的统一规则，供生产者共同和重复性使用。标准源于人们的生产实践，标准制定后人们要共同遵守，在执行标准的过程中各实践主体服务水平也会不断提高。农村公共文化服务体系建设的标准化包括政府保障的标准化、设施建设的标准化、管理的标准化和考核的标准化，从"量"的方面体现了保基本、兜底线、促公平。农村公共文化服务均等化就是城乡都能公平获得大致均等的基本公共文化服务，包

---

① 马克思，恩格斯．马克思恩格斯选集：第1卷［M］．中共中央马克思恩格斯列宁斯大林著作编译局，译．北京：人民出版社，2012：326.

括公共文化服务基础设施建设、公共文化服务供给、公共文化事业经费投入和管理使用、公共文化服务队伍建设等，从"质"的方面体现了农村公共文化服务体系建设的公正尺度。在标准化和均等化的关系方面，标准化是均等化的手段，均等化是标准化的目标。随着《中华人民共和国公共文化服务保障法》《国家基本公共服务标准（2021年版）》等的实施，我国城乡基本公共文化服务均等化的步伐正在加快。农村公共文化服务高质量发展要积极回应城乡公共文化服务均等化的实践要求，推动公共文化资源向农村基层倾斜，实现城乡公共文化资源高质量均衡。其核心是依托总分馆体系，以标准化为基础全面提升县、乡（镇）、村三级网络资源配置效能。一是全面规划。在《国家基本公共服务标准（2021年版）》基础上，以推动城乡公共文化服务一体化为目标，确保国家标准落地。同时，在地方财政可承受范围内适当提升省、市、县三级地方性实施标准。同时要充分体现地方特色，充实、增设有地方特色的内容、活动和项目，使地方性实施标准与地方特色文化有机结合。二是全面管理、强化实施。发挥标准化规约功能，进一步完善县级图书馆、文化馆和基层综合性文化服务中心建设标准，健全乡（镇）、村级公共文化服务标准体系。强化标准实施，对各层级公共文化机构标准实施情况进行监督和评估。三是财力支持。建立以均等化为导向的公共财政机制，在增加预算支出基础上，通过财政转移支付等手段扶持高品质文化资源下沉到农村基层。同时，以标准化引领公共文化机构、企事业单位、社会组织资源共建，打造统一标准规制下多主体公共文化资源共建共同体。

（三）以县域内总分馆制推动公共文化资源共享

县域处在联结城市和农村的重要枢纽节点之上，是破除城乡公共文化服务二元结构的关键场域，统筹总分馆制最合适的地域单元在县域。县域公共图书馆、文化馆总分馆制建设，一般以县级图书馆、文化馆为总馆，以乡镇（街道）综合文化站为乡镇（街道）区域分中心，以村（社区）综合文化服务中心（村文化室、农家书屋等）为服务点，总馆、分馆和服务点共同构成一个县域总分馆体系。建设总分馆制就是使县域三级公共文化资源上下联通、资源共享、服务优质、有效覆盖，解决农村基层文化资源不足、服务能力不足问题。一是做强县级总馆。县级总馆是县域文化活动、文化服务的领导者和发动者，要做强县级总馆，充分发挥县级总馆在县域公共文化建设中的中枢作用，统筹县域图书资源、文化资源建设，促进优质资源向基层倾斜。二是合理布局分馆。乡综合文化站是加强乡村治理的重要基础，在满足农民精神文化需求方面发挥了重要作用。要合理布局乡镇分馆，统筹基层惠民资源，加大县域总馆对乡镇综合文化站的资源供给，加强业务指导，推动基层资源下沉。三是加强村级综合性文化服务中心建设。村级综合性文化服务中心是最基层的文化活动场所，负责服务点的按时开放、图书借阅服务、日常管理维护、群众需求反馈等工作。要加强村级综合性文化服务中心硬件设施建设，提升服务内容，配备文化协管员，创新服务模式。四是打通县、乡、村三级人才传统管理模式，建立"县聘县管、乡村使用"用人新机制。由县人事部门和文化管理部门建立基层文艺骨干培训和文化从业人员持证上岗制度，经过评聘后派驻乡村一线，为确保基层文化服务人员专管专用，县文化管理部门对其统一管理、统一考核。

（四）推进农村新型公共文化空间建设

农村公共文化空间是农村居民参与公共文化生活的场域和空间环境。根据功能特点，农村公共文化空间可分为老戏台、老街巷、文化遗址等内生性公共文化空间，国家主导建设的包括文化礼堂、农家书屋、文化广场、乡村基层综合性文化服务中心等外生性公共文化空间，以及数字图书馆、网络课堂、网络社群等农村数字文化空间三种类型。近年来，农村新型公共文化空间建设成为推进城乡公共文化服务一体化建设的重要抓手。一是打造传统与现代融合的农村公共文化空间新形态。开展乡镇综合文化站专项治理，提升村级综合文化服务中心功能，让升级版农村公共文化服务主阵地成为集展示、交流、休闲、娱乐于一身的多功能"乡村文化客厅"。同时通过文化广场、文化礼堂、非遗传习所等主题空间融合，打造集乡土特色文化、现代文化、传统民俗文化于一身的乡村文化综合体，为村民提供礼仪、学习教育等多项服务，对乡村公共秩序重构具有重要意义。二是发挥地方特色公共文化空间治理功能。传统村落、戏台、学堂、革命遗址作为地方特色公共文化空间，不仅是农村居民参与文化生活的场所，也是村民文化记忆和情感归属的重要载体。将公共文化服务与地方特色公共文化空间保护和利用融合在一起，在展示村史民情、乡风民俗，凝聚村庄集体记忆，弘扬乡村传统美德的同时，兼顾社会发展需求，盘活乡村文化资源。三是打造农村公共文化活动品牌。创新开展文化惠民活动，塑造一批乡土气息浓郁的文化活动品牌，让公共文化活动为农民群众的幸福生活"加码"，给予农民难以忘怀的文化体验。

四、以数字化为手段，促进城乡文化交往的平等互鉴

交往是唯物史观的重要范畴。作为人类实践活动的主要形式，交往是关于实践主体间交互关系的范式，指在一定的历史条件下的现实的个人、群体、阶级、民族、国家之间在物质上和精神上相互往来、相互作用、彼此联系的活动。交往分为物质交往和精神交往两种形式。物质交往是人们在物质生产实践中发生的交往，物质产品是其交往内容。精神交往是人们在精神生产实践中产生的思想、意识、观念的交流。从物质交往和精神交往的关系看，物质交往是精神交往产生的基础，决定和直接影响精神交往，精神交往对物质交往具有能动的反作用。在当今时代，以文化产品为中介的文化交往成为精神交往的重要方面，体现了人们在文化特定场域中对满足精神需求的天然诉求。长期以来，城市本位发展模式造成城乡文化发展不平衡，城市文化被贴上"现代化"标签占据主导地位，农村文化不断弱化，城乡文化平等交往壁垒固化。人工智能、物联网、云计算、VR/AR 等数字技术开辟了文化生产、文化交往、文化消费的新途径，也为农村公共文化服务开辟了新阵地、新空间。作为物理公共文化空间在互联网的延伸，数字公共文化空间、数字文化资源及服务平台建设，不但让公共文化的传播不再受地域与时空差异限制，在网络空间无限延伸，而且使公共文化传播速率有了前所未有的改变，弥补了农村公共文化资源不足的局限，增强了农村公共文化服务能力，拓展了传播范围。公共文化数字资源、网络平台建设和智能应用场景拓展，为构建多元主体参与农村公共文化服务供给提供了技术支撑，也为城乡文化交往搭建了数字桥梁。

(一) 加强农村公共文化服务数字化设施建设

数字化基础设施是实现农村公共文化服务数字化的前提。受到经济条件、地理环境等因素的影响，农村基层数字基础设施覆盖不足，农村用户互联网接入水平有待提升。为此，一是要加快宽带网络覆盖，完善农村各类数字化硬件设施，打通公共文化服务数字化建设"最后一公里"，缩小城乡公共文化服务的"数字鸿沟"；二是加强各类数字化服务设备的开发

和应用，实现数字文化资源无障碍流通及媒体终端全覆盖；三是通过数字技术重塑农家书屋、乡（镇）文化站等文化阵地，扩大农村公共文化服务数字化载体。

（二）推动农村公共文化服务数字资源建设

农村公共文化服务数字资源建设就是充分利用信息技术，对农村各类文化资源进行数字化挖掘、开发，生产高质量数字文化产品，通过网络传播来提供数字化公共文化服务。一是对农村文化资源进行数字化保护。农村蕴含了丰富的中华优秀传统文化，是中华民族历经磨难却能始终生机盎然的动力之源；乡土风韵浓郁的农村文化遗产见证了政通人和的辉煌，蕴含着体国经野的中国智慧；乡村社会在革命、建设、改革历程中凝聚了大量红色文化资源。将这些文化资源进行数据化采集、分类储存、科学管理，构筑农村公共文化高质量发展的数字文化资源基础。二是创新应用农村数字文化资源。以大数据、云计算等数字科技解码乡村文化基因，萃取文化内涵，数字化呈现乡村文化遗产、乡村特色文化，让人们足不出户感受乡村文化之美，细品乡村文化之韵。三是开发利用农村数字文化资源。农村数字文化资源为文化创意产品提供了文化素材，通过深挖乡村文化内涵，使具有独特乡村文化符号的文化产品融入现代生活，也让文化创意产品成为感悟中华文明、增强文化自信的重要载体。

（三）加强农村公共文化服务数字化平台建设

农村公共文化服务数字化平台建设是推进基层公共文化服务数字化的必然之举。一是推动智慧图书馆统一平台和公共文化云平台的互联互通，整合图书馆、博物馆、文化馆、非遗馆、专业艺术院团等公共文化机构的数字文化资源，为农民群众提供一站式数字化公共文化服务，实现公共文化资源的智能调度和精准供给。二是利用数字化平台创新文化生产模式。将多元主体纳入公共文化服务数字化平台，共同参与创造高品质文化产品，实现跨区域传播，让不同背景的受众在共享文化产品中进行深度交流，沟通思想、凝聚价值，从而构建城乡文化交往秩序，打造开放包容的公共文化建设场域。三是构建文化产品配送数字平台。通过文化产品配送数字化管理，实现公共文化服务需求精准对接。四是创新数字化平台服务保障。通过融合线下文化空间场景服务和线上电商、网络直播，带动更多新型文化消费模式。

（四）拓展农村公共文化服务智慧应用场景

当前信息技术支撑的数字化服务应用已全面融入人们的日常生活，为人民群众带来了高效便捷的公共文化服务。但是，我们也要看到，农村公共文化服务数字化用户体验不佳等问题依然存在。为此，一是要依托大数据、人工智能、云计算等技术实现农村公共文化服务可视化、可追踪、可评价管理，通过打造网络互动空间和服务生态，实现信息反馈和服务监督，解决公共文化服务信息不对称和信任问题；二是利用信息技术完善需求征集、网上预约、在线互动等移动端公共数字服务，提高供需适配，提供个性化服务；三是丰富"沉浸式""互动式"体验服务，建设沉浸式村史馆、互动式非遗馆等新型文化空间，增加以沉浸式展演、交互式展览等为主要内容的文化活动，扩大农村优质文化产品和文化体验供给。

五、以文化消费为纽带，实现公共文化服务与文化旅游协调发展

马克思认为，消费是生产的源泉。文化产品具有独立于生产者和消费者的属性，可以作为商品进入流通领域形成文化消费。所谓文化消费是指人们通过对文化产品和服务的占有、欣赏、使用来满足自身精神文化需要的精神交往实践。文化消费内容非常广泛，既包括直接的文化产品消费，如电影、戏剧、电子游戏等，也包括文化产品消费的物质载体和文化设施，如电视机、照相机、图书馆、博物馆、电影院等。相对于生产消费和生活消费，文化消费既具有经济价值，又具有社会价值。一方面，文化消费能带动要素配置、资本流动、商品交换，推动文化产业发展，为社会发展带来经济效益；另一方面，由于文化本身的符号性特征，文化消费强调人对精神、价值、意义的追求，文化消费的过程也是文化传承、文化再生产的过程。文化是旅游的灵魂，旅游是文化的载体，文化旅游是激发文化消费的新引擎，也是推动文化事业、文化产业和旅游业深度融合的内在动力。乡村文化资源和生态资源丰富，发展文化旅游成为产业兴旺、乡风文明建设的重要面向。以公共文化服务助推文化旅游，以文化旅游促进文化消费，实现公共文化服务与文化旅游协调发展成为农村公共文化服务高质量发展的重要路径。

（一）构建农村公共文化服务与文化旅游协调发展的内生动力

公共文化服务与文化旅游互为支撑，公共文化服务为文化旅游提供资

源支持和价值引领，文化旅游为公共文化服务提供良好的产业支撑和传播载体。文化旅游具有明显的消费行为特征和市场属性，公共文化服务兼具文化属性、社会属性和经济属性，因而，文化消费是实现公共文化服务与文化旅游协调发展的最佳连接点，也是促进公共文化服务与文化旅游协调发展的内生动力。当前，消费已成为应对国际挑战、稳定国内市场、满足人民美好生活需要的关键。随着生活水平的提高，越来越多的人愿意投入更多的精力和金钱享受文化生活，也愿意为高品质文化体验买单，文化消费的日益增长成为推动农村公共文化服务与文化旅游协调发展的内生动力。一是要进一步释放文旅消费潜力。当前我国文旅市场加快发展，对拉动消费、促进经济复苏、提振市场信心发挥了重要作用。要出台激励政策，进一步激发文旅消费更大活力。二是推动文旅市场主体融合。公共文化机构和文旅企业是文旅消费市场的供给主体，要加强两者合作，实现优势互补。一方面，文旅消费使公共文化服务日益成为地区文化软实力和文化旅游资源的组成部分，将更多的文化资源、文化要素转化为旅游产品，丰富旅游的内涵，推动旅游产业转型升级；另一方面，文旅消费需求增长带动了公共文化服务需求增长，促进了农村公共文化服务高质量发展，同时也对文化创意产品开发和市场营销提出了更高的要求，文旅企业要丰富文化产品的精神内涵，提升全民文明素养，实现社会效益和经济效益双丰收。

（二）创新公共文化服务与文化旅游融合发展模式

在文旅融合实践中，农村公共文化服务内容有所扩展，通过与旅游要素相互嵌入，逐步形成"公共文化设施+旅游""公共文化资源+旅游""公共文化活动+旅游"等新业态。公共文化服务与文化旅游融合发展的模式创新关键在于公共文化空间重塑。一是要打造农村主题功能空间。农村主题功能空间是指文化广场、文化礼堂、乡村戏台、村史馆、农家博物馆等公共文化生活场所。在文旅融合发展背景下，将凝结集体记忆和历史共同感的主题功能空间打造成乡村特色文化旅游品牌，把本地自然风光、村史乡情与现代休闲旅游结合起来，既可以让消费者体验耕读传家的历史文化传统，感受乡村社会的历史变迁，又能促进文化消费，实现了公共文化服务与文化旅游有机融合。二是打造地方特色文化活动。整合地域传统民俗文化、红色文化、生态文化等多种类型的文化资源，通过举办民俗表演、农民丰收节等各类特色节会，打造常态化地方特色文化活动，传承中华优秀传统文化，留住民俗乡愁。三是将公共文化活动与旅游结合起来。定期举行文艺下乡巡演、地方戏剧表演等村落集体活动，通过抖音等短视频 APP 让乡村文艺团队"秀"出独特风采，对外展示乡村文化生活和精神风貌，扩大乡村文化影响力，促进文化消费。

第八章

非物质文化遗产保护赋能农村公共文化服务高质量发展研究

　　非物质文化遗产是中华优秀传统文化的重要组成部分和乡村特色文化的典型代表。作为农耕时代劳动人民创造的生产方式和生活方式，非物质文化遗产承载着民族精神和文化传统，是民族文化最基础、最稳定和最核心的部分。随着时代的变迁和社会的转型，产生于农耕时代的非物质文化遗产受到极大冲击，一些依赖口传心授的民间文学、传统技艺、习俗等正在消失。作为民间创造的文化样态，非物质文化遗产具有公共性、人民性、传承性，与农村公共文化服务具有耦合共生关系。农村公共文化服务高质量发展就是要提供农民喜闻乐见的文化产品和服务，作为公共文化建设的重要资源，非物质文化遗产对打造具有鲜明特色的高品质文化产品和服务具有重要价值。如何将非物质文化遗产资源融入公共文化服务中，是农村公共文化服务高质量发展的重要课题。

　　非物质文化遗产的保护传承体现了精神生产的普遍特征，坚持马克思精神生产理论在非物质文化遗产保护实践中的指导地位，对于构建非物质文化遗产保护的中国道路，实现留住民族文化根脉、守护精神家园的美好愿景，不断提升中华民族文化自信有着重要意义。本书以马克思精神生产理论为视角，立足于推动非物质文化遗产活态传承的时代性课题，在对非物质文化遗产保护进行专题调研和实证分析的基础上，探索非物质文化遗产保护赋能农村公共文化服务高质量发展的实践路径，以期为农村公共文化服务高质量发展提供新思路、扩展新空间、提出新策略。

第一节　精神生产与非物质文化遗产保护

非物质文化遗产保护的本质是文化再生产，核心是确保非物质文化遗产文化生命力，使非物质文化遗产更好地活在当下，融入现代人的生产生活中。精神生产是关于"思想、观念、意识的生产"，马克思精神生产理论对当代文化生产实践具有普遍的指导意义，以马克思精神生产理论为视角研究非物质文化遗产保护，对于构建中国特色非物质文化遗产保护理论具有重要意义。

一、问题的提出

作为人类在长期生产生活中创造并为后代不断传承的精神成果，非物质文化遗产被称为活态遗产，相较于物质文化遗产的静态特征，非物质文化遗产是口口相传的活态文化。人是非物质文化遗产的承载者，离开了人，非物质文化遗产就会枯萎。在传统社会，非物质文化遗产的传承要求传授者和继承者形成紧密的信任关系，这决定了非物质文化遗产以家庭传承和师徒传承为主，在这一链条上的血缘关系以及师徒情感容易形成悉心传授、全心学习的互动机制。然而，这一机制又是脆弱的，在现代化和城市化的进程中传统村落急速消减，大量农民离开世代生活的乡村迁入城镇，不再从事农业生产和传统手工劳动，传统技艺、传统风俗、传统生活方式随之消失，非物质文化遗产的传承面临后继乏人。所以非物质文化遗产的保护首先是传承人的保护，要坚持传承人保护与生产生活方式保护并重，力求见人、见物、见生活、见生产。

多年来，我国始终坚持"保护为主、抢救第一、合理利用、传承发展"的保护方针，随着非物质文化遗产保护工作的深入推进，工作重心已由整理申报转入根据不同类型及其现存状态进行分类保护。联合国教科文组织《保护非物质文化遗产公约》（以下简称《公约》）指出非物质文化遗产保护工作的核心要义是通过各种措施确保非物质文化遗产文化生命力，但在"如何确保"这个问题上学术界还存在分歧：一部分人强调"本真性"和"原生态"，将"抢救""保留""保护"作为工作重心，认为保护高于发展和创新；另一部分人强调"活态性"和"发展性"，主张通过商业化和产业化的方式对非物质文化遗产进行开发和利用。事实上这两种方式都背离了"保护为主、抢救第一、合理利用、传承发展"原则，与《公约》提出的确保非物质文化遗产文化生命力的宗旨大相径庭。活态性的特点决定了非物质文化遗产保护既不应该采取博物馆式的保护方式，让非物质文化遗产与社会发展脱节，又不应该最大限度追求经济利益导致过度开发，使非物质文化遗产的文化属性弱化甚至异化。"保护传统"和"发展创新"是非物质文化遗产保护传承工作的一体两翼，不应将两者对立起来。无论采取哪种保护方式，都要以非物质文化遗产的核心技艺和文化价值得到完整保护为前提，在保护中发展、在发展中保护，确保非物质文化遗产文化生命力。

在这样的背景下，实现非物质文化遗产保护社会效益和经济效益良性互动，对非物质文化遗产进行生产性保护进入人们的视野。中国艺术研究院王文章教授在2006年出版的《非物质文化遗产概论》一书中首提"生产性保护"。虽然没有进行概念和内涵的界定，但是，生产性保护作为一种非物质文化遗产保护的新途径引起了广泛关注，此后迅速成为研究热点。2009年，为了交流经验和深入探讨，我国举办了关于非物质文化遗产生产性保护的研究论坛，在会上经过讨论达成共识，认为生产性保护的实质就是将非物质文化遗产资源转化为产品，然后通过流通环节产生经济效益，以此达到保护和传承的目的，是对非物质文化遗产的积极性保护。2012年文化部出台《关于加强非物质文化遗产生产性保护的指导意见》对生产性保护的概念、原则做了明确界定，指出以有效传承为前提条件，在保持真实性、整体性和传承性的基础上，通过生产环节将非物质文化遗产物化为产品，再通过流通和销售环节转化为商品。生产性保护的宗旨不是生产，而是以生产为手段和途径保护非物质文化遗产。同期公布了第一批41个非物质文化遗产生产性保护基地，举办了相关成果展示，这意味着生产性保护已由一种保护理念转化为一种保护方式。目前，这种保护方式在传统技艺、传统医药、传统美术类非物质文化遗产项目实施中得到广泛应用，并取得很好的效果。

二、非物质文化遗产保护理论的拓展

（一）非物质文化遗产概念的演化

非物质文化遗产作为专有名词不是我国固有的，2003 年联合国教科文组织在《公约》中首次以法律形式将非物质文化遗产定义为"被各社区、群体，有时是个人，视为其文化遗产组成部分的各种社会实践、观念表述、表现形式、知识、技能以及相关的工具、实物、手工艺品和文化场所。这种非物质文化遗产代代相传，在各社区和群体适应周围环境以及与自然和历史的互动中，被不断地再创造，为这些社区和群体提供认同感和持续感，从而增强对文化多样性和人类创造力的尊重。"[①] 该概念强调了人与物、环境、历史的协调统一。此后，非物质文化遗产作为联合国法规性概念在全球得到了广泛认可，并用于指导各国非物质文化遗产保护实践。同年我国政府主导的非物质文化遗产保护工作正式启动。2004 年全国人大常委会批准了《公约》，"非物质文化遗产"正式使用见于 2005 年 5 月国务院《关于加强我国非物质文化遗产保护工作的意见》，取代了之前被频繁使用的"民间文化"。为加强和规范保护和管理工作，2005 年年底国务院又出台《关于加强文化遗产保护的通知》，对非物质文化遗产概念进行了概括："非物质文化遗产是指各种以非物质形态存在的与群众生活密切相关、世代相承的传统文化表现形式，包括口头传统、传统表演艺术、民俗活动和礼仪与节庆、有关自然界和宇宙的民间传统知识和实践、传统手工艺技能等以及与上述传统文化表现形式相关的文化空间。"[②] 这一定义是以《公约》为基础所做的中国化、本土化的表述，标志着我国对非物质文化遗产概念界定的法律化、规范化。

非物质文化遗产作为新概念与我国长期使用的"民间文化"在内涵、外延上有着异同。民间文化，是与上层精英文化、雅文化相对的概念，它特指底层人民创造的精神财富。在人类的历史长河中，受生产力水平的限制大多数人从事物质资料的生产，没有受教育的机会，精神文化生活长期

---

① 联合国教科文组织. 保护非物质文化遗产公约：2003 [EB/OL]. 中国非物质文化遗产网·中国非物质文化遗产数字博物馆，2003-12-08.

② 国务院关于加强文化遗产保护的通知 [EB/OL]. 中国政府网，2006-02-20.

被少数上层精英垄断，劳动人民长期处于被支配、被压抑的地位，他们所创造的文化被高高在上的统治者视为登不了大雅之堂的粗鄙文化，被主流文人和所谓文化精英漠视和摒弃，除少数所谓文化精英偶尔俯下身段接触民间创作，绝大多数的民间创作得不到传承消失在历史的烟尘之中。非物质文化遗产与民间文化概念的共同性表现在"世代传承"，但两者内涵的界定有着很大的不同，非物质文化遗产的界定更加注重是否以"世代相传"作为传承方式、是否被持续地认同和再创造，不注重是否来自社会底层，既包括社会底层的民间文化，也包括口传形式的所谓雅文化，概念的外延更加宽泛，表现了对口头文化的尊重和认可。同时，非物质文化遗产概念的视野更加宽广，它将礼仪、节庆活动、有关自然和宇宙的知识活动等不被主流文化重视，甚至忽略的项目类型列入，打破了脱离生产生活方式从抽象意义上理解文化，拓宽了人们的文化理念。事实上，文化是对社会环境、生产生活方式的理解和表达，是特定文化生态环境的产物。

（二）实践中形成的中国化非物质文化遗产保护理论

非物质文化遗产保护是联合国教科文组织指导实践的人类文化遗产保护系统工程。我国政府从 2003 年启动非物质文化遗产保护工作以来，认真履行《公约》义务，开辟了非物质文化遗产保护的中国道路，使非物质文化遗产得到有效的保护和传承，创造性地实践了抢救性保护、整体性保护、生产性保护、生活性保护等多种保护模式。在中国化时代化马克思主义理论指导下，在充分吸收《公约》的保护理念和行动框架的基础上，推动了非物质文化遗产保护从抢救性保护、整体性保护到生产性保护的进阶，同时结合中国特色非物质文化遗产保护实践，形成了具有中国特色的非物质文化遗产保护理论。

第一，坚持以马克思主义为指导推动非物质文化遗产保护传承。非物质文化遗产是社会历史的产物，并在适应社会生产力发展和生活方式变迁中不断传承、发展或衰亡。由于产生于农耕文明的文化土壤，非物质文化遗产不可避免携带不同社会历史时期陈旧的，甚至糟粕的道德观念和思想意识，全盘否定或者不加选择吸收都不符合辩证唯物主义和历史唯物主义的基本立场，要坚持有鉴别地对待、有扬弃地继承，深刻洞察非物质文化遗产的文化特点和基本特性，处理好"古"与"今"、"旧"与"新"等重大关系，着眼于中华民族现代文明建设，紧扣时代之需，赋予非物质文化遗产新内涵、新形式、新话语。

第二，坚持人民立场是非物质文化遗产保护传承的出发点和落脚点。人民是非物质文化遗产的创造者，非物质文化遗产存续和发展的核心是保护和培养传承人，要为非物质文化遗产传承人长期发展提供良好的社会环境。同时人民是非物质文化遗产的承载者，每一个人都是本民族文化的载体，离开了传承非物质文化遗产保护就是空谈。为此，非物质文化遗产的活水在基层、在民间，人民才是非物质文化遗产的持有者、保护者、继承者，要充分发挥人民的主体作用，坚持"见人、见物、见生产、见生活""人民非遗，人民共享""非遗融入当代生产生活"的保护理念，站稳人民立场、尊重人民创造，将人民所需、人民喜爱的非物质文化遗产保护好、传承好。

第三，坚持守正创新，在保护中发展、在发展中保护。不断创新的文化才是有生命力的文化，非物质文化遗产是产生于特定社会文化环境中的活态文化，只有融入当代社会生活才能保持旺盛的文化生命力。文物式的保护使非物质文化遗产远离现实生活的滋养，非物质文化遗产成了无源之水、无本之木，为此，要认识非物质文化遗产的本质特征和发展规律，坚持保护中发展和发展中保护，推动非物质文化遗产创造性转化和创新性发展，让非物质文化遗产融入当代生活。在保持核心价值、核心技艺的基础上，开发出时代所需的特色产品，满足广大人民群众的物质文化需要，形成非物质文化遗产与现代人新的融通关系，让非物质文化遗产在现代社会展现出勃勃生机。

三、马克思精神生产理论视域下的非物质文化遗产保护

精神生产作为马克思考察人类社会发展的重要维度，是马克思主义唯物史观的重要范畴。马克思精神生产理论揭示了精神生产的本质、规律及其在人类社会发展中的重要意义，为非物质文化遗产保护提供了根本遵循和理论基础。

马克思从实践的角度出发，将整个社会生产分为物质生产、人自身的生产和精神生产。他认为，人们在进行物质生产的同时，还在进行精神生产活动。精神生产的主体是现实的人，是现实的人以精神文化的生产为目标，对象化地创造精神产品。物质生产决定精神生产，但精神生产具有相

对独立性，有着自身发展规律。精神生产的成果表现为科学、艺术、道德、宗教、哲学等具体形式。非物质文化遗产是精神生产的产物，本质上是遵循了精神生产的基本原理。其产品有两种形态：一是有形的文化产品，如民间文学、剪纸、雕塑作品、木刻作品等；二是无形的文化产品，如思想、观念、习俗等。作为人们在精神生产实践中创造的并世代口口相传的精神财富，非物质文化遗产从其产生和发展来源看，是对社会经济形态与生产生活方式的反映，属于社会意识的范畴；从其形成和发展的规律来看，非物质文化遗产不能脱离各族民众的生产生活方式，是一种具有历史延续性的活态文化，它具有鲜明的民族性、地域性、人民性，深深地渗透于民众的生产生活之中。非物质文化遗产保护应建立在文化生产的基础上，将非物质文化遗产放到生产实践中去保护，生产是保护的手段，保护是目的，生产性保护是符合非物质文化遗产自身特点及规律的重要保护方式之一。现代化浪潮已瓦解了农业文明根基，整个社会文化生态也已发生了质的改变，一味追求原生态保护是不合时宜的。生产性保护就是要通过市场化、商品化的方式让非物质文化遗产融入现代生活。

任何历史阶段的精神生产，都是在前人精神成果基础上的创新，离开传承的创新是无源之水。非物质文化遗产是精神劳动的宝贵成果，是"真""善""美"的有机统一，"真"是指非物质文化遗产是人们在认识世界和改造世界过程中创造的精神成果，浸润着人们关于自然与社会的发展规律的洞察和智慧。"善"是指非物质文化遗产沐浴着人类社会的道德伦理价值，是中国特色社会主义公民道德建设的宝贵财富。"美"是指非物质文化遗产是包含着美的艺术作品，能够满足人们的审美需要。非物质文化遗产保护离不开对历史基因的传承，只有在继承文化传统的基础上才能发展创新，优先考虑精神价值、兼顾经济效益，这是由精神生产的本质属性决定的。

非物质文化遗产保护是在实践中摸索前进、不断创新的文化事业。经过多年的努力，"非物质文化遗产"的概念已经为社会各界广泛接受，保护传承非物质文化遗产深入人心。非物质文化遗产生产性保护作为融入当代社会生产生活实践最直接的路径，已在传统技艺、民间美术、传统医药等类型的非物质文化遗产项目保护实践中取得了社会效益、经济效益的良性互动。

第二节 非物质文化遗产保护实践研究——以宁夏为例

本书在对宁夏非物质文化遗产保护调查研究的基础上，对宁夏国家级非物质文化遗产项目杨氏家庭泥塑和张氏回医正骨生产性保护进行实证分析，探讨非物质文化遗产生产性保护的实践图景。

一、宁夏非物质文化遗产保护概述

宁夏地处我国西北地区东部，与陕西省、内蒙古自治区、甘肃省相邻，面积 6.64 万平方千米。宁夏北部和南部地理环境差异较大，北部黄河出青铜峡后，冲击出富饶的银川平原，贺兰山横亘南北，黄河在这里缓缓流淌，形成沟渠纵横、沃野千里的塞上江南富庶景象，是传统的灌溉农业区。宁夏南部地区属于黄土高原的边缘地带，六盘山、清水河、泾河共同孕育了灿烂的历史文化。考古挖掘表明，早在三万多年前，古人类就在此活动。战国时期秦昭襄王设北地郡，宁夏正式成为中原政权在北方的行政建制。宁夏开发较早，历代统治者都将这里视为边防重地，自周朝以来这里就是移民地区，移民带来的各种文化在这里落地生根、相互交融。独特的地理位置、特殊的地理环境使宁夏各族人民处于多元文化浇灌之中，创造出了传统音乐、传统技艺、传统美术、民间文学等风采各异、特色鲜明、影响深远的非物质文化遗产。

截至 2022 年，宁夏经过 7 次非物质文化遗产代表性项目推荐申报评审工作，确认 5667 项非物质文化遗产资源，1065 项四级代表性项目，1611 名代表性传承人，入选国家级非物质文化遗产代表项目 28 项（具体见表 8-1），自治区级非物质文化遗产代表项目 224 项，国家级非物质文化遗产代表性传承人 22 名，自治区级非物质文化遗产代表性传承人 376 名，建立 15 个非遗工作坊（其中 8 个获批国家级非遗工作坊），9 个国家级非物质文化遗产项目保护利用基地，95 个自治区级非遗保护传承基地。①

表 8-1　宁夏国家级非物质文化遗产项目类型

类型	民间文学	传统音乐	传统舞蹈	传统戏剧	曲艺	传统美术	传统技艺	传统医药	民俗	合计
数量	1	3	1	1	1	5	7	4	5	28

数据来源：中国非物质文化遗产网·中国非物质文化遗产数字博物馆。

二、宁夏非物质文化遗产保护的制度设计

（一）立法保护、政策推进

2005 年国务院正式出台《关于加强我国非物质文化遗产保护工作的意见》。为推进宁夏非物质文化遗产保护工作，宁夏回族自治区政府于 2005 年 8 月成立了非物质文化遗产保护工作领导小组，组建了专门的工作机构"宁夏非物质文化遗产保护中心"来管理协调非物质文化遗产保护工作。2005 年 9 月，自治区政府印发了《宁夏回族自治区非物质文化遗产保护工程实施方案》，标志着宁夏非物质文化遗产保护工程正式启动。为了保证非物质文化遗产保护工作有法可依，自治区政府于 2006 年 9 月颁布《宁夏回族自治区非物质文化遗产保护条例》，宁夏成为中国较早对非物质文化遗产进行法律保护的省份，对宁夏非物质文化遗产的种类和范围做了界定，制定了非物质文化遗产保护的基本原则，明确了非物质文化遗产保护的主体责任，规范非物质文化遗产保护的管理措施等，并对非物质文化遗产传承人的权利和义务及社会保障措施等做出相关规定；2007 年出台《宁夏回族自治区非物质文化遗产代表作名录申报评审暂行办法》，规范了非物质文化遗产代表作名录申报程序、评审标准；2019 年修订的《宁夏非物质文化遗产保护专项资金管理办法》，对专项资金使用范围、申请与审批程序做了明确规定；2020 年出台《宁夏回族自治区非物质文化遗产保护管理暂行办法》，对非物质文化遗产保护管理采取分级保护管理、属地保护管理相结合的办法，同时对名录项目、继承基地、代表性传承人都做了相关规定。2021 年修订《宁夏回族自治区非物质文化遗产保护条例》，打破

① 王刚. 第七批自治区级非物质文化遗产代表性项目名录公布 [N]. 宁夏日报，2024-05-05 (2).

了非遗代表性传承人"终身制",同年还制定了《宁夏回族自治区非遗与旅游融合发展项目资金管理暂行办法》和《宁夏回族自治区级文化生态保护区管理暂行办法》,规定每年从自治区全域旅游示范区推进专项资金中统筹安排资金,用于支持非遗和旅游融合发展项目,规范了宁夏文化生态区申报条件、建设管理职责等。2023年印发《宁夏回族自治区非遗工坊管理办法》,制定了非遗工坊的认定范围、程序、职责管理办法。以上政策法规的出台标志着宁夏回族自治区非物质文化遗产法律体系和政策管理体系进一步完善。为推动宁夏文化产业发展,宁夏回族自治区政府相继出台了《关于加快文化产业发展的若干政策意见》《关于做强做大文化旅游产业的决定》等文件,制定了一系列促进文化产业发展的优惠政策,为文化产业发展创造了良好政策环境。进入新时代,编制出台《黄河流域宁夏非物质文化遗产保护传承弘扬专项规划》《宁夏非遗扶贫"百千万"行动计划实施方案》等一系列政策推进方案。

(二)数字化传承保护

抢救、挖掘、整理是宁夏非物质文化遗产保护的重要内容,自治区、市、县三级文化管理部门和文化馆作为非物质文化遗产保护的主体单位,经过多年的努力,现已建立了国家、自治区、市、县四级非遗名录。《宁夏非物质文化遗产项目名录》《宁夏非物质文化遗产传承人名录》《宁夏回族口弦》等多部研究成果已问世。依托2015年文化部启动的"国家级非物质文化遗产代表性传承人抢救性记录工程",采用数字影像技术对年事已高的国家级代表性传承人和自治区级代表性传承人的人生经历、手工技艺、传承方式等进行全面整理记录,录制传承人口述记录、项目实践片、传承教学片等数字影像资料,《杨栖鹤——杨氏家庭泥塑》在"国家级非物质文化遗产代表性传承人抢救性记录工作成果展映月"活动中获"观众最喜爱影片"奖,开启了宁夏非物质文化遗产资源数字化保护之路。收集整理28个国家级代表性项目、22名国家级代表性传承人、224个自治区级代表性项目、376名自治区级代表性传承人相关资料,编印成册并进行了数字化转化记录保存。"十四五"期间宁夏将加快建设非物质文化遗产数字应用工程,内容包括非物质文化遗产数据库建设、黄河流域宁夏非物质文化遗产网建设、黄河流域宁夏非物质文化遗产数字博物馆建设。

（三）创新价值转化模式

宁夏已建成 95 个自治区级非物质文化遗产保护传承基地，15 个非遗就业工坊，大力推进非物质文化遗产转化利用，实现传统技艺与商业开发跨界融合，研发文创产品，构建集娱乐休闲、研学服务于一身的非遗主题旅游线路，实现了非遗工坊、保护传承基地、非遗展示馆功能的有机融合。同时面向农村基层开展技艺培训、研修研习，采取订单报销的办法为当地农民创造就业机会。宁夏隆德县红崖村深挖非物质文化遗产资源，利用历史街区引入当地非物质文化遗产项目，开办传统技艺工作坊，通过"非遗+旅游"销售书画、剪纸、草编等文创产品，将非物质文化遗产转化成能产生经济效益的文化资本，打开了当地农民致富路。

（四）探索活化传承路径

建立区、市、县三级培训体系，分期分类举办专题培训。充分发挥非遗保护传承基地、非遗工坊等平台作用，常态化开展培训、传习、生产、展销等活动。灵武市古陶瓷烧制技艺保护传承基地，开展陶瓷制作技艺培训体验活动，从基地输出的陶瓷制品进入宁夏人的日常生活；平罗县泥哇鸣展示传承基地与新时代文明实践相结合，开展泥哇鸣制作展示、演奏实训、体验研学等文化活动，让大众感受非物质文化遗产之美；固原大原古建筑技艺传承基地拓宽保护传承空间，在原州区开城镇大马庄村新建 1650 平方米传承基地，让老手艺变致富新产业；固原魏氏砖雕保护传承基地面向中小学生举办砖雕公益兴趣班，为中小学生普及砖雕文化知识、讲授砖雕技艺；西吉县马兰刺绣基地建成 9000 多平方米的综合业务大楼，为当地群众在家门口创造就业岗位，拓宽了农民增收路。

（五）拓展非物质文化遗产展示传播机制

一是利用数字传媒提高非物质文化遗产社会能见度和知晓度，借助短视频、网络直播让传统技艺屡屡出圈，让更多人看见非遗，感受传统文化之美。二是将非物质文化与宁夏旅游推介结合起来，通过旅游博览会、重大节庆活动及专题演出等形式展示非遗文化。举办"塞上工匠——宁夏传统手工技艺展"、"花儿"学术研讨会、"非遗社区行"等形式多样的宣传体验活动，让大众通过非物质文化遗产认识历史、敬畏历史。三是推进教育传承，支持传承人到学校任教或兼职，开展非物质文化遗产职业教育，培养理论素养好、技艺高超的新时代传承人。

三、宁夏非物质文化遗产生产性保护实证研究——以杨氏家庭泥塑保护与利用为例

宁夏南部六盘山地区，属于黄土高原的边缘地带，与关中平原相衔接，是丝绸之路的重要通道。在这里中原农耕文化和北方草原游牧文化相互交融，孕育了丰富灿烂的地域文化。地处宁夏固原地区的隆德，文化历史积淀深厚，民间艺人层出不穷，农民画、篆刻、彩塑、剪纸、刺绣、皮影等民间民俗文化源远流长。丰富的民间文化艺术、浑厚的历史传统底蕴使隆德成为宁夏的非物质文化遗产之乡。杨氏家庭泥塑、高台马社火入选国家级非物质文化遗产第二批代表性项目名录，砖雕、篆刻等项目被列入自治区级非遗保护名录。温堡乡杨坡村的"杨氏家庭泥塑"色彩鲜艳、形象逼真、工艺高超，主题涵盖了民俗文化、历史人物、戏曲形象等，是中国传统手工艺术中的精品。如今杨氏泥塑传承人不仅系统继承了前人制作技艺，而且借鉴了民间艺术之长，将当地的历史文化传统与人文情感融入工艺制作，初步形成了集泥塑、木刻、彩画、章雕、烫花于一身的家庭民间艺术风格，独具民俗性、地域性和艺术性。其原创作品《西夏王》《十二生肖神》《百年西夏》《悠悠回乡韵》等作品屡创佳绩，在国内外的各类大赛中获奖。2008年，杨氏家庭泥塑入选传统美术类国家级非物质文化遗产代表性项目名录，第四代、第五代传承人分别于2009年、2018年入选第三批和第五批国家级非物质文化遗产代表性项目代表性传承人。

（一）传承脉络

杨氏家族泥塑始于170多年前的清朝道光年间。当时，宗教雕塑较为盛行，是泥塑行业的主流。为了学得一技之长，第一代传人离乡寻师访艺，来到陕西凤翔学习宗教雕塑，经过博采众长的刻苦学习，技艺日渐成熟，自创"杨氏泥塑"，曾为平凉府城隍庙雕塑和绘彩。第二代传人和父亲一样早年也曾赴陕西扶风拜师学艺，他"善丹青重彩塑"，奠定了杨氏家族泥塑艺术风格。第三代传人为第一代传人之侄，早年四处学艺，将异地独特的绘画艺术融于家族艺术之中，丰富了杨氏泥塑家传工艺。

第四代传人杨栖鹤生于1930年，是第三代传人之子，自幼就受到家传艺术的熏陶，在继承前三代传人雕塑技艺的基础上，吸收了更多民间艺术技巧，形成了集雕塑、绘画、木刻、剪纸、烫花等技艺于一身的杨氏家庭

艺术风格，是杨氏家庭泥塑的集大成者，也是具有承前启后意义的一代传人，2009 年入选国家级非物质文化遗产代表性项目代表性传承人。如今，杨氏家庭泥塑已经七代，在继承杨氏彩塑的基础上，吸收、借鉴其他民间艺术之长，丰富并完善艺术表现力，逐渐形成以传统宗教彩塑为创制主体，又兼顾多元材料的杨氏彩塑艺术。

（二）制作工艺

杨氏家族泥塑艺术技法和制作工艺复杂。泥塑制作原材料为优质红胶土，泥的酿配技术含量很高，不同类型的土按比例进行配制。制作手法有圆雕、浮雕和透雕等。主要制作过程：

1. 选料工序：一般用黄土、金砂土、茄色土、黑铁土、红胶土、铁江土、白胶土、鸭腿青土、姜黄土、米砂土、古黄土、青豆土等；砂粒在泥料中非常重要，造像大小不同，砂粒的选择不同，包括粗砂、米粒砂、细面砂；棉质料包括纤维麻料、线头、草节、麦衣、棉花、薄毛、纸浆。

2. 泥的配制工序：选择黏性较大的胶泥，加水和成面团状，然后将纸筋、黄细沙或胡子麻毛与胶泥混合，用力揉至泥团光亮柔软，最后配制成粗泥、中泥、细泥、棉泥。

3. 造像工序：扎骨架（确定骨架的姿态，然后用木椽捆扎，这是泥塑最基础的工程，决定作品能否长期保存）；上粗泥、中泥、细泥；贴棉泥、收光、压划、插饰。

4. 敷彩工序：糊纸、木白、起稿、沥粉、上彩、装金、抛光。"三分塑，七分彩"，敷彩起到画龙点睛的作用，从打底色到开描总计有 20 多道手工工序，需要艺人逐一完成。

（三）艺术特色

杨氏泥塑的前三代传人均以宗教造像见长，形成了以大型宗教彩塑、文物修复和小型欣赏性彩塑为主的艺术种类。杨氏泥塑的代表作有中宁石空大佛寺、固原博物馆、兰州文庙、武威文庙和新疆天山的文物修复造像等 100 余尊。在小型观赏性彩塑的制作上，杨氏泥塑多采用凝练的表现方法，追求生动、自然，结构比例适度夸张，人物雕制表情各异，艺术形式张弛有度，雕刻技艺细腻与粗犷并重，装饰性与写实性并重。在色彩处理上采用沥粉、平涂、分染、点饰图案、贴金、上光等工艺，追求色调明丽和稳重的和谐统一。《西夏王》《四大天王》《童子戏生肖》等系列作品是享誉全国的代表性作品。

（四）传承方式

1. 家庭传承

在传统社会，技艺被看成家族生存发展的命脉，不会轻易泄露给外人，家庭内部传承一直是非物质文化遗产最普遍的传承方式。杨氏泥塑前三代传人都是家族内部以言传身教的方式有序传承，以父子、叔侄传承为主。

2. 师徒传承

2008 年"杨氏家庭泥塑"入选传统美术类国家级非物质文化遗产代表性项目名录后，为进一步将传统技艺发扬光大，让更多的人掌握这门古老的艺术，促进当地文化产业发展，第四代传人杨栖鹤打破"传男不传女、传内不传外"的古训，广收门徒。杨家人将技艺、工艺、流程等做成文字材料，学徒通过阅读了解塑造程序，熟悉泥塑的选料、配料、扎制骨架、上彩等的基本过程，再通过师傅的言传身教进一步理解和深化，逐渐形成一支继承人的队伍。

3. 学校传承

学校作为传承文化和传播历史文化价值观念的重要载体，近些年在非物质文化传承中越来越发挥着重要作用。在新的历史环境下杨氏泥塑第五代、第六代传承人意识到传统手工技艺的传承面临失传，树立"技艺共享"观念，以学校为平台传授杨家泥塑技艺。

4. 建馆传承

建馆传承是杨氏家庭泥塑在传承机制上的创新。"杨氏泥塑"陈列馆收藏着杨氏六代传人的实物资料、颜料样本、文字书籍、泥塑制作工具、代表作品、荣誉匾额等，这些实物融入了传承人深厚的情感，凝结着杨家人的情感记忆，是杨氏家族锲而不舍、精益求精"无言的见证"。

（五）"杨氏家庭泥塑"生产性保护的困境

杨氏泥塑以家庭为单位成立了"宁夏隆德杨氏彩塑文物艺术有限公司"，并获得了国家二级甲等石窟造像、泥彩塑造像修复、复制和古建筑彩绘资质。① 2014 年，宁夏隆德杨氏彩塑文物艺术有限公司被文化部认定

---

① 杨贤龙. 杨氏泥塑的艺术特色与文化传承［J］. 民族艺林，2014（1）：58-62.

为第二批国家非物质文化遗产生产性保护示范基地。尽管杨氏家庭泥塑已得到有效的保护，但依然面临传承人后继乏人、市场化程度不高等问题。

1. 生产能力不足

杨氏家庭泥塑具有悠久的历史、精湛的工艺、超高的观赏价值，市场认可度高、市场预期较好。随着当地旅游业的兴起，商家订单多，市场需求很大，但是杨氏泥塑的工艺复杂，生产周期长，几十道的工序流程要求缺一不可，这是手工类产品的独特魅力和核心竞争力，能满足个性化的市场需求，但这也决定了传统手工类产品不可能像大工业标准化、规模化生产，旺盛的市场需求和生产能力不足的矛盾是杨氏家庭泥塑在市场化过程中面临的主要问题。

2. 社会化传承不高

为了解决传承人不足的问题，杨氏家族改变了"技不外传"的传统观念，树立"技艺共享"理念，将杨氏泥塑的工艺、配方、流程等公开，在广收门徒的基础上尝试学校传承。但是，非物质文化遗产是在特定的自然环境和文化生态下产生的，它的活态传承来自对历史文化认同和对手工技艺的掌握。杨氏泥塑的制作工艺复杂、工序严谨烦琐，整个过程凭艺人经验完成，既需要有美术功底、审美层次，还要有绘画、雕刻的基本功，需要经过长时间的打磨和老艺人言传身教、口传心授才能练就。现代学校远离非物质文化遗产的文化生态环境，通过流程化、标准化、速成式的教育方式如何保持非物质文化遗产的"本真性"？较长的学习周期和复杂制作工艺有多少学生能坚持到最后？这是杨氏家庭泥塑面临的传承困境。

（六）总结和建议

非物质文化遗产资源是中华民族的瑰宝，也是公共文化建设的基础性资源，将非物质文化遗产资源融入公共文化服务之中，有利于发挥非物质文化遗产的文化功能，提升农村公共文化服务水平，激发农村公共文化服务高质量发展新动能，从而实现非物质文化遗产保护利用和农村公共文化服务的良性互动。当前非物质文化遗产保护与农村公共文化服务工作职能既交叉重叠又条块分割，两者共生互动并不紧密。要通过体制机制创新打破农村公共文化服务和非物质文化遗产保护各自为政的封闭状态，构建农村公共文化服务与非物质文化遗产保护互补共促新格局。一方面，利用非物质文化遗产资源开展群众性文化活动，满足基层群众社交、休闲、文化需求，使农村公共文化服务本土化、大众化，提高农村公共文化服务的存在感和影响力；另一方面，以公共文化服务为载体，积极推动非物质文化遗产现代化转型，使非物质文化遗产保护获得更多的财政支持和外部力量支持。

第三节 非物质文化遗产保护与农村公共文化服务融合发展

非物质文化遗产是乡村共同体孕育的内生型文化样态，承载着乡土社会的文化记忆和集体情感。公共文化服务是乡村文化建设"一体两翼"的重要内容，是广大农民群众文化获得感、幸福感的重要保障。公共性、人民性、传承性的共同属性形成了非物质文化遗产保护与农村公共文化服务耦合共生关系，共同构成了农村文化建设的基本面向。非物质文化遗产保护与公共文化服务融合发展，既是满足人民群众文化需求的基本路径，又是盘活非物质文化遗产资源的重要举措。《关于推动公共文化服务高质量发展的意见》中将乡村优秀传统文化的活化利用和创新发展作为公共文化高质量发展的重要任务，如何以非物质文化遗产保护激发农村公共文化服务高质量发展的新动能，实现两者的互促共进，成为新时代农村文化建设的重要课题。

一、非物质文化遗产保护与农村公共文化服务融合发展的内在逻辑

（一）非物质文化遗产保护为农村公共文化服务提供基础性资源

中国农业人口基数大，即使到了城镇化水平较高的阶段，农业文明形态作为现代社会的补充和辅助依然会长久存在，乡村生产生活的人口数量依然很多，乡村依然是中国式现代化发展"稳定器"和"蓄水池"。非物质文化遗产作为乡村社会特色文化样态，具有不可取代的功能价值，凝结着"天下为公"的社会理想、"民为邦本"的人本理念、"舍生取义"的价值追求、"天人合一"的生态理念，展现着现代社会难得一见的传统生活图景和手工技艺，是人民创造、人民传承和人民享用的文化样态，其公共性、人民性、传承性的属性与公共文化服务高度契合，也为公共文化服务高质量发展提供了源源不断的文化资源。农村公共文化服务应该兼具普

遍性和个性化，非物质文化遗产保护与农村公共文化服务融合发展，既可以实现农村公共文化服务特色化、本土化，又可以提高农村公共文化服务管理水平、拓宽公共文化产品增量渠道。一是非遗博物馆、非遗传承基地、非遗工坊等非物质文化遗产资源的开发利用，为公共文化服务提供了兼具"乡土味""高品质"的嵌入式文化空间，提高了农村公共文化服务便利性、可及性；二是非物质文化遗产蕴含的人文精神和道德规范，成为培养乡风文明、提升农民精神风貌的文化保障和精神支撑；三是通过挖掘非物质文化遗产资源，开发根植于中华文明、沐浴时代光华的文化精品，彰显公共文化产品的独特魅力，满足了群众多样化、分众化的文化需求；四是通过非物质文化遗产保护项目培育高素质农民，培养乡土文化人才。

（二）农村公共文化服务是非物质文化遗产保护的重要支撑

农村公共文化高质量发展是中国式现代化的必然要求，高品质、高效能的公共文化服务保障了农民基本文化权益，提高了农民的文化获得感、幸福感，对于发挥文化在乡村场域的治理效能具有重要意义。公共文化服务标准化、均等化建设，为构建非物质文化遗产与现代社会新的融通关系提供了新平台、新机遇。首先，文化馆和图书馆、乡镇综合文化站、村综合文化服务中心等文化阵地建设，为非物质文化遗产展示和推广以及全民艺术普及提供了新空间。通过政策引导和资金支持，将传统村落、乡村戏台、文化礼堂等传统文化场地打造成乡村特色文化综合体，为非物质文化遗产活态传承提供了新载体。其次，随着文化惠民工程的持续推进和中国民间文化艺术之乡项目的持续开展，为培育非物质文化遗产文化品牌、民间文化队伍和乡土文化人才提供重要平台。最后，随着群众文艺创作活动的广泛开展和公共文化服务进社区、进学校的持续推进，为非物质文化遗产社会化传承提供了更大的空间，使非物质文化遗产在大众参与中融入当代人的生产生活，更好地活在当下。

（三）以非物质文化遗产生产性保护推动公共文化服务与文化产业深度融合

非物质文化遗产不仅具有文化认同、涵养情操、道德教化、凝聚情感等社会价值，而且具有实用性、不可复制性、稀缺性等经济价值，这是非物质文化遗产顺应市场经济规律、满足社会需要的基础。在保留非物质文化遗产文化价值和核心生产技艺的基础上，开发出符合现代人文化观念、审美情趣和市场需要的文化产品，对于满足现代人传承乡村优秀传统文化、发展乡村现代经济具有双重的意义。作为非物质文化遗产资源转化为文化产品基本路径，农村非物质文化遗产生产性保护成为乡村文化产业发展的孵化器和助推器。通过对传统工艺的开发创新，挖掘技术与文化双重价值，将传统工艺与现代设计有机结合，促进传统工艺提高品质、形成品牌、带动就业，构建集人才培养、产品生产、市场销售、传播展示于一身的非物质文化遗产产业链，彰显了非物质文化遗产的资源优势。非物质文化遗产产业也因为历史悠久、工艺独特、艺术性强等品牌优势取得了良好的社会效益和经济效益，在商业化发展中焕发出新的活力。非物质文化遗产产业的蓬勃发展又成为激发农村公共文化服务高质量发展的新动能，使公共文化服务嵌入乡村文化旅游，公共文化服务机构的功能向乡村旅游拓展，形成了非物质文化遗产保护、公共文化服务、乡村文化产业三位一体的协同发展机制。

二、非物质文化遗产保护与农村公共文化服务融合发展的实现路径

（一）构建非物质文化遗产保护机制

1. 政策引导。一是在活态传承中确保非物质文化遗产的生命力和有效传承，确保世代享用，避免非物质文化遗产的文化属性因为过度开发而弱化。二是找准非物质文化遗产保护和开发的平衡点。在确保非物质文化遗产文化价值不被破坏的前提下，鼓励对非物质文化遗产商业属性的合理开发，通过市场运作和商品流通交换，让非物质文化遗产回应现代需求。三是各级政府在遵守《中华人民共和国非物质文化遗产法》以及省级非物质文化遗产保护条例的基础上，制定并完善本地区非物质文化遗产保护措施。四是提高非物质文化遗产保护政策的可操作性。非物质文化遗产生产性保护模式多样，不能一概而论。国家级和省级法规政策以宏观指导为主，操作性不强，地方性法规政策的制定要坚持问题导向，目标精准，提高可操作性。

2. 构建非物质文化遗产保护与农村公共文化服务协同工作机制。一是加快建立健全非物质文化遗产保护与农村公共文化服务联动机制，协调区域之间、部门之间非物质文化遗产保护的重大事项与问题。二是建立主动融入国家发展战略的机制。推动非物质文化遗产保护与农村公共文化服务

共同融入长三角一体化发展战略、黄河流域生态保护、乡村振兴等国家重大战略，融入地方经济社会发展规划，带动农村公共文化服务与非物质文化遗产保护的区域联动。三是合理搭配政策组合。非物质文化遗产保护与农村公共文化服务多项政策同向发力、相互协调，形成合力。完善非物质文化遗产保护的资金保障。在基本保障经费纳入本级财政预算的基础上，鼓励社会力量参与非物质文化遗产保护，拓宽保护资金筹集渠道，建立政府、社会组织、企业、个人多元投资主体的协同机制。

3. 建立高效传承机制。传承人是非物质文化遗产保护的核心。一是要对濒危非物质文化遗产项目进行抢救记录，详细记录代表性传承人掌握的手工技艺和工艺流程，并给予相应的生活保障；二是建立非物质文化遗产传承人培养激励机制，通过提供经费资助与传承场所、职称评定等方式，鼓励传承人授徒传艺、展示交流；三是注重社会教育和学校培养，充分发挥基层民众的主体作用，让非物质文化遗产在生产生活中传承和发展与各级政府要积极开展社会教育、学校教育，提高基层群众对非物质文化遗产的认知、认同，使基层民众成为非物质文化遗产的持有者、保护者、继承者。

（二）构建农村新型公共文化空间助推非物质文化遗产保护

农村新型公共文化空间建设打破了文化基础设施按城乡空间进行布局的传统方式。要根据常住人口、服务半径、群众需求，结合人员流量、交通等因素进行科学布局，在交通枢纽、农家大院、传统村落、旅游景区、文物建筑、文化产业园区、历史文化街区等生活场所，创造出更多便于群众参与的"嵌入式"公共文化空间。坚持因地制宜，结合小城镇建设、公共服务设施配套建设等，加强基层综合性文化服务中心等文化阵地资源的"微改造、精提升"，鼓励文艺机构、文旅企业、社会组织等社会力量利用农村闲置资源建设乡村特色文化空间，不断提升公共文化服务的社会参与率和影响力，构建起更加开放多元的公共文化服务供给体系。同时立足城乡特点，对空间形态和功能布局进行创意性改造，增加资金投入高标准建设非遗传习所、非遗体验馆、非遗博物馆等公共文化设施，依托物理空间开展群众喜闻乐见的文化活动，举办公益性文化艺术培训活动，以非物质文化遗产为载体推动乡村艺术普及，组织农民艺术普及活动及成果展示。

（三）加强非物质文化遗产活化利用，丰富农村公共文化服务内容

作为农村优秀传统文化融入公共生活的重要路径，非物质文化遗产生产性保护有助于调动人民群众文化生产的主观能动性，提供优质公共文化服务。一是通过非物质文化遗产活化利用，挖掘乡村特色文化资源，讲好乡村文化故事，做好乡村旅游，在展现乡村特色文化的多彩魅力的同时，推动当地经济增长。二是通过非物质文化遗产的活化利用，引导城乡文化要素双向流动。凭借体制机制和政策体系的东风，加快推动城乡文化要素流动，实现城乡文化产品的双向输出。在继续做好农村公共文化服务"三下乡"的同时，开发乡村特色文化品牌，打造民间文化艺术之乡、民间文化旅游示范区，实现城乡文化互融共创。三是通过非物质文化遗产的活化利用，提升了农村公共文化服务品质。非物质文化遗产是活跃在人民日常生活中的艺术瑰宝，是最受人民喜爱、群众参与度最高的身边文化艺术。"民族民俗文化旅游示范区项目""中国传统工艺振兴计划""戏曲进乡村"等工程的实施，将非物质文化遗产保护与农村公共文化服务有效衔接，使中华优秀传统文化成为凝聚乡村精神、提高乡村文明程度的思想道德基础，增加农村公共文化产品与服务供给，提升文化惠民活动服务效能。

（四）以非物质文化遗产生产性保护示范基地为依托，推进非物质文化遗产与公共文化服务融合发展

在非物质文化遗产生产性保护的实践中，各地面临的情况并不相同，非物质文化遗产的产业化程度阶段也不相同，应当借鉴国外成熟做法，针对不同的非物质文化遗产项目的市场预期采取不同的保护模式。当前非物质文化遗产的产业化所面临的主要问题是产业化程度低、开发不足。一些市场预期好的传统手工艺品，受市场规模小、生产能力有限的制约，无法获得更多的市场空间；传统技艺类非遗项目因宣传力度不够，市场认知和接受程度低，无法进入市场流通。非物质文化遗产生产性保护示范基地具有保护、孵化、宣传作用，通过建立国家、省、市县三级基地，坚持政企友好和社会力量参与，充分利用市场规律使非物质文化遗产商品化、品牌化，达到以产养产、促进发展的目的。随着文化旅游消费蓬勃发展，非物质文化遗产生产性保护示范基地成为文化旅游目的地、文创产品生产基地。通过公共文化服务嵌入非物质文化遗产生产性保护示范基地，在充分发挥公共文化服务正外部效应的同时，以文化创新和品牌效应撬动文创经

济、民宿经济、体验经济等旅游经济，促进各类要素流动并发生化学反应。

　　文化部公布的199家国家级非遗生产性保护示范基地，大多为营利性文化企业。受保护范围的限制，一些地处偏远、生产规模小、市场预期不好的项目未被纳入其中，应将非营利非物质文化遗产纳入当地公共文化服务体系进行扶持，采取"生产作坊+传习所+社区文化中心"的方式进行社会传承；对市场需求度高、市场前景好的项目，采用"非物质文化遗产生产性保护示范基地+文化观光旅游线"的形式，推动非物质文化遗产保护与其他产业跨界融合，拓宽非物质文化遗产市场化渠道，实现资源价值向经济价值的转化。

参考文献

一、中文文献

（一）著作

[1] 泰勒．原始文化：神话、哲学、宗教、语言、艺术和习俗发展之研究［M］．连树声，译．桂林：广西师范大学出版社，2005．

[2] 陈奇佳．马克思精神生产理论的当代诠释［M］．北京：人民出版社，2011．

[3] 邓小平．邓小平文选：第 1～3 卷［M］．北京：人民出版社，2008．

[4] 费孝通．乡土中国［M］．北京：人民出版社，2015．

[5] 傅才武．近代中国国家文化体制的起源、演进与定型［M］．北京：中国社会科学出版社，2016．

[6] 傅才武，彭雷霆．文化蓝皮书：中国公共文化服务发展指数报告（2019）［M］．北京：社会科学文献出版社，2019．

[7] 贺雪峰．新乡土中国［M］．北京：北京大学出版社，2019．

[8] 贺雪峰．新乡土中国：转型期乡村社会调查笔记［M］．桂林：广西师范大学出版社，2003．

[9] 江泽民．江泽民论有中国特色社会主义：专题摘编［M］．北京：中央文献出版社，2002．

[10] 金元浦，薛永武，李有光，等．中国文化概论［M］．北京：首都师范大学出版社，2008．

[11] 景中强．马克思精神生产理论研究［M］．北京：中国社会科学出版社，2004．

［12］李文成.追寻精神的家园：人类精神生产活动研究［M］.北京：北京师范大学出版社，2007.

［13］刘锡诚.非物质文化遗产保护的中国道路［M］.北京：文化艺术出版社，2016.

［14］马克思，恩格斯.马克思恩格斯文集：第1~10卷［M］.中共中央马克思恩格斯列宁斯大林著作编译局，译.北京：人民出版社，2009.

［15］马克思，恩格斯.马克思恩格斯选集：第1~8卷［M］.中共中央马克思恩格斯列宁斯大林著作编译局，译.北京：人民出版社，2012.

［16］毛泽东.毛泽东选集：第1~4卷［M］.北京：人民出版社，2008.

［17］孙成武.中国共产党文化建设史论［M］.北京：人民出版社，2013.

［18］习近平.高举中国特色社会主义伟大旗帜 为全面建设社会主义现代化国家而团结奋斗：在中国共产党第二十次全国代表大会上的报告［M］.北京：人民出版社，2022.

［19］习近平.决胜全面建成小康社会 夺取新时代中国特色社会主义伟大胜利：在中国共产党第十九次全国代表大会上的报告［M］.北京：人民出版社，2017.

［20］习近平.论把握新发展阶段、贯彻新发展理念、构建新发展格局［M］.北京：中央文献出版社，2021.

［21］习近平.习近平谈治国理政：第4卷［M］.北京：外文出版社，2022.

［22］习近平.习近平谈治国理政：第3卷［M］.北京：外文出版社，2020.

［23］习近平.习近平谈治国理政：第2卷［M］.北京：外文出版社，2017.

［24］习近平.习近平谈治国理政：第1卷［M］.北京：外文出版社，2014.

［25］习近平.习近平著作选读：第2卷［M］.北京：人民出版社，2023.

［26］习近平.习近平著作选读：第1卷［M］.北京：人民出版

社，2023.

[27] 习近平. 在教育文化卫生体育领域专家代表座谈会上的讲话 [M]. 北京：人民出版社，2020.

[28] 习近平. 在庆祝中国共产党成立95周年大会上的讲话 [M]. 北京：人民出版社，2016.

[29] 中共中央文献研究室. 习近平关于社会主义文化建设论述摘编 [M]. 北京：中央文献出版社，2017.

[30] 周军. 中国现代化与乡村文化建构 [M]. 北京：中国社会科学出版社，2012.

（二）期刊论文

[1] 柏路. 精神生活共同富裕的时代意涵与价值遵循 [J]. 马克思主义研究，2022（2）.

[2] 曹爱军. 农村公共文化建设模式的演进：回溯与展望 [J]. 农村经济，2012（7）.

[3] 陈波，丁程. 中国农村居民文化参与分析与评价：基于场景理论的方法 [J]. 江汉论坛，2018（7）.

[4] 陈波，李晶晶. 文化高质量发展视域下乡村公共文化空间指标体系研究 [J]. 湖北社会科学，2021（8）.

[5] 陈广思. 社会存在的历史发展及其与精神生产的关系：卢卡奇社会存在本体论思想若干问题的阐发 [J]. 马克思主义与现实，2021（4）.

[6] 陈建. 乡村振兴中的农村公共文化服务功能性失灵问题 [J]. 图书馆论坛，2019，39（7）.

[7] 陈建. 以中国式现代化推进公共文化服务治理的基础与路径 [J]. 图书馆论坛，2023，43（1）.

[8] 陈劲竹，吴理财. 精神生活共同富裕进程中的农村公共文化服务研究 [J]. 长春师范大学学报，2023，42（11）.

[9] 陈奇佳. 市场经济条件下的文化生产问题：以马克思的精神生产学说为批判视角 [J]. 江海学刊，2010（4）.

[10] 陈世香，吴世坤. 供需失衡与制度重构：农村基层文化服务供给决策机制创新研究 [J]. 中国治理评论，2021（1）.

［11］陈信，邹金汇，柯岚馨．我国基本公共文化服务的理论根源和现实依据［J］．国家图书馆学刊，2015，24（2）．

［12］陈仲华．论精神生产关系［J］．北京师范大学学报，1992（4）．

［13］崔娜．文化资本视角下的农村公共文化服务效能提升理论模型构建研究［J］．宁夏社会科学，2022（6）．

［14］邓彦．试论马克思的精神生产理论及其时代意义［J］．江西社会科学，2008（4）．

［15］窦维平．努力建设农村文化服务体系［J］．中国合作经济，2005（11）．

［16］樊慧慧．塑形与铸魂：中国式现代化视野下乡村精神审视［J］．毛泽东邓小平理论研究，2023（4）．

［17］甘子成．马克思精神生产理论对非物质文化遗产保护的价值阐释［J］．理论与改革，2016（5）．

［18］高丙中．公共文化的概念及服务体系建设的双元主体问题［J］．广西民族大学学报，2016，38（6）．

［19］耿达．公共文化服务高质量发展的历史演进与逻辑理路［J］．图书馆，2022（11）．

［20］耿达，王跃贤，赵瑞芳．县域视角下城乡公共文化空间建设的机制与路径研究：以鹤庆县为例［J］．图书馆，2023（8）．

［21］巩村磊．农村公共文化服务体系构建的价值取向及其现实意义［J］．理论学刊，2014（1）．

［22］郭广，李佃来．精神生活共同富裕的核心要义、价值意蕴和实践路径［J］．学习与实践，2023（11）．

［23］姜海英，佟阿伟．农村基层公共文化服务体系建设情况调查［J］．图书馆学研究，2009（11）．

［24］金栋昌，王宇富，徐梦真．中国式现代化进程中推动公共文化服务高质量发展的理论逻辑与实践进路［J］．图书馆论坛，2023，43（5）．

［25］景中强．精神生产：历史唯物主义亟待于深入研究的一个重大课题［J］．理论与改革，2006（5）．

[26] 景中强. 论马克思精神生产理论的经济学来源: 对资产阶级古典经济学家精神生产理论的历史分析 [J]. 理论与改革, 2003 (2).

[27] 李桂霞, 解海, 祁爱武. 新时代公共文化服务高质量发展的路径 [J]. 图书馆建设, 2019 (S1).

[28] 李国新. 关于加强农村公共文化服务建设的思考 [J]. 中国图书馆学报, 2019, 45 (4).

[29] 李国新. "十四五" 时期公共图书馆高质量发展思考 [J]. 图书馆论坛, 2021, 41 (1).

[30] 李国新. 完善农村公共文化服务政府购买政策与机制 [J]. 行政管理改革, 2019 (5).

[31] 李厚羿. 马克思恩格斯精神生产理论探析 [J]. 马克思主义理论学科研究, 2023, 9 (5).

[32] 李厚羿. 马克思政治经济学中精神生产概念的当代视野 [J]. 中国高校社会科学, 2022 (3).

[33] 李金龙, 刘巧兰. 话语赋权: 农村公共文化服务高质量供给的基本保障 [J]. 图书馆建设, 2018 (10).

[34] 李少惠, 崔吉磊. 论我国农村公共文化服务内生机制的构建 [J]. 经济体制改革, 2007 (5).

[35] 李少惠, 韩慧. 西部农村公共文化服务供给效率及收敛性分析 [J]. 深圳大学学报 (人文社会科学版), 2020, 37 (6).

[36] 李少惠, 王韬. 我国西北农村公共文化的供求矛盾现状与对策探析 [J]. 未来与发展, 2008, 29 (11).

[37] 李桃, 索晓霞. 民族地区公共文化服务城乡一体化初探 [J]. 贵州社会科学, 2014 (9).

[38] 李文成. "精神生产" 概念在历史唯物主义范畴体系中的地位和作用 [J]. 社会科学, 1985 (10).

[39] 李延均. 公共服务及其相近概念辨析: 基于公共事务体系的视角 [J]. 复旦学报 (社会科学版), 2016, 58 (4).

[40] 李燕. 构建农村公共文化服务体系 [J]. 科学社会主义, 2006 (6).

[41] 林泰, 董立人. 精神产品及其分类研究 [J]. 清华大学学报

（哲学社会科学版），2005（5）.

［42］刘红.乡村振兴背景下农村公共文化服务体系建设研究［J］.社会科学战线，2022（3）.

［43］刘清纪.论精神生产的实践本性［J］.青海民族学院学报，1996（1）.

［44］刘然.精神生产实践论［J］.山西师大学报（社会科学版），2008（4）.

［45］卢晓雯，李俊奎.从马克思精神生产理论看中国精神的生成逻辑与价值意蕴［J］.郑州大学学报（哲学社会科学版），2022，55（1）.

［46］卢云峰，陈红宇.乡村文化振兴与共同体重建：基于浙江省诸暨市的案例分析［J］.清华大学学报（哲学社会科学版），2022，37（3）.

［47］马英娟.公共服务：概念溯源与标准厘定［J］.河北大学学报（哲学社会科学版），2012，37（2）.

［48］潘颖，郑建明，孙红蕾.“十四五”时期公共文化发展沿革与融合创新：基于省级政策文本内容分析视角［J］.图书馆建设，2022（2）.

［49］亓程.农村公共文化服务的数字化转型思考［J］.文化创新比较研究，2023，7（23）.

［50］綦玉帅，夏东民.马克思精神生产理论对构建社会主义核心价值体系的启示［J］.吉首大学学报（社会科学版），2012，33（6）.

［51］尚靖凯，赵玲.中国式现代化新征程中基本公共文化服务均等化建设探赜［J］.图书馆，2024（2）.

［52］尚子娟，陈怀平.农村公共文化服务与乡村振兴双向赋能的价值逻辑和推进路径［J］.中州学刊，2022（11）.

［53］邵明华，刘鹏.数字赋能农村公共文化服务高质量供给：价值意蕴、动力机制与路径创新［J］.图书馆论坛，2023，43（1）.

［54］陶俊，杨敏红.农村公共文化服务体系与乡村旅游的融合发展：以浙江德清总分馆改革为例［J］.图书馆论坛，2022，42（2）.

［55］田薇.简论精神生产的内容结构［J］.哲学动态，1992（1）.

［56］田薇.精神生产在历史唯物主义范畴体系中的地位［J］.哲学

动态, 1987 (10)

[57] 王峰明. 物质生产力与精神生产力: 一种批评性辨析 [J]. 上海财经大学学报, 2013, 15 (6).

[58] 王海滨. 马克思的精神生产论及其当代性 [J]. 中共中央党校学报, 2018, 22 (1).

[59] 王济东. 基于新型农村社区文化养成的政府购买行为研究 [J]. 贵州社会科学, 2016 (1).

[60] 王平, 李舒杨. 公共文化研究: 从概念出发 [J]. 图书馆论坛, 2022, 42 (5).

[61] 王瑞光. 乡村文化振兴与非物质文化遗产的价值呈现 [J]. 济南大学学报 (社会科学版), 2021, 31 (2).

[62] 王雄青. 新发展理念视域下农家书屋高质量发展策略探究 [J]. 图书馆建设, 2020 (S1).

[63] 文立杰, 纪东东. 乡村文化振兴进程中农村公共文化服务的实践转向 [J]. 图书馆, 2021 (4).

[64] 吴理财. 非均等化的农村文化服务及其改进对策 [J]. 华中师范大学学报 (人文社会科学版), 2008 (3).

[65] 徐双敏, 宋元武. 当前农村公共文化服务供需契合状况实证研究 [J]. 学习与实践, 2015 (5).

[66] 许丹. 中国农村公共文化服务高质量发展: 基本内涵、问题清单与行动框架 [J]. 社会科学研究, 2021 (5).

[67] 许源源, 邓敏. 农村公共文化服务供给中新乡贤的作用研究: 一个 "双层认同与行动模型" 的分析框架 [J]. 东北大学学报 (社会科学版), 2021, 23 (2).

[68] 杨乘虎, 李强. "十四五" 时期公共文化服务高质量发展的新观念与新路径 [J]. 图书馆论坛, 2021, 41 (2).

[69] 杨继学. 简论精神文明建设中的精神生产问题 [J]. 河北师范大学学报 (社会科学版), 1995 (2).

[70] 杨立华. 简论精神生产如何满足人类的精神需求 [J]. 辽宁教育学院学报, 1993 (3).

[71] 杨勇兵. 精神生活共同富裕的生成逻辑、科学内涵与实践路径

[J]. 党政研究，2022（5）.

[72] 俞吾金. 作为全面生产理论的马克思哲学 [J]. 哲学研究，2003（8）.

[73] 张青. 农村公共文化服务需求表达流程设计 [J]. 北京行政学院学报，2017（3）.

[74] 张欣毅. 宁夏新农村公共文化服务管理体制调研报告 [J]. 图书馆理论与实践，2007（6）.

[75] 张学昌. 城乡融合视域下的乡村文化振兴 [J]. 西北农林科技大学学报（社会科学版），2020，20（4）.

[76] 张志胜. 农村公共文化服务的农民自主供给 [J]. 科学社会主义，2016（5）.

[77] 赵艳梅，夏彩云. 农村社会公共文化生活的衰落与重建研究 [J]. 农村经济，2012（11）.

[78] 周世兴. 马克思主义精神生产理论的若干关系问题 [J]. 北京大学学报（哲学社会科学版），2004（S1）.

（三）学位论文和报纸

[1] 程晓龙，王玉梅. 农村：公共文化服务建设重点 [N]. 中国新闻出版报，2008-03-14（2）.

[2] 樊兴菊. 基于满意度的公共文化服务设施供给决策体系研究 [D]. 天津：天津大学，2017.

[3] 甘子成. 基于马克思主义精神生产理论的非物质文化遗产传承和发展研究 [D]. 广州：华南理工大学，2020.

[4] 黄小驹，徐涟. 努力构建农村公共文化服务体系 [N]. 中国文化报，2006-01-10（1）.

[5] 李荣坤. 数字化：搭起公共文化服务高质量发展"高架桥"[N]. 中国文化报，2023-02-21（6）.

[6] 林岩. 马克思精神生产理论研究 [D]. 济南：山东大学，2016.

[7] 刘淼. 贯彻新发展理念，推动公共文化服务高质量发展 [N]. 中国文化报，2021-03-23（2）.

[8] 罗志峰. 我国现代化进程中的乡村文化建设研究 [D]. 北京：中

共中央党校，2020.

[9] 苏雁，丁姗. 农民工文化生活"孤岛化"现象亟待解决 [N].
光明日报，2009-05-09（2）.

[10] 王立忠. 推进基层公共文化服务高质量发展 [N]. 山西日报，
2023-02-20（6）.

[11] 吴正泓. 社会力量参与公共文化服务供给模式研究 [D]. 天津：
天津大学，2020.

[12] 肖柯. 中国特色社会主义精神生产方式创新研究 [D]. 成都：
西南交通大学，2017.

[13] 徐平. 建好农村基层公共文化服务阵地 [N]. 中国新闻出版广
电报，2023-12-18（8）.

[14] 张世定. 改革开放以来中国共产党乡村文化建设研究 [D]. 兰
州：兰州大学，2020.

二、英文文献

（一）英文著作

[1] KELSO. Poverty and the Underclass：Changing Perceptions of Poor in
America [M]. NewYork：NewYork University Press，1994.

[2] LIEBERTHAL K. Governing China：From Revolution through Reform
[M]. New York：W. W. Norton，1995.

[3] PETER D P. The Nordic Cultural Model [M]. Copenhagen：Nordic
CulturalInstitute，2003.

[4] PHILIP R. Education and Poverty [M]. London：Routledge，2012.

[5] SWARTZ D. Culture and Power：The Sociology of Pierre Bourdieu
[M]. Chicago：The University of Chicago Press，1997.

（二）英文期刊

[1] ANKOMAH P K, LARSON T. Creativity in Cultural Tourism：The
Case for Ruraldeve Lopment in Sub-saharan Africa [J]. Tourism Review Inter-
national，2008，12（3-4）.

[2] CAREY G, CRAMMOND B. What Works in Joined-Up Government?

An Evidence Synthesis [J]. International Journal of Public Administration, 2015, 38 (13-14) .

[3] CONDESSO F. Rural Development, Cultural Heritage and Tourism [J]. Cuadernos de Desarrollo Rural, 2011, 8 (66) .

[4] GILHESPY I. Measuring the Performance of Cultural Organizations: Towards a Model [J]. International Journal of Arts Management, 1999, 2 (1) .

[5] HELEN H, GEORGE D. The Impact of Culture on the Adoption of IT: An Interpretive Study [J]. Journal of Global Information Management, 1999, 7 (1) .

[6] MACDONALD R M, JOLLIFFE L. Cultural Rural Tourism: Evidence from Canada [J]. Annals of Tourism Research, 2003, 30 (2) .